ビジネス図解

最新版

不動産のしくみがわかる本

不動産コンサルティングマスター
田中 和彦［監修］

不動産鑑定士・一級建築士
中山 聡［著］

同文舘出版

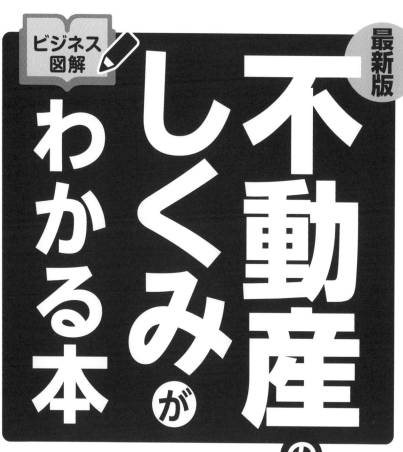

まえがき

この本は、取っつきにくい「不動産の知識」を手っ取り早く身につけたい人のためのものです。とくに次のような人に向けて書いています。

・不動産関連部署に異動になった人（店舗開発部・不動産部など）
・就職を目指す大学生で、不動産業界を第一志望に面接対策を考えている人
・専門外なのに、仕事で不動産の案件に携わることになった人（弁護士・税理士・会計士・行政書士・フィナンシャルプランナー、経営コンサルタントなど）
・一般の人で、マイホームや住宅ローンについて何かアクションを起こそうと思っている人

私は大学在学中に宅建士の資格を取って、街の不動産屋で物件案内のアルバイトをしたのを皮切りに、信託銀行、不動産業界を中心に（ときどき寄り道もして）、切った張ったの世界のまわりを歩いてきました。

そんな経験の中で、不動産業界の独特の言葉や独自の論理と人間性にずっと触れながら、いつか、「教科書には書かれていない、明日の仕事に役立つ実戦的知識」をまとめたいと考えていました。

そこで今回、出版という形で、ささやかながら本書を世に提供できたことを心から感謝しています。

本書を読むと、次のようなメリットがあります。

・「知らない」とは言えない不動産用語、書籍やネットには出てこない特有の知識が身につく
・不動産業界の雰囲気が何となくわかる
・経験を積んでからも本書をもう一度見返すことで、知識と経験が強く結びつく

・本書の内容が足りないな、と思うときには、自分の専門スキルの高さが確認できる
・話のネタになる業界の雑学が身につく
・もっと不動産のことが知りたくなる
本書では不動産業界に必要な80項目を厳選し、文章と図解の見開きの構成でできる限りわかりやすく解説しました。最初から読んでもいいですし、興味のあるところから読んでもかまいません。

不動産に関連して必要とされる知識はとても幅広く、常に変化しています。そのため、やむなく掲載を見送った項目や、限られたスペースで直感的に理解していただくための独特な表現、説明し尽くせないことが数多くあります。また、できるだけ新しい内容を踏まえて書きましたが、一部古い内容もあえて記載してあることもご理解ください。

土地と建物は、私たちが日常生活の中で必ず目にし、触れているものです。私たちは、家庭でも仕事場でも、また買い物でも遊びでも、常に不動産に囲まれて行動しています。不動産業は１００万人を超える雇用がある一大産業ですし、周辺の関連業界を含めれば、その何倍もの人々が関わっている重要な業界です。本書がそのような人たちのお役に立つことを願っています。

なお、不動産のコラムを数多く執筆され、入居者コミュニティ活性化や有効活用にくわしい、田中和彦先生に本書の監修を引き受けていただきました。田中先生からは、「この本には、『そこが知りたい』ということが書いてある」とお褒めの言葉をいただいています。あらためて感謝の意を表し、お礼申し上げます。

２０２１年1月

中山　聡

最新版　ビジネス図解　不動産のしくみがわかる本●もくじ

1章「不動産」とはどういうものか

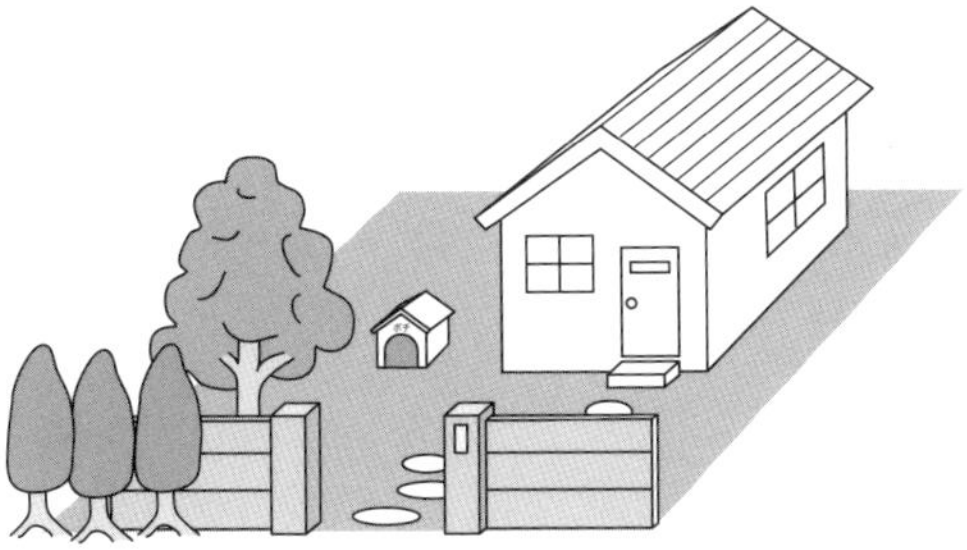

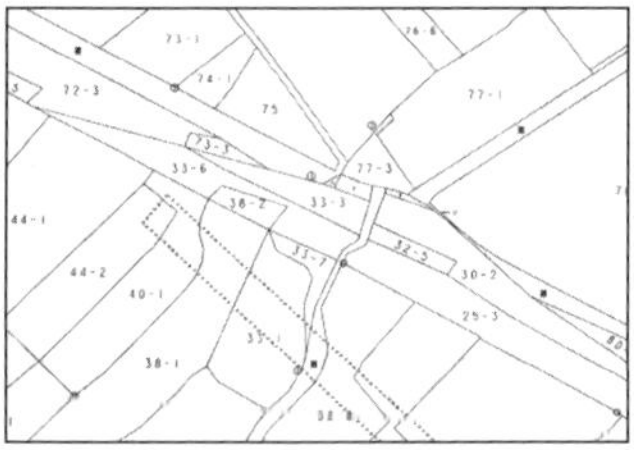

2章 不動産売買のしくみ

3章 「住宅ローン」の「返済」のしくみ

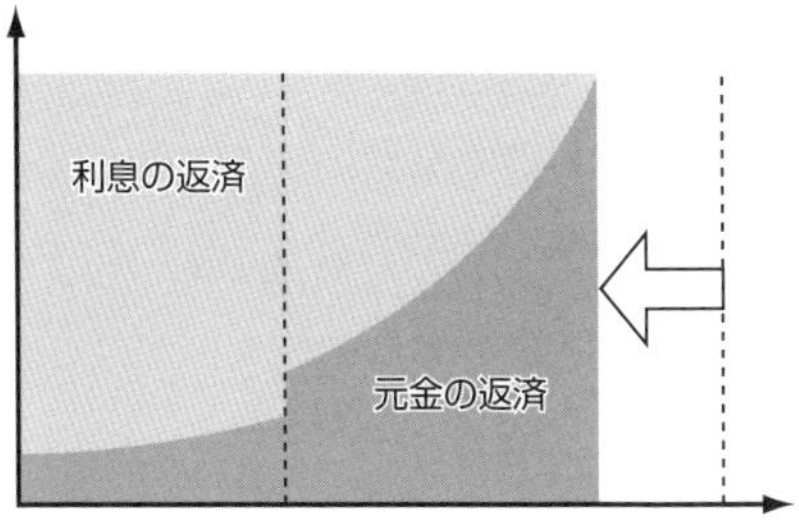

4章 「不動産競売」と「任意売却」のしくみ

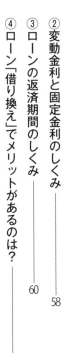

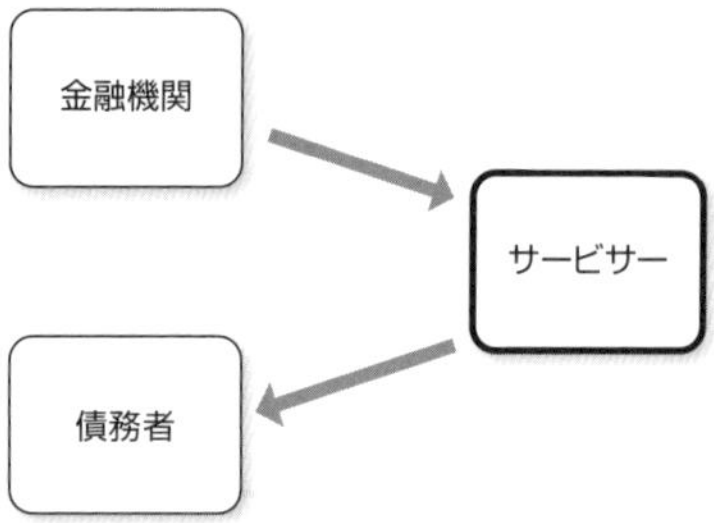

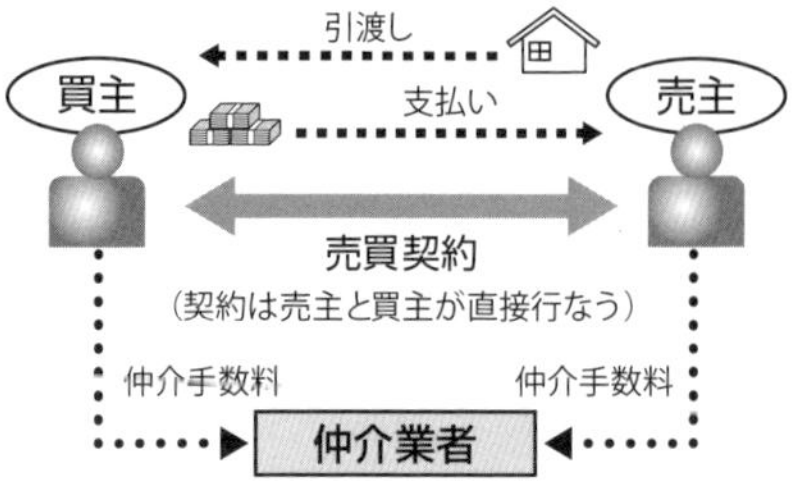

5章 住宅・不動産業界を解剖する

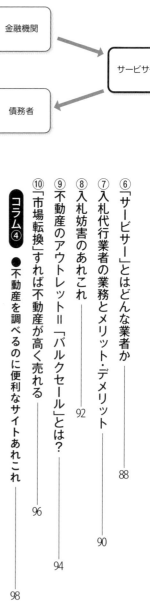

6章 不動産業の花形「不動産開発」の実際とは

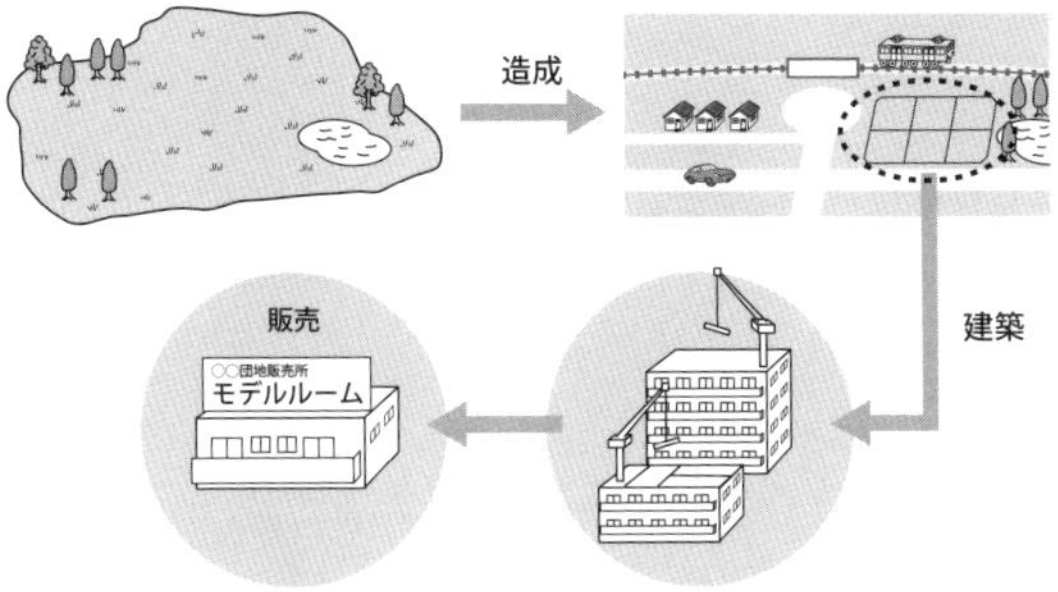

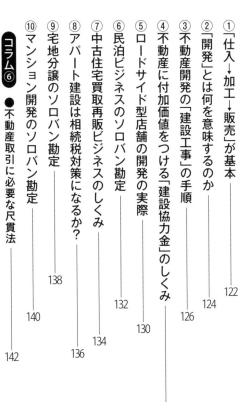

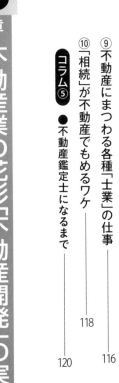

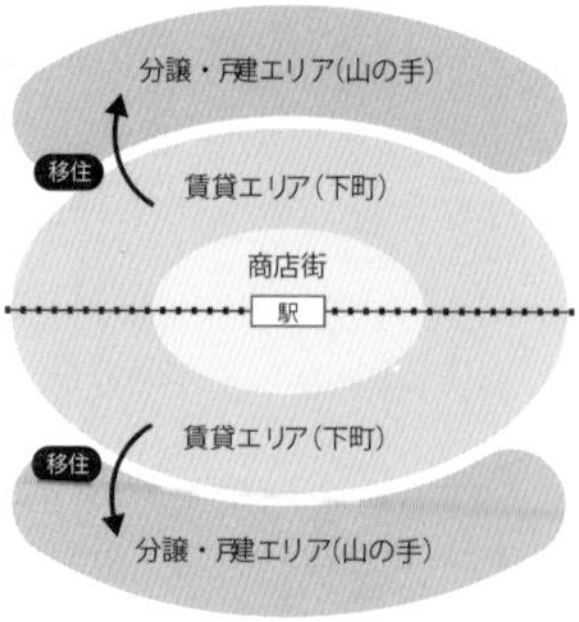

7章 不動産の「価格」と「評価」のしくみ

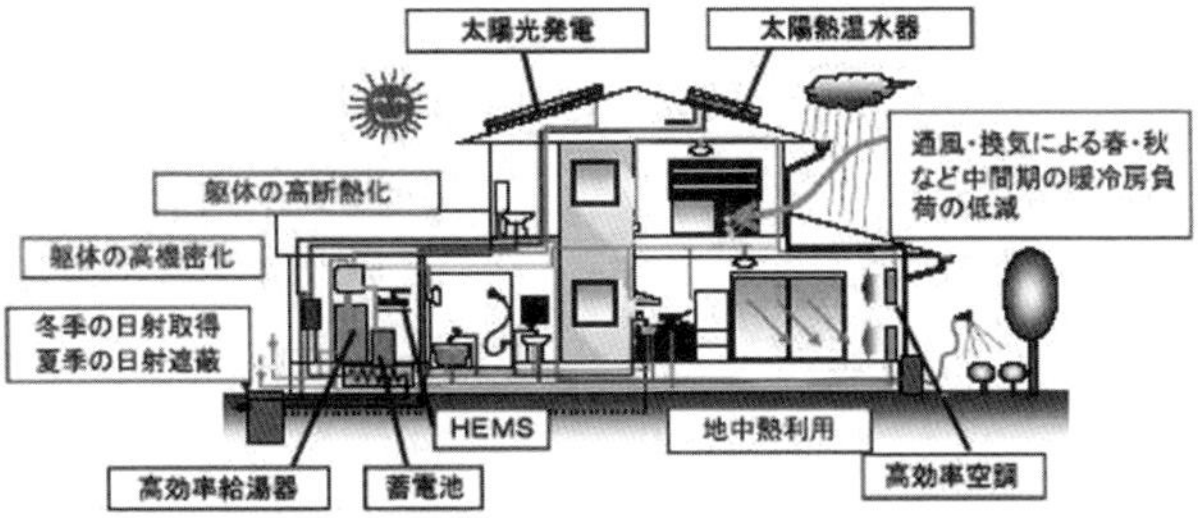

8章 これからの不動産業界はどうなるか

カバーデザイン・本文DTP◉春日井 恵実

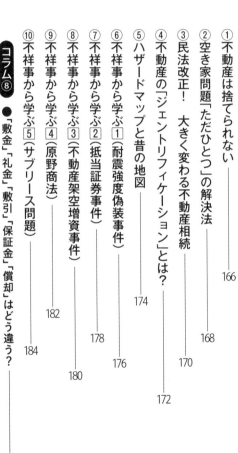

1章

「不動産」とはどういうものか

①「不動産」とは何か

●そもそも「不動産」とは？

インターネットが発達した現在でも、不動産はなくてはならないものです。

私たちは建物の中に住んで、外に出るときは地面を歩きます。生活するにも、作物を育てるにも、商売をするにも、ものを保管するにも、土地や建物が必要です。インターネットの世界といえども、データセンターという建物にサーバーを置かなければなりません。

このように不動産は、私たちの生活に深く関わっているものですが、そもそも「不動産」とは何を指すのでしょうか。

実は、不動産の定義は法律で決められています。日本の民法では、不動産とは「土地とその定着物」と書かれていて、これが不動産の定義とされています。「定着物」とは、おおよそ「建物」ということでいいのですが、不動産は他の財産とは異なって、移動ができず、またたいへん高価なものであるので、実に様々なルールがあって、いろいろな専門家がこの分野に関わっています。

●土地と建物は別個の不動産

「不動産」でないものは、「動産」として区別されています。自動車、パソコン、鉛筆、机、椅子……これらは持ち運んで移動できるので「動産」と呼ばれます。

また日本では、「土地」と「建物」は別々の不動産として扱われています。このことに気をつけると、いろいろ役に立つことがあります。ちなみに外国では、土地と建物はひとつの不動産として扱われている国もあり、外国の不動産取引を行なうときや、日本に来た外国人と不動産の仕事をするときに、思わぬところで行き違いが生じることもあります。

また「土地」「定着物」「建物」の定義もむずかしく、

- **「川の水面」「池」「波打ち際」は土地なのか？**
- **「宅地」は「土地」と違うのか？**
- **「庭木」は土地に定着しているから「不動産」なのか？**
- **看板、電柱、石灯籠、ジェットコースターはどうか？**

と考え出すときりがないので、これらについては別のページで説明しましょう。

不動産は人の生活と活動に深く関わっている

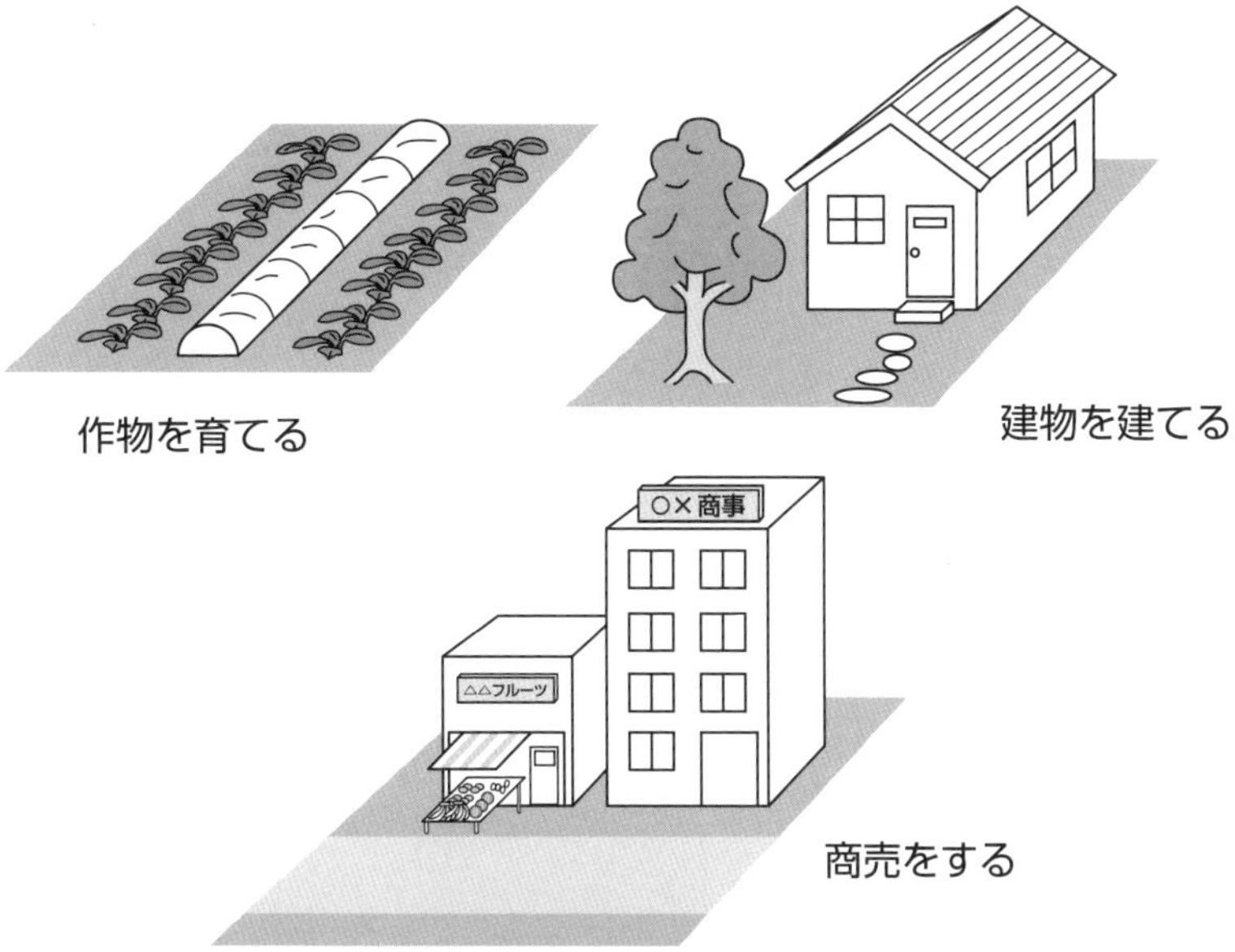

不動産は移動ができない高額な財産

不動産

	動かせない	動かせる
高価	土地 建物	船 飛行機 ダイヤの指輪
高価でない	電柱　看板 庭木　灯籠	パソコン 鉛筆

動産

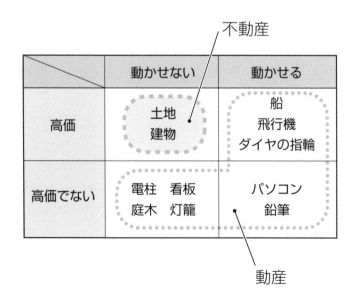

②「土地」とはどういうところを指すか

●「土地」の定義

「不動産」と異なって、法律では「土地」について明確な定義がありません。デジタル版『大辞泉』によると、本書で取り上げるべき意味としては、「耕地や宅地など、さまざまに利用する地面。地所」くらいです。

地面は地球の陸地ですから、ずっと続いているものですが、この地面を人間が線で区切って自分の土地として田畑を耕したり、建物を建てたりと様々に利用しています。この線のことを「境界」と言い、山の尾根や川などがわかりやすいので境界になることが多くあります。また、この境界に沿って塀を作ったり、木を植えたり、杭を埋めたりして、自分の所有であることをわかりやすく周囲に伝えています。

こうして地面を区切って自分のものであると主張できると、他人が勝手に出入りしたり、勝手に使ったりできないようになります。

●土地の所有権の及ぶ範囲

境界は通常、目に見えないため、これがよく争いのもとになります。隣家との境界でもめたり、ひいては国同士でもめることもあります。

不動産は高価なものなので、たとえ1㎝でも境界が違えば、大きな金額の差となります。杭を打っても地震で地面が動けばそれにつれて杭も動いてしまうし、尾根や海岸、河川は長い年月による浸食などで変化してしまいます。そこでくわしくは後述しますが、国では境界を登録する制度を作り、図面で境界がどこにあるか、誰でも調べられるようにしています。

所有するということは、誰にも邪魔されずに自由に使えるということです。土地の所有は、その土地の地下と空中にも及びます。民法には、「土地の所有権は、法令の制限内において、その土地の上下に及ぶ」とあります。どこまで及ぶかは諸説ありますが、不動産の話をする上では、人間が有効に利用できる範囲と考えるのが現実的で、地下は「井戸を掘ることができるところ＋α」まで、空中は「建物が建てられる範囲＋α」くらいで考えるのが妥当ではないでしょうか。

土地の境界を示すものは？

土地の所有権はどこまで及ぶか？

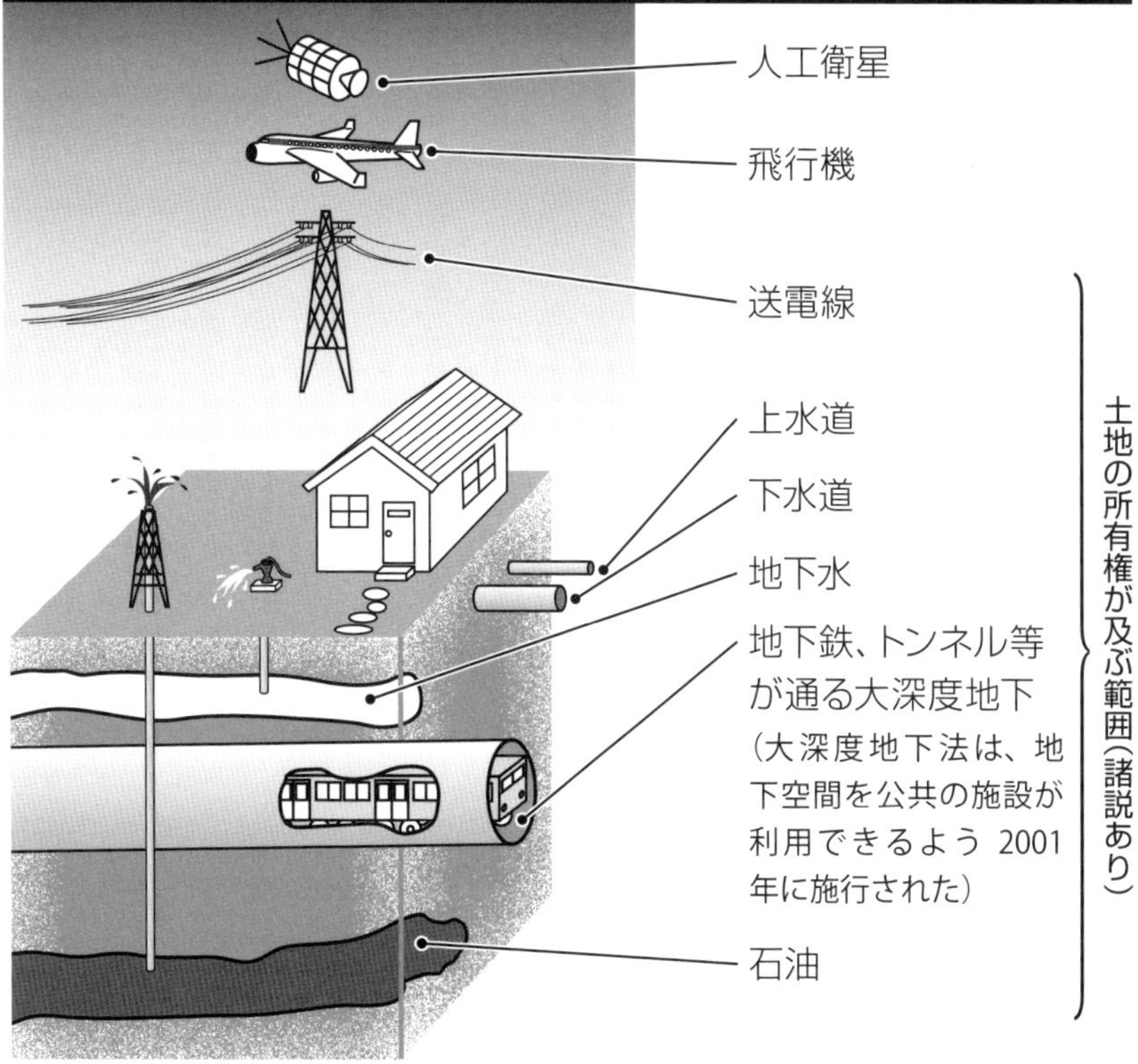

あわせて読みたい！ 関連項目　7章　不動産の「価格」と「評価」のしくみ

③「建物」と認められる条件は？

●建物を定義する

土地とは地球の大地そのものですが、では建物とは何でしょうか。建物には、法律上いくつか定義があります。そのひとつである建築基準法の第二条には、「土地に定着して、屋根と、柱または壁のどちらかがあるもの」が建築物と定義されています。また、不動産登記法ではもう少し細かく、「①屋根と壁など外と隔てるものがあり②土地に定着し③用途（住む・保管するなどの使い方）があるもの」となっています。

その他、税法や会計上の建物の定義もあります。いずれも似たようなものですから、不動産の実務では、建物とは、「屋根」「柱か壁」「地面に定着」の三つを満たすかどうかで考えるとよいでしょう。

●これは建物？

不動産に携わると、建物かどうか判断に迷う場合がよくあります。実務では、判断に迷ったら建築基準法を基準に考えると、いろいろ解決できることがあります。

①門・塀・生垣

建物に付属する門・塀は建物です。しかし、生垣は建物ではありません。

②犬小屋

屋根と壁はあっても土地に定着していないので（持ち運べる）、建物とは言えません。

③車庫・自転車小屋・物置

車庫と自転車小屋はれっきとした建物です。スチール製の物置は、地面に置いてあるだけでも建物とされることが多いようです（自治体の考えによる）。

④パーゴラ

パーゴラとは、庭にあるぶどう棚・藤棚といった植物を絡ませる棚です。こうした屋根がなく、雨露がそのまま地面に落ちてくるものは建物ではありません。

ひとたび建物として扱われると、建築基準法の様々な規定を守る必要が出てきますし、固定資産税なども支払うことになります。不動産に関心がある人であれば、目の前にあるものが建物かどうかを見極めることは、とても重要になります。

建物の条件

①屋根がある
犬小屋 = 建物ではない
②柱か壁のいずれかがある
③土地に定着している
生垣 = 建物ではない
門 = 建物（建築基準法で建物の一部とされる）

建物とされるもの		
・住宅	・塀	・車庫
・ビル	・自転車小屋	・野球場
・門	・物置	・ジェットコースター

建物でないもの	
・パーゴラ	・鉄道の上家（旅客上屋）
・犬小屋	
・ツリーハウス	

あいまいなもの
・トレーラーハウス

あわせて読みたい！ 関連項目　7章③ 建物の価格はどう決まるか

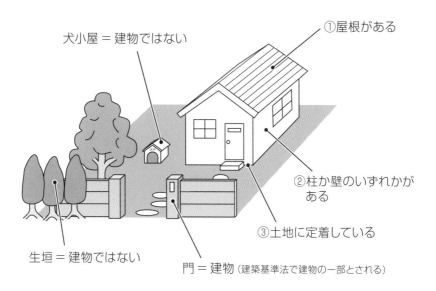

④不動産の戸籍＝登記簿のしくみ

●登記とは「犬のおしっこ」みたいなもの？

自分の所有する土地に、他人に勝手に入られたり、使われたりしないようにするには、見えない線で区切った土地や、その上に建っている建物が、どこからどこまでの範囲なのか、それは誰の持ち物かを、まわりの皆に知ってもらわないといけません。

犬は電柱におしっこをかけて自分の縄張りを示すようですが、文化的な人間はそうはいきません。また人間は、争ってまで自分の勢力を大きく示そうとするのが古今東西の歴史が教えるところですから、土地の範囲とその所有者は、公正な第三者が決めるのが適当です。

そこで国が不動産を登録する制度を設けて、

①どこからどこまでが土地の範囲なのか
②誰の所有なのか
③その他、皆に知っておいてもらうことはあるか

を記録して、誰でもわかるように取り出せる制度（登記制度）を設けました。言ってみれば土地の戸籍のようなしくみを設けたのです。

●登記簿でどんなことがわかるのか

登記簿は、誰でも法務局で手数料を払って閲覧することができます。登記されている内容は大きく三つに分かれています。

①場所、大きさ、できた時期などの事項（表題部）
②どんな経緯で誰の持ち物になったか（甲区）
③他に皆に知ってもらうべきことがあるか（乙区）

法務局ではその他に、周辺の土地がどう並んでいるのかがわかる地図（公図）を作って保管していますし、その土地の形や大きさを詳細に測量した図面（地積測量図）や、建物の階ごとの図面（各階平面図）も少しずつ整備して保管しています。

これらの情報をもとに不動産に関するあらゆる実務が行なわれるので、不動産のことで知りたいことがあれば、まず法務局に立ち寄って情報を入手するのが最初の一歩になります。最近ではインターネットを使って、これらの情報をいつでもどこでも見ることができるようになりました。

登記記録(登記簿)の例

[illegible]　　全部事項証明書　（土地）

表題部

【 表 題 部 】（土地の表示）			調製 平成11年9月22日	地図番号	余白
【 不動産番号 】 1234567891012					
【 所 在 】	世田谷区成城○丁目		余白		

【① 地 番】	【② 地 目】	【 ③ 地 積 】 ㎡		【原因及びその日付】	【登記の日付】
1353番3	宅地	485	13	1353番1から分筆	平成4年3月16日
余白	余白	余白			昭和63年法務省令第37号附則第2条第2項に規定により移記 平成11年9月22日

甲区

【 甲 区 】（所有権に関する事項）				
【順位番号】	【登記の目的】	【受付年月日・受付番号】	【 原 因 】	【権利者その他の事項】
1	所有権移転	平成12年9月12日 第57097号	平成12年1月12日相続	共有者 世田谷区喜多見○丁目○番○号 持分の5分の3 [illegible] 世田谷区喜多見△丁目△番△号 5分の2 [illegible]

乙区

【 乙 区 】（所有権以外に関する事項）				
【順位番号】	【登記の目的】	【受付年月日・受付番号】	【 原 因 】	【権利者その他の事項】
1	根抵当権設定	平成12年9月28日 第60450号	平成12年9月28日設定	極度額 金1億4,600万円 債権の範囲 銀行取引 手形債権 小切手債権 債務者 世田谷区成城○丁目○番○号 株式会社 ○○○○ 根抵当権者 中央区中央○丁目○番○号 株式会社 ひまわり銀行

●表題部

所在、地目、用途、面積などが書かれている

●甲区

主に誰の所有かが書いてある

●乙区

主に抵当権など、将来の所有者に影響することが書いてある

あわせて読みたい！ 関連項目　2章⑩ 不動産売買の契約の手順

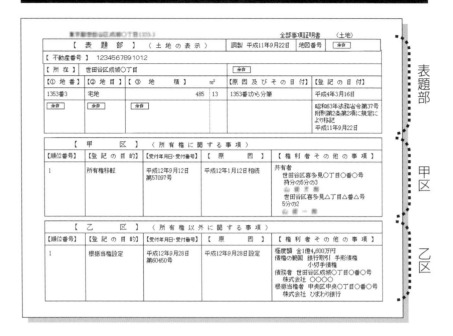

⑤「地番」「住所」「所在」の違いとは？

●「地番」「住所（住居表示）」とは？

ある土地の情報を法務局で調べるには、あらかじめその土地の「地番《ちばん》」というものを何らかの方法で知っておく必要があります。

この「地番」とは、土地の一筆（土地の数え方。「いっぴつ」または「ひとふで」と読む）ごとにつけられている1からはじまる番号で、その土地を最初に作った人が番号をつけて登記しています。例えば、○○市大手町という住所の199筆目の土地ならば、「○○市大手町199番」のように書かれます。

土地が最初に登記された昔はおおらかな時代だったようで、番号のつけ方にはこれといった決まりがなく、バラバラに番号がつけられていたり、数字以外の文字が振られていることもあります。ですから地番だけ教えられてその場所を探し出すことは、かなりの困難を伴います。

これに対して「住所（住居表示）」は、聞いただけで場所が探せたり、郵便物が届きやすいように建物ごとに一定の法則で番号を振り直しているものです。「○○市大手町1丁目2番20号」であれば、とにかく大手町1丁目の2番の街区を探して、その街区をぐるっと一周すれば20号の家を探すことができます。

これは高度成長期に都市に人口が集中し、地番では場所がわからず戸惑う人が全国で続出したことから、国が法律を作って新たに住居表示を定めたというわけです。一方で地方では、まだ住所と地番が一致することが多いのも、このような理由によるものです。

●「所在」とは？

呼んで字のごとく、もののありかを示す言葉ですが、法務局で土地・建物の所在として扱うのは、「住所」ではなく「地番」となります。さらに細かく言うと、土地の登記簿では「○○市大手町199番」となっていても、建物の登記簿では「199番地」と末尾に「地」が付けられることになっています。

目当ての土地・建物についての情報を調べようとして法務局に行くのはいいですが、この「地番」がわからない限り、行くだけムダになることが多いのです。

「地番」の例

○○県○○市○○町大字《おおあざ》○○字《あざ》○○—23番

土地の1筆ごとに番号が振られている

●公図(本章⑦参照)

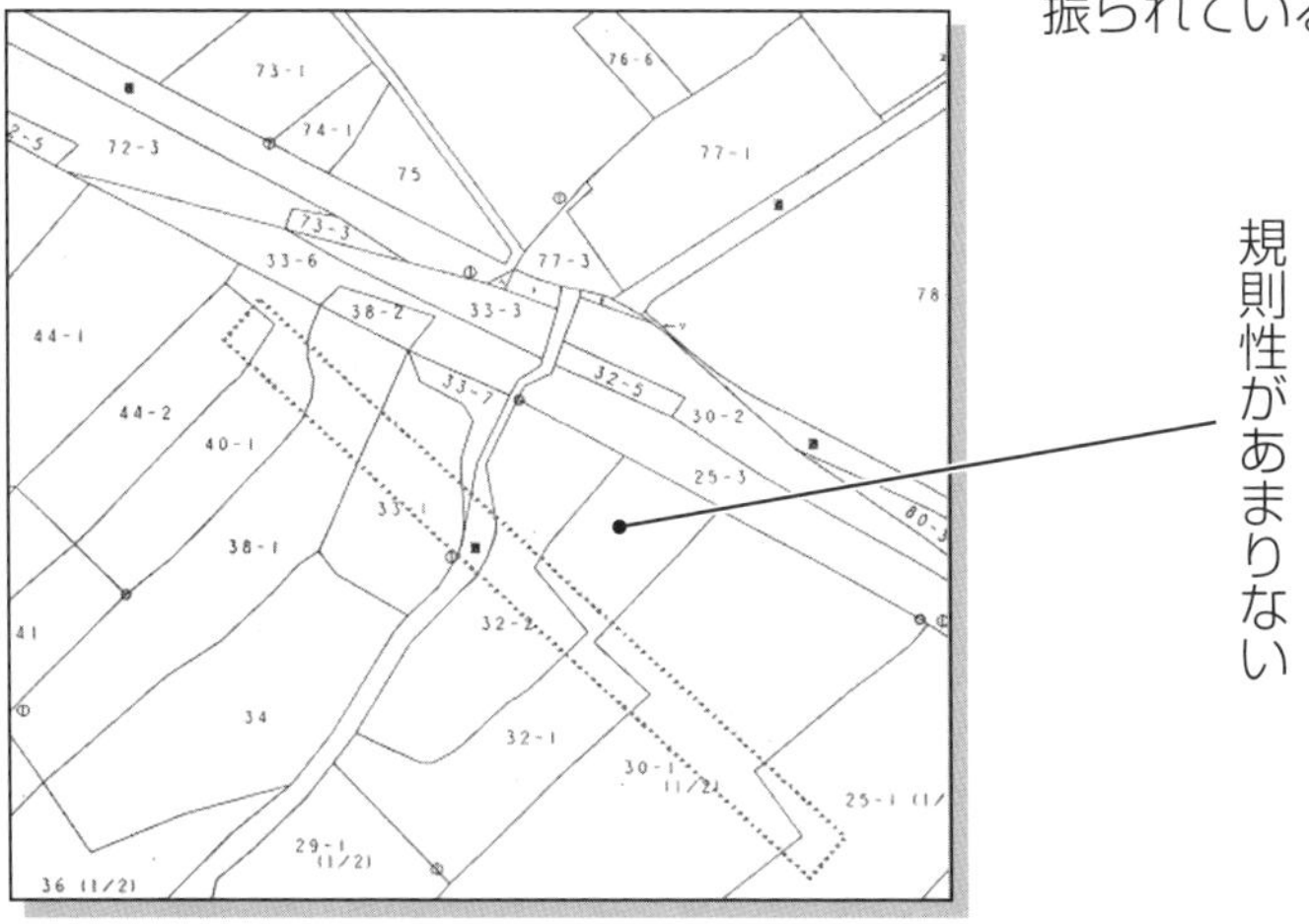

「住所(住居表示)」の例

○○県○○市○○町1丁目2番3号

建物ごとに番号が振られている

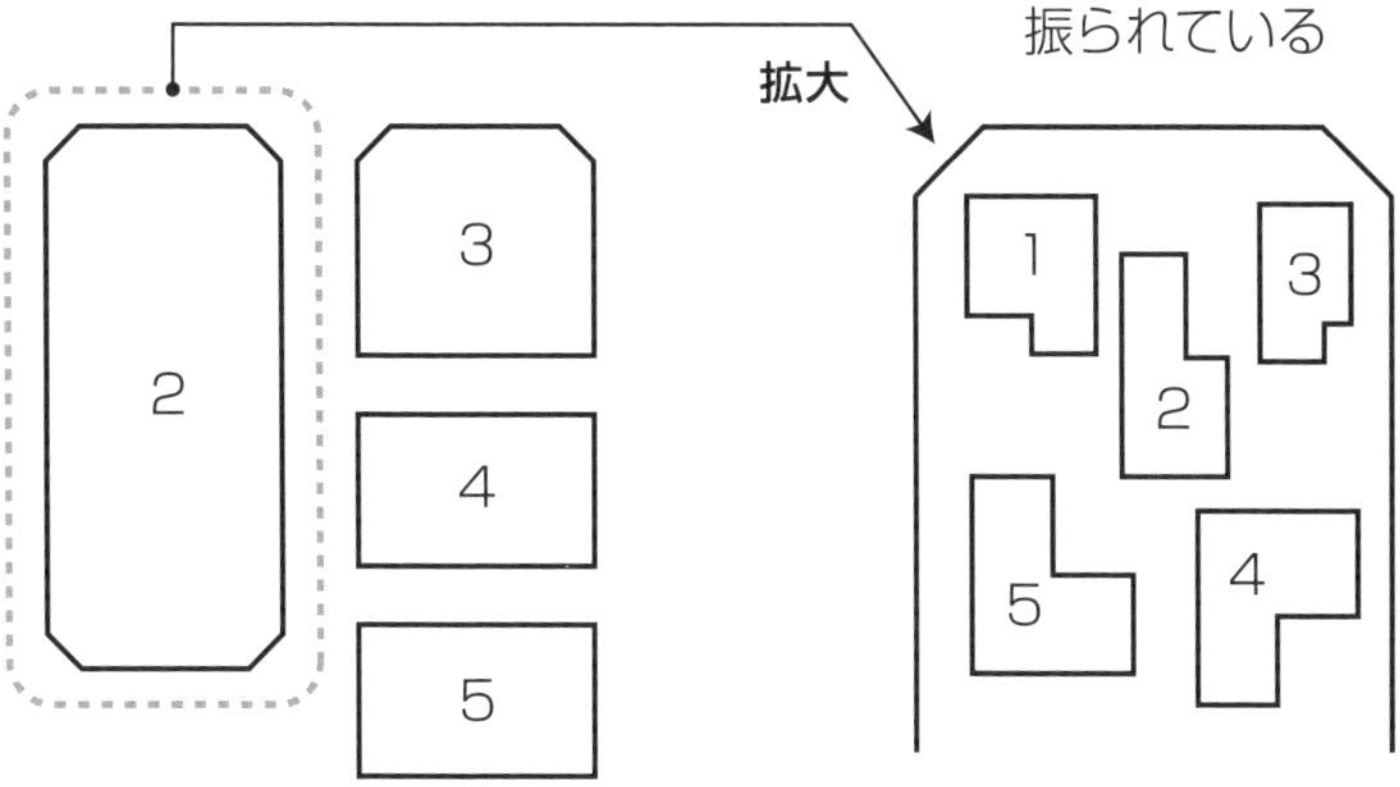

あわせて読みたい! 関連項目 8章⑤ ハザードマップと昔の地図

⑥「地目」って何だろう

●土地がどんなことに使われているか

「地目《ちもく》」とは、土地の使われ方を一言で表わしたものです。登記簿に載っている地目は不動産登記法にもとづいて、「田」「畑」「宅地」など23種類に定められています。いくつか例を挙げると、以下のようになります。

①**宅地**　建物の敷地です。家に限らず、ビル、車庫、納屋などが建っている土地は宅地となります。

②**田**　用水を利用して耕作する土地です。コメ以外にもレンコンなどを作っている土地でも、用水を使っていれば地目は「田」となります。

③**畑**　用水を使わず耕作する土地です。

④**山林**　竹や木が生育する土地です。

⑤**原野**　雑草・灌木《かんぼく》(高さの低い木のこと)が生育する土地です。草原や鬱蒼とした叢《くさむら》のイメージです。

⑥**雑種地**　建物がない土地で、主に駐車場、資材置場などを指していますが、本来は他の22種の地目のどれにも当てはまらないものを総称して雑種地と呼んでいます。

●登記簿が必ずしも正しいとは限らない

登記簿に記載する地目は、最初は登記官が判断して決めることになっていますが、長い年月がたつうちにいろいろと変化していくこともあります。

例えば、畑を整地して建物を建てるとします。すると登記簿は「畑」のままでも、実際は「宅地」に変わります。また最初は「宅地」として登記されても、放っておくと長い年月の間に建物が崩れ朽ち果てて、「宅地」から「雑種地」に変わりますし、さらに放置すれば草が生い茂って「原野」へと変わるでしょう。しかし依然として登記簿は「宅地」のままです。そんなときは、登記簿に書いてある地目を「公簿地目（登記地目）」、現在の状況を「現況地目」と呼んで区別しています。

この例に限らず、不動産を扱う上では、実際の状態と書類に記載してあることが異なる場合が往々にしてあります。まずは法務局で情報を集め、書類を確認することも重要ですが、それ以上に実際に現地に赴いて、自分の目で確かめることも重要です。

地目は23種類ある

宅地

建物の敷地

山林

竹や木が生育する土地

田

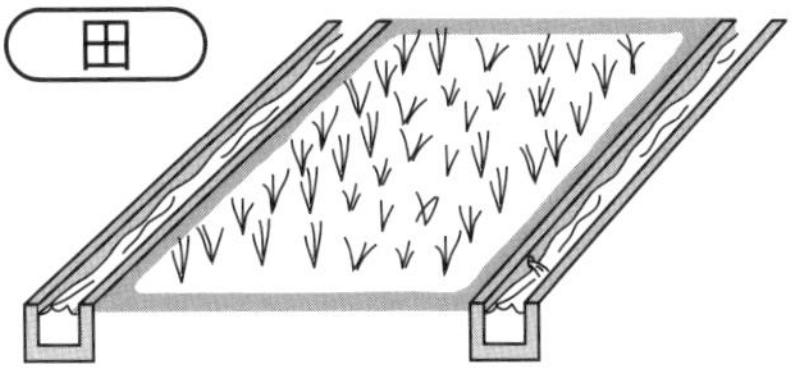

水を使って耕作する土地

原野

雑草が生えている土地

畑

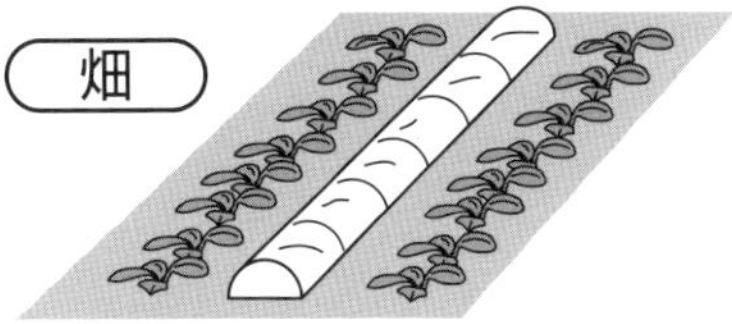

用水を使わず耕作する土地

雑種地

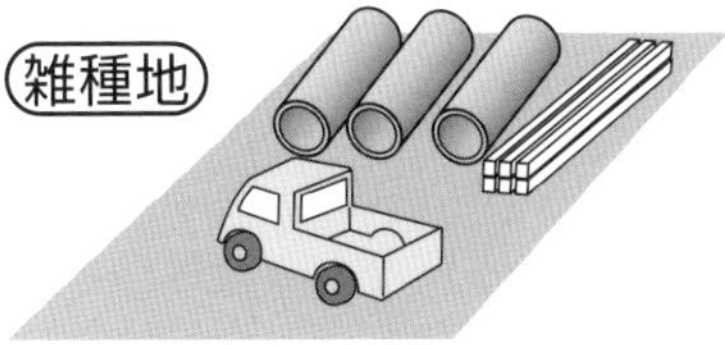

駐車場・資材置場など

その他の地目

学校用地・鉄道用地・塩田・鉱泉地・池沼・牧場・墓地・境内地・運河用地・水道用地・用悪水路・ため池・堤・井溝・保安林・公衆用道路・公園

公簿地目と現況地目

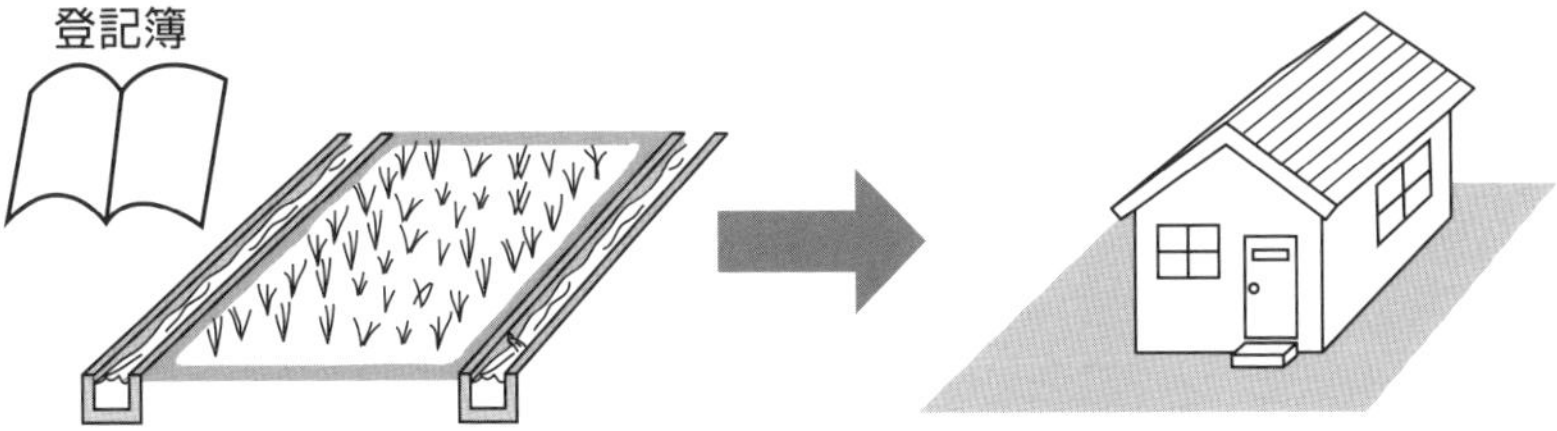

●公簿地目（登記地目）に「田」と書いてあっても……

●現況地目で家が建っている（宅地）ことがある

⑦「住宅地図」「公図」「地積測量図」「建物図面」とは？

　不動産に関係する業務をする場合、地図や図面は手放せないもののひとつになります。実際に法務局に行くと、様々な図面が保管されており、閲覧できるようになっています。ここでは、それらの地図や図面について解説しましょう。

●住宅地図　一般に販売されている、表札まで記載されている地図です。法務局にも利用者の便宜を図るために受付に置いてある場合がありますが、法務局にあるものは、特別に住居表示以外に地番が青い字で表示されている場合（ブルーマップ）があります。これは知っていると場所から地番を探すことができ、非常に便利です。

●公図　土地の位置や境界、隣接地を確認するための地図です。通常、法務局に保管されていますが、最近ではコンピュータ化が進んで、地番を指定して申請すれば、その場で印刷された公図が出てきます(有料)。インターネットでも取得できます。

　500分の1や1000分の1で作られていることが多く、最近のものは専門家の測量によるもので精度も高いのですが、場所によっては縮尺がないものや、尺貫法で書かれたもの、江戸時代に筆と墨で書かれたものがあったりします。

　取得したものがどの時代に作られて、どの程度の精度のものか、よく注意して見なければなりません。とくに山林と歴史のある市街地の公図は要注意です。

●地積測量図　その土地の詳細な測量の図面です。法務局に行ったら必ず取得するようにします。公図と地積測量図を見比べると新たな発見があったり、場所を取り違えるなどのミスもなくなります。

　地積測量図は、ほとんどが土地家屋調査士という専門家が作成したもので精度が高いのですが、残念ながら整備するようになってからまだ40年ほどなので、すべての土地に地積測量図があるとは限りません。

●建物図面　建物の配置や各階の形がわかる図面です。これも詳細に建物の寸法がわかりますが、すべての建物で整備されているとは限らず、増改築があると実際と異なる図面だったりすることもあります。

不動産情報に欠かせない地図・図面

住宅地図 住所（住居表示）・建物名などがわかる

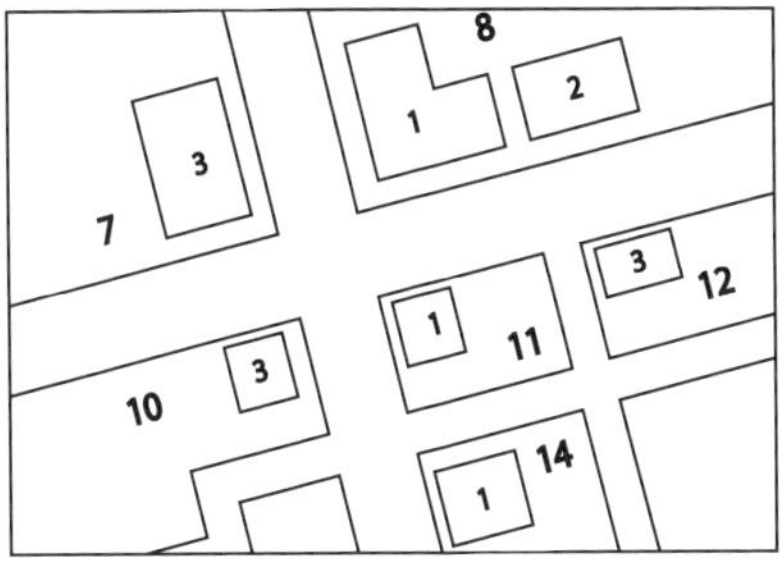

公図 土地の筆ごとの位置関係がわかる

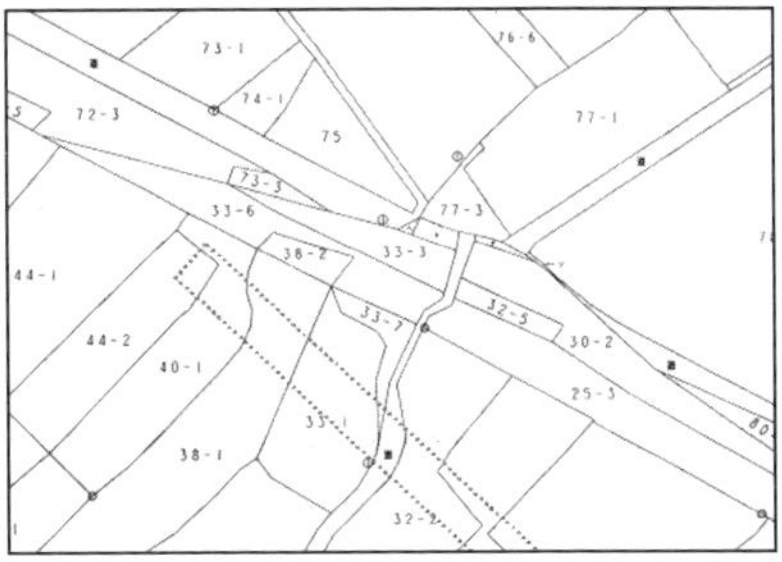

地積測量図 ひとつの土地についての詳細な測量図

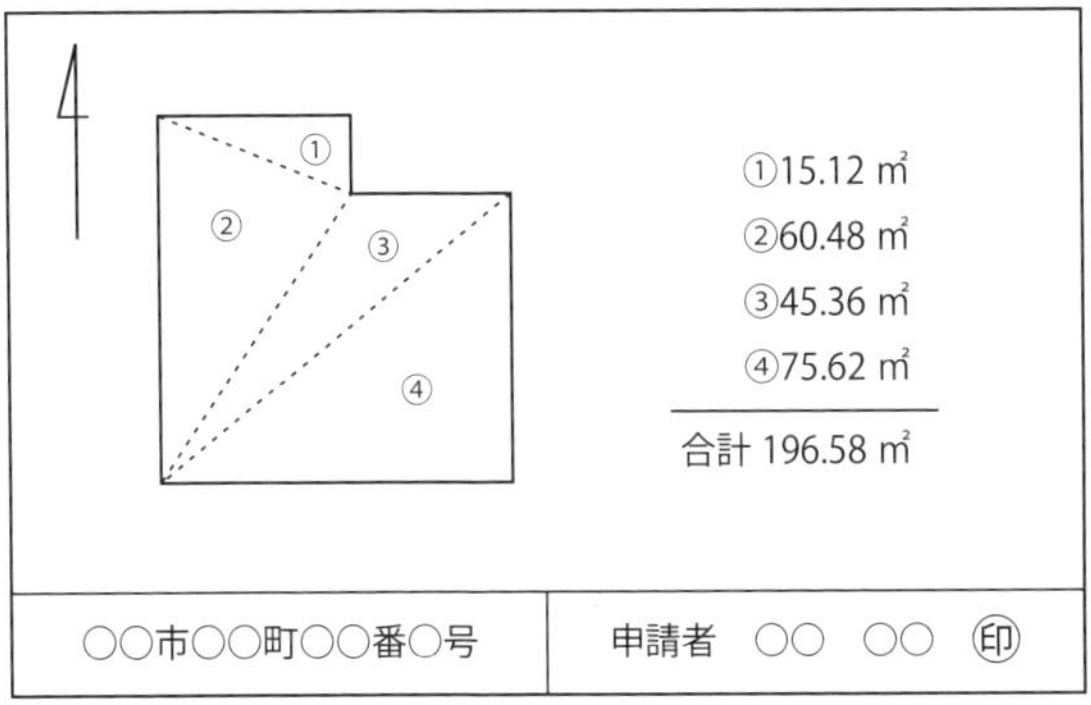

建物図面 建物の寸法や配置、各階の形がわかる

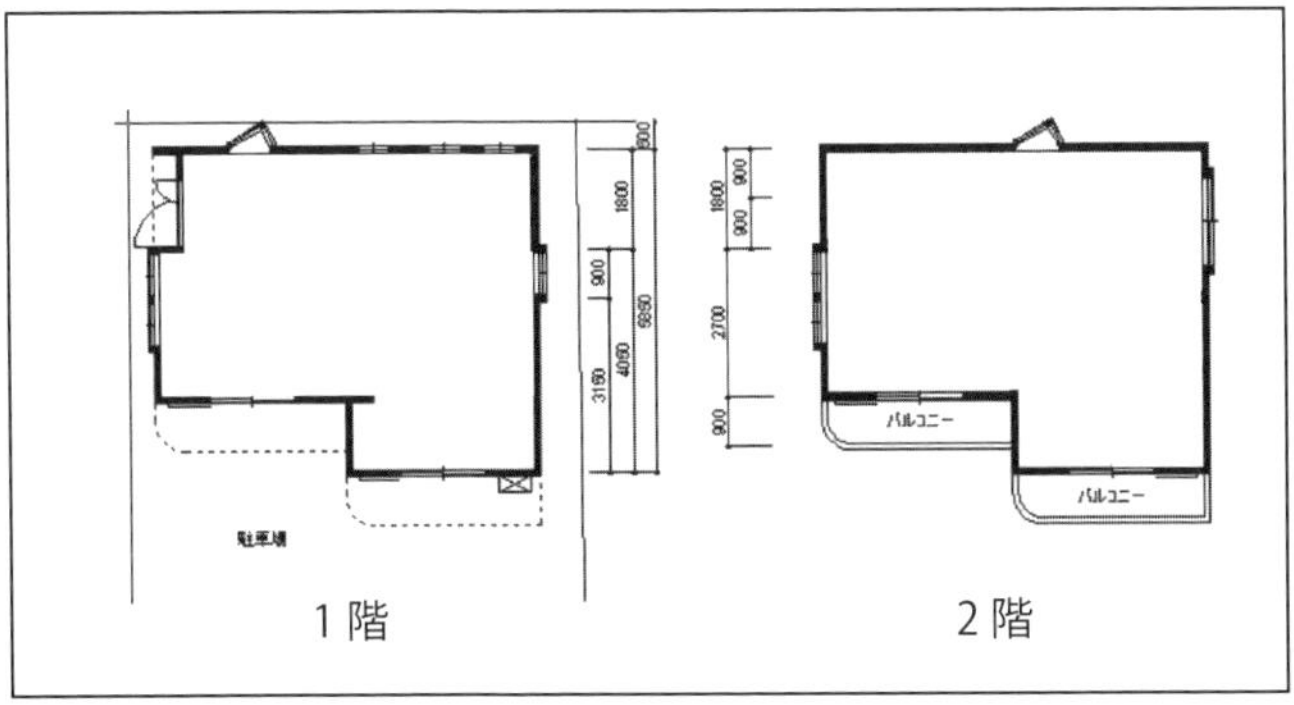

※イメージ図

あわせて読みたい！ 関連項目 8章⑤ ハザードマップと昔の地図

⑧「用途地域」のキ・ホ・ン

●ソバ屋がねぇ！ コンビニねぇ！ 建物建てられねぇ！

人は、建物を建てるために土地を買います。少なくとも土地を買う前に「用途地域」は確認しましたか？ 不動産には多くの法律の規制がありますが、「用途地域」は建築する際の基本の「キ」です。

海沿いのコンビナートの真ん中に個人の住宅は建っていませんし、高級住宅地にはコンビニすらありません。何となくそうなっているわけでなくて、用途地域による制限があるからです。

●代表的な用途地域のイメージ

・**第一種低層住居専用地域**……いわゆる「高級住宅地」です。ここには邸宅しか建てられません。しかも「高級」ですから敷地にはゆとりを持たせ、半分は庭にしなければなりませんし、高さ制限はきびしく、実際、2階建てまでの家しか建てられません。

あまりに制限がきびしいので、邸宅以外のマンションはもちろん、コンビニ、カフェといった店舗も建築困難です。それがアダとなり近年では高級さを維持できず、高齢化に伴って足腰の衰えたお年寄りには「不便な街」に転落してしまう例が多く見られます。

・**準工業地域**……よく「町工場のあるところ」と言われますが、実は何でもアリの自由地帯、「個室付浴場（ソープランドの法律用語）」以外は何でも建てられる場所です。住宅、コンビニ、場末のスナックなどなど、歩いて楽しいマニアックな街並みになる傾向があります。

・**用途地域の指定のない区域**……ここは日々変わらない田園風景が広がる田舎です。「1万平米を超える商業施設」だけは建てられませんが、それ以外は自由です。しかし、車もそんなに走っていないため、建物を建てて有効活用しようと思う人すら出てこない場所です。

・**市街化調整区域**……「用途地域の指定のない区域」とほぼ同じ風景が広がる地域ですが、ここは田畑を耕すための場所、土地を買っても建物の建築ができません。増築することも建物の用途を変更することもできません。知らずに古民家を買ってソバ屋をしようにも、改築不可能な「農業専用」地域、買ってからでは後の祭りです。

13ある市街化区域の用途地域

●市街化区域（街）
●市街化調整区域（田畑）

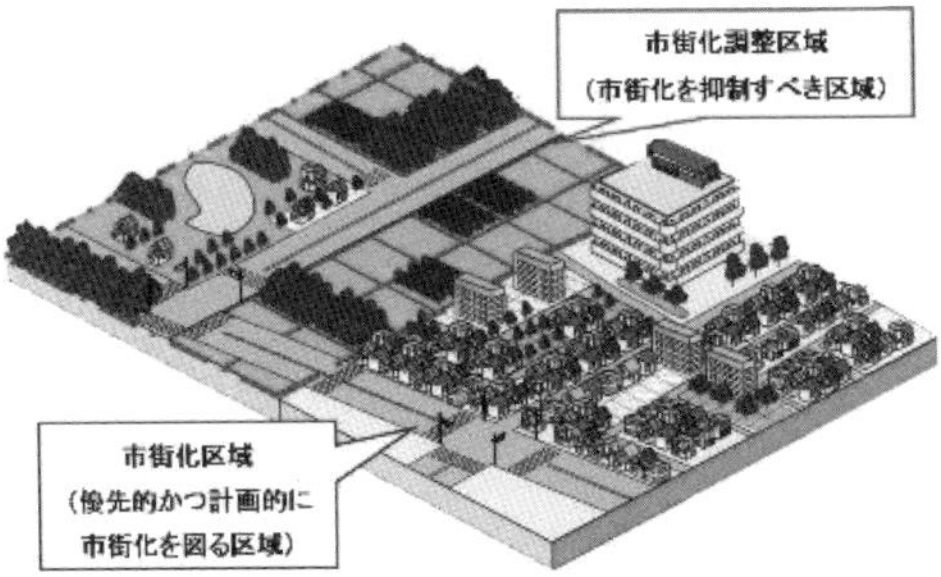

（さいたま市ホームページより）

13種類の用途地域に分かれる

第一種低層住居専用地域
第二種低層住居専用地域
第一種中高層住居専用地域
第二種中高層住居専用地域
第一種住居地域
第二種住居地域
準住居地域
田園住居地域
近隣商業地域
商業地域
準工業地域
工業地域
工業専用地域

用途地域の例

第一種低層住居専用地域

●高級住宅地
●ゆとりある街並み
●アパート、店舗がない

準工業地域

●工場、住宅、店舗、スナック……
様々な建物が立ち並ぶ
●街歩きの狙い目

用途地域の指定のない区域

●建築できないものはほとんどない
●需要が少なく、高度利用されていない

市街化調整区域

●農林漁業をするためのところ
●建物は原則建てられない
●資材置場、駐車場程度の利用のみ

どの用途地域にあるかは、市町村役場のホームページや都市計画課で確認すればわかります。後悔のない買い物をするために、用途地域は最低限チェックしましょう

あわせて読みたい！ 関連項目　1章⑩ 人間の生活と活動に必須の不動産

⑨同じものが二つとない不動産の特徴

私たちのまわりには、パソコン、時計、机、椅子、自転車、自動車などいろいろなものがありますが、不動産にはそうしたものとは際立って異なる特徴があります。

この章でもいくつか触れましたが、もう一度、不動産の特徴を見てみましょう。

①動かない　文字どおり不動産は動かないので、人間がその場所に行って見てこなければなりません。また、地番や住居表示、それから緯度・経度のような番号で位置を特定することができます。

この性質は「不動性」、または「固定性」と言います。

②増えない　土地は工業製品のように、たくさん製造して数を増やすということはできません。建物も数ヶ月待たないと増えません。大きくしたり小さくしたりすることもできません。

この性質を「不増性」と言います。

③ずっとそこにあり続ける　不動産は放っておいてもそこにあり続けます。土地は何十年、何百年たってもそこにあります。実際に古代ローマ時代の建物を今でも見ることができます。この性質を「永続性」と言います。

④同じものがない　不動産の場合、形や大きさが同じで、隣にあっても、場所が違えば同じとは言いません。

これを「個別性」と呼びます。

⑤様々な使い道がある　土地は建物を建てるだけでなく、作物や木を育てることができ、アイデアしだいで実にいろいろな使い方があります。

これを不動産の「用途の多様性」と言います。

⑥くっつけたり分けたりできる　隣の土地とくっつけてひとつの土地にしたり、逆に分割して二つにすることもできます。これを「併合及び分割の可能性」と言います。

⑦時代によって位置づけが変わる　同じ場所でも人の見方が変化する場合があります。

例えば千葉県の浦安は、名前のとおり漁師町でしたが、ベイエリア開発や巨大遊園地ができたおかげで、誰もが憧れる場所に一変しました。その後、東日本大震災で液状化現象が報道されると、さらにイメージが変化したのは記憶に新しいでしょう。

不動産の特徴

物理的な特徴（モノとしての特徴）

①不動性（固定性）
土地・建物の位置を特定できる

②不増性
土地は増やせないし、建物の建設にも時間がかかる

③永続性
土地は何百年たっても同じところにあり続ける

④個別性
不動産には2つとして同じものがない

以上のような硬直的な特徴を持つ

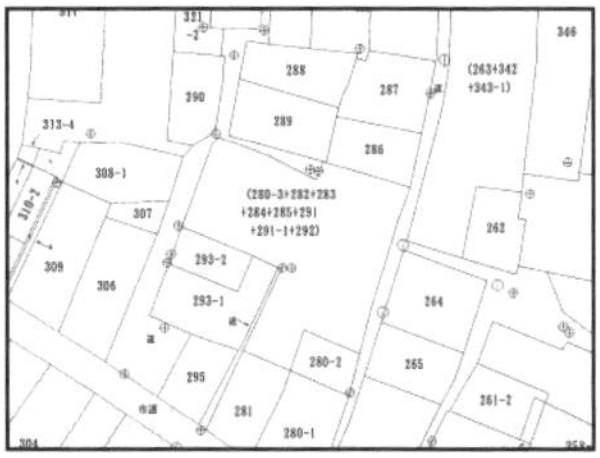

●地図や公図で位置が特定できる

●工業製品にように量産できない

人文的な特徴（人間との関わりの中で生まれる特徴）

⑤用途の多様性
いろいろな使い方ができる

⑥併合・分割の可能性
2つに分けたり、ひとつにくっつけたりできる

⑦社会的位置の可変性
その時々によって見方が変わる

以上のような可変的な特徴を持つ

●古代ローマの建築物を今でも見られる

●木や作物を育てることもできる

あわせて読みたい！ 関連項目　5章⑩「相続」が不動産でもめるワケ

⑩人間の生活と活動に必須の不動産

●何をするにしても不動産がないとはじまらない

この章では不動産について、いろいろな用語の説明や、他にはない特徴を述べてきました。商売をはじめるにしても、住むにしても、作物を育てるのにも、必ず不動産が必要になることは、おわかりいただけたでしょう。

そして、二つとして同じものがなく、動かない不動産だからこそ、いい不動産（物件）を探し歩き、巡り合えたときの喜びがあり、その場所で様々な活動をすることが、様々な感慨を生むのではないでしょうか。

●不動産の地域性

不動産は、その不動産だけではなく、他の不動産といろいろな関係を作り、影響し合うことが知られています。

例えば、コインランドリーの隣にカフェがオープンしたとしましょう。コインランドリーで洗濯をしている間、コーヒーを飲むことができれば、両方の店にたくさんの人が集まるようになります。その隣に銀行のATMコーナーができれば、さらに多くの人に利用してもらえるようになります。

こうして、ある不動産が他の不動産に働きかけることで、一定の地域を作るようになります。店舗だけでなく、工場がいくつか集まれば、原料や部品を融通したりすることができるようになり、自然と工場同士で集まる地域ができます。そしてこれらの地域は、その地域ごとにいろいろな特徴を持つようになります。

こうして店舗が集まる商業地域や、住宅が集まる住宅地域、工場が集まる工業地域ができてきます。さらに商業地域でも、カフェの多い地域や映画館の多い地域、日用品を扱う商店が多い地域など、細かく分かれるようになっていきます。

このような特徴を「不動産の地域性」と言います。この地域性をどれだけ適切に読めるかが、商売繁盛や安全で心豊かな生活を送るための鍵となってくるのです。

不動産、とくに土地は地球の大地以上のものではありませんが、人間の生活の営みによって、その意味や性格、社会での位置づけは大きく変化していくことが理解していただけたのではないかと思います。

隣同士の不動産は影響し合う

隣の地区同士は影響し合う

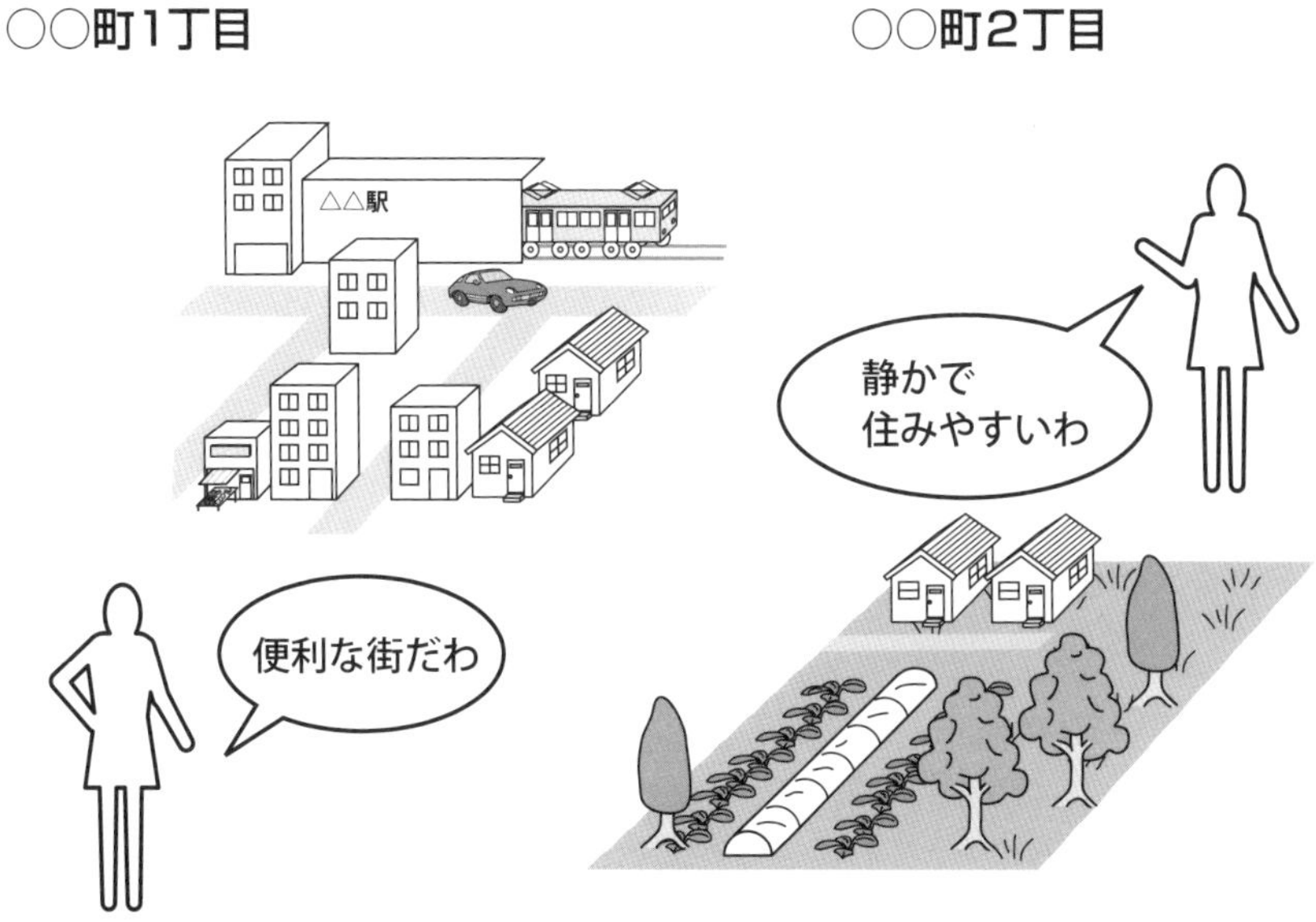

あわせて読みたい！ 関連項目　1章⑧「用途地域」のキ・ホ・ン

Column コラム①

●カーナビは、なぜ住所から場所がわかるのか？

少し前の話ですが、不動産の売買物件の確認をするときには、住宅地図を車に乗せ、助手席でそれを開いて物件の確認をしたものですが、近年はカーナビという素晴らしい機器が現われました。

カーナビは住所を番地まで入力すれば、ピンポイントでその場所を表示してくれます。パソコンで開くインターネット上の地図も同様です。

最近では、こうしたカーナビの機能は当たり前になりましたが、実際の土地のどこを探しても住所は書いてないのに、どうして場所がわかるのでしょうか？　日本には5500万軒以上の建物があるのです。

地球上のすべての場所は、緯度・経度で表示することができます。例えば、富士山の山頂は北緯35.2164度、東経138.4364度という具合です。ちなみに南北の緯度が1度違えば、距離にして111km違います。東西の経度だと70kmから100km程度です（場所によって異なります）。

そこで、もし住所から緯度・経度の変換ができれば、地図に表示できるようになるわけです。

そのことに気がついた地図会社は、それぞれ独自に5500万軒の住所に、ひとつずつ緯度・経度を割り当てる膨大な作業に着手しました。

カーナビの精度を上げるための苦労は、それだけではありません。もとになる地図にも誤差があります。ときどきニュースで富士山の山頂がずれていたとか、高さが変更になるといったことを聞くことがあるでしょう。10メートル程度のずれはよくあります。

住所と緯度・経度の情報が正しくても、地図が正しくないと、ピンポイントに正確に表示できませんが、このずれも一つひとつ修正して、いまや住宅レベルで住所と地図上の点が一致するところまでこぎつけ、今後は自動車の自動運転にも役立つことでしょう。

2章
不動産売買のしくみ

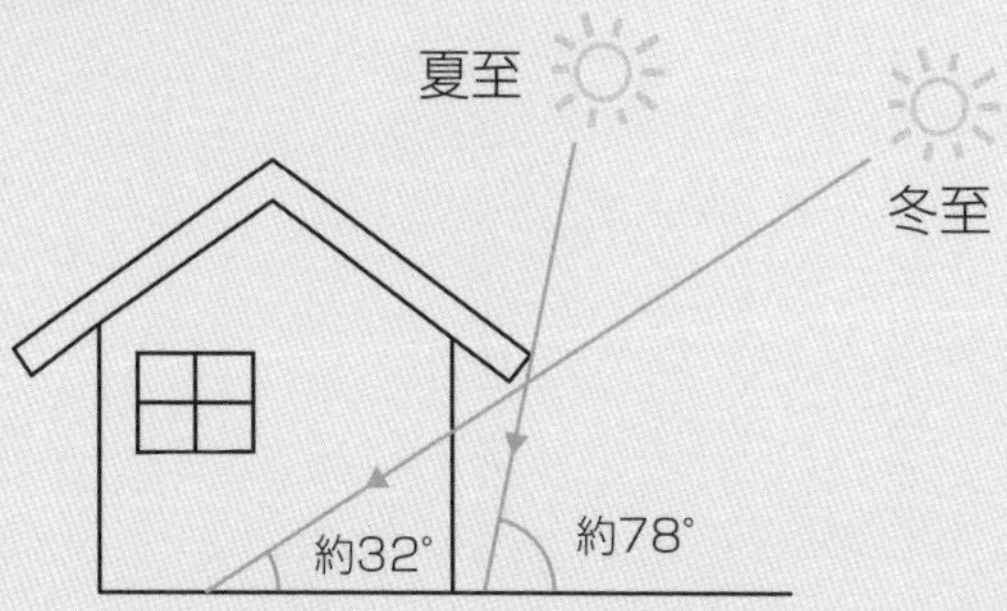

①不動産の仲介手数料のしくみ

●仲介手数料は成功報酬のみ

「マイホームは一生で一度の一番高い買い物」と言われるように、一般の人は、不動産を「売る」「買う」「貸す」「借りる」ことは、人生でそれほど多く経験するわけではありません。そんなときはふつう不動産会社（正しくは「宅地建物取引業者」と言う）に仲介を依頼することになります。不動産会社はそれが仕事なので、仲介できれば報酬が発生することになりますが、その報酬はどのようなしくみになっているのでしょうか。

実は様々な歴史的な経験から、国がその基準（上限額）を決めています。例として売買の場合の報酬を見てみましょう（賃貸の場合は左ページに記載）。

200万円まで　取引価格の5%＋消費税
400万円まで　取引価格の4%＋2万円＋消費税
400万円超　取引価格の3%＋6万円＋消費税

特徴的なことは、これが成功報酬であることです。つまり取引が成立しなければ、不動産会社には一銭も入ってきません。広告宣伝、内覧会、オープンハウスなどは、すべて不動産会社の経費で行なわれますが、仲介できなければ不動産会社の収入はありません。

●「片手」「両手」とは

また不動産会社が、誰から報酬をもらうかは非常に重要なことです。売主が不動産会社に不動産の売却を依頼し、運よくその不動産会社に買主がやってきて、400万円超の物件の取引が成立したとしましょう。

この場合、仲介手数料は売主と買主の両方からもらうことができます。これを不動産業界用語で、両手に花の「両手」と言います。つまり不動産会社の報酬は、6%＋12万円（＋消費税）となるわけです。

一方、買主が別の不動産会社を通じて不動産の取引が成立した場合には、売主側にいる不動産会社は3%＋6万円（＋消費税）、買主側の不動産会社も3%＋6万円（＋消費税）ということになります。これを不動産業界用語で「片手」と言います。

同業者に売買の協力を求めた場合には、業者間で手数料を分ける、「分かれ」という言葉もあります。

不動産売買の仲介手数料（国で決めた上限額）

売買の仲介	200万円まで	売買金額の5%（+消費税）
	200万〜400万円	売買金額の4%+2万円（+消費税）
	400万円超	売買金額の3%+6万円（+消費税）

（売主と買主の両方からもらう場合はこの2倍）

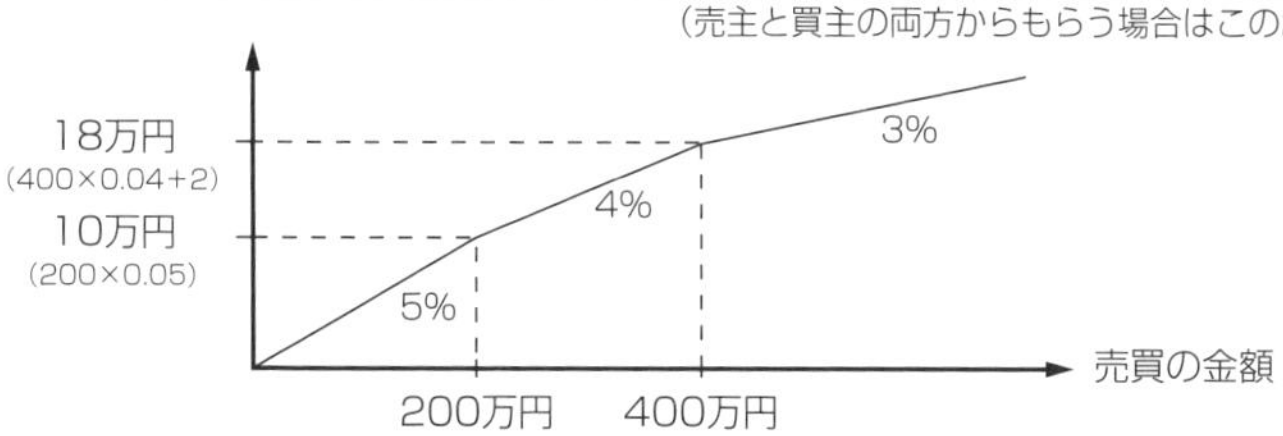

賃貸物件の仲介手数料

賃料の0.5ヶ月分+消費税	（借主、大家の双方から受け取れる）
または賃料の1ヶ月分+消費税	（大家の承諾のあるとき。借主から全報酬を受け取ることができる）

誰から報酬をもらうか

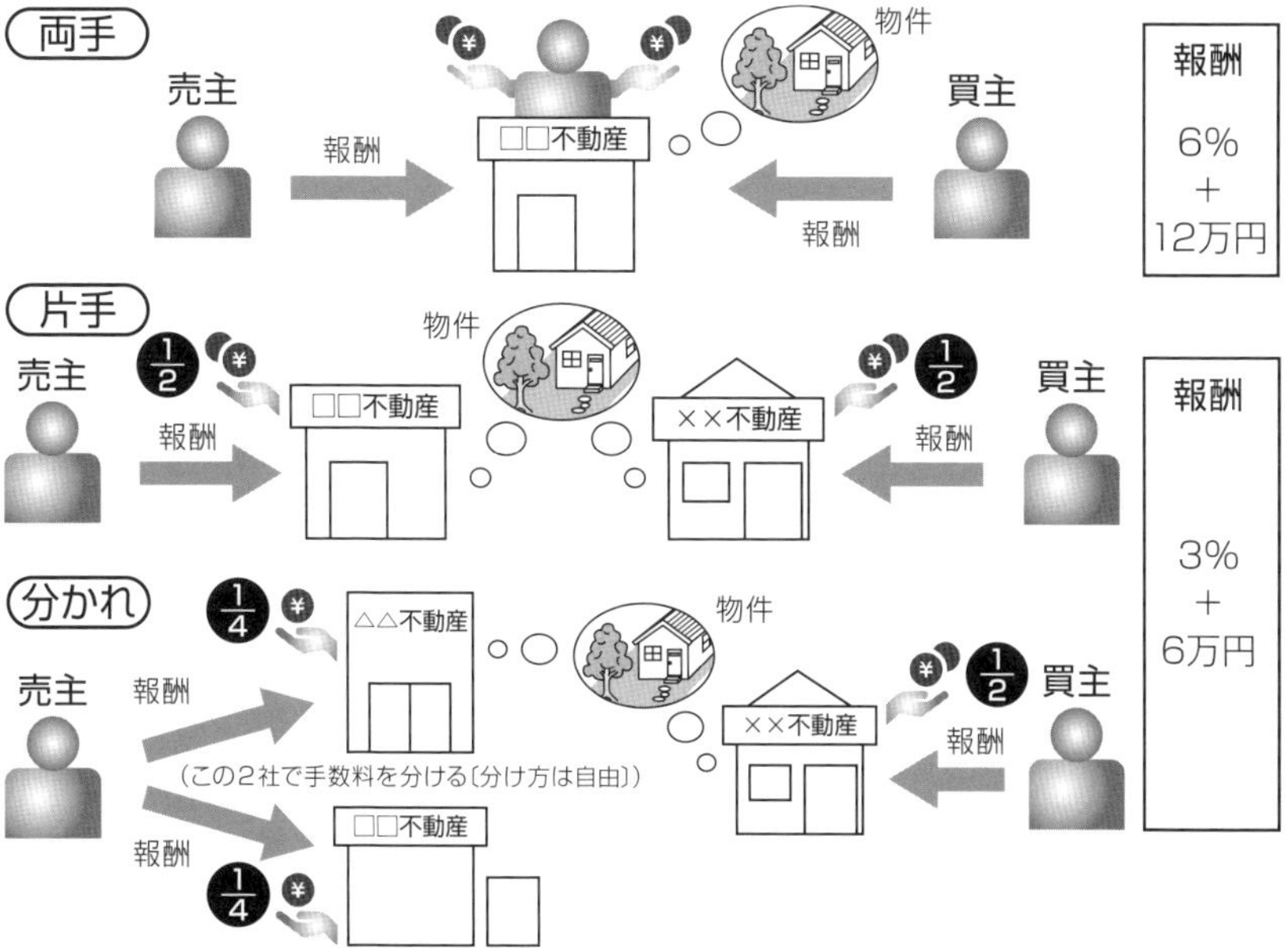

あわせて読みたい！ 関連項目　8章① 不動産は捨てられない

②不動産売買の依頼に必要な「媒介契約」の種類

●3種類ある媒介契約

不動産会社に不動産の売却を依頼する場合には、必ず所定の媒介契約というものを結ぶことになっています。この媒介契約には次の3種類があります。

・専属専任媒介契約
・専任媒介契約
・一般媒介契約

一般の人にはなかなかわかりづらいものですが、どの契約を結んでいるかで、不動産会社の販売活動の真剣さの度合がわかることもあります。

「専属専任媒介契約」とは、「ひとつの不動産会社だけに売買を任せる」という契約です。この場合、あなたが売主で、自分で買主を探したとしても、不動産会社が買主を見つけたこととして報酬の支払いが必要になります。一方、不動産会社は、不動産の流通機構（レインズと言う。次項参照）に不動産を登録し、1週間に一度、売主に売却活動の報告をします。

「専任媒介契約」は、自分で買主を発見してもいいのですが、不動産会社の売却活動の報告は2週間に1回になります。三つめの「一般媒介契約」では、何社にでも同じ不動産の売却の依頼ができます。

●それぞれの媒介契約の特徴

まず、「専属専任媒介契約」ですが、最近では大手の不動産会社で使われることが多いようです。毎週の報告の手間はかかりますが、「1社だけに任せる」ということですから、不動産会社が「これは売れそうだな」と判断した不動産で締結することが多いようです。

一般の不動産会社では、「専任媒介契約」で仲介を引き受けることが多いようです。

「一般媒介契約」は、広く声がかけられるので早く売れるように思えるかもしれませんが、同じ不動産があちこちで広告されているのを見ると、「売れないのかな」という印象を与えてしまうこともあります。

不動産会社としても、自社で買主が見つかるかどうかわからない、報酬が得られるかどうかわからない物件にあまり注力することはないでしょう。

媒介契約の種類と特徴

	専属専任媒介契約	専任媒介契約	一般媒介契約
自己発見取引 （自分で買主を見つけること）	できない	できる	できる
他の業者への依頼 （他の不動産会社に重ねて依頼する）	できない	できない	できる
依頼主への報告 （仲介活動を報告する）	1週間に1回以上	2週間に1回以上	なし
指定流通機構への登録 （不動産会社がレインズに物件を登録する）	あり	あり	義務なし

●専属専任媒介契約

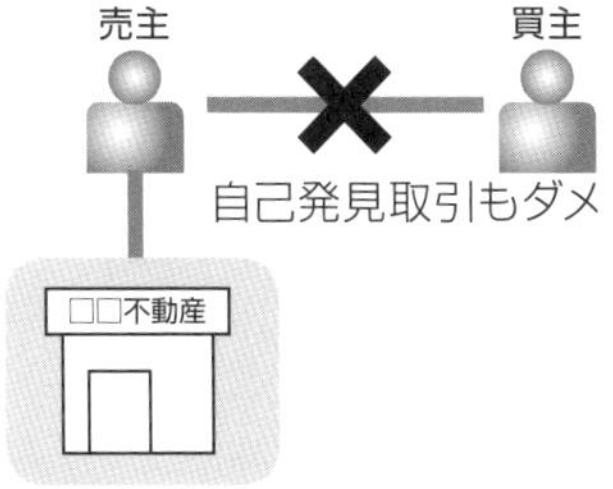

●専任媒介契約

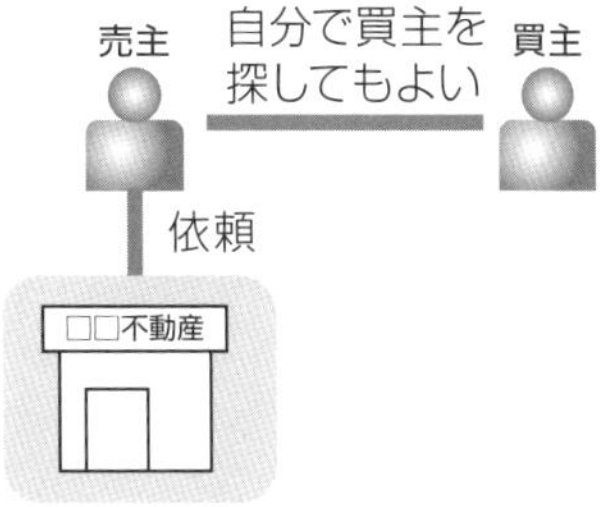

●一般媒介契約

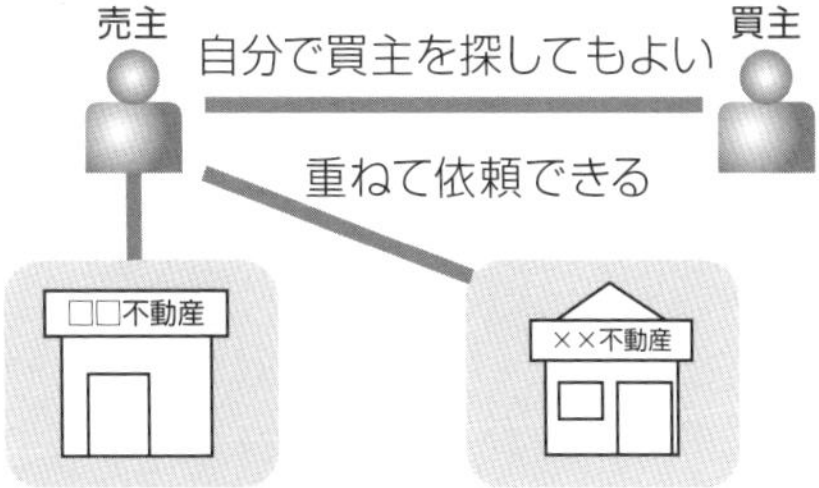

あわせて読みたい！ 関連項目　5章⑧ 物件タイプ別不動産会社の選び方

③不動産の流通機構＝レインズのしくみ

●レインズとは?

レインズは、正式名称を「不動産流通標準情報システム(Real Estate Information Network System)」と言い、不動産会社に不動産の売却・賃貸の仲介を依頼した場合に、その情報を全国の不動産会社で共有するシステムです。不動産会社限定ですが、日本中のあらゆる不動産の情報が、このレインズというシステムを通じて見ることができるのです。

公表されている資料によると、ある1ヶ月間の不動産情報の登録数は41万8000件、取引の成立件数が6万4000件(著者調べ)にものぼり、日本全国を網羅する大規模なネットワークとなっています。

●不動産情報の重要性

不動産業は、その昔、悪口で千(の情報)を扱って三つしか仕事にならないという意味で、「千三《せんみ》つ屋」と呼ばれました。逆に言えば、そのくらい情報が大切な仕事なのです。各社の情報を出して分けあったほうが不動産の取引が活発になるという目論見で、このような大規模なネットワークが作られたのです。

前項で述べた専属専任媒介契約と専任媒介契約では、不動産会社は不動産の情報を必ずレインズに登録して、幅広く買主を探すことになっています。

しかし、仮に本当に売れそうな(オイシイ)不動産の情報があるとき、読者であるあなたが、その不動産会社の担当者だったとしたら、どうするでしょうか。私なら誰にも言わず、内緒にして自分で買主を探すかもしれません。なぜかと言えば、前に述べたように、買主も自分で見つけると、報酬が「両手」(2倍)になるからです。

レインズに登録してしまったばかりに、別の不動産会社が買主を見つけてきたときには、手数料が売主からしかもらえない「片手」になってしまいます。

この例のように、情報を共有すると、不動産会社の売上は半分になってしまうわけですから、以前は「いい情報ほど隠し持つ」傾向があったのは確かです。しかし近年は、公正で適正な不動産取引への理解が広がり、このような例は少なくなってきたようです。

レインズのしくみ

●情報が公開されていないと……

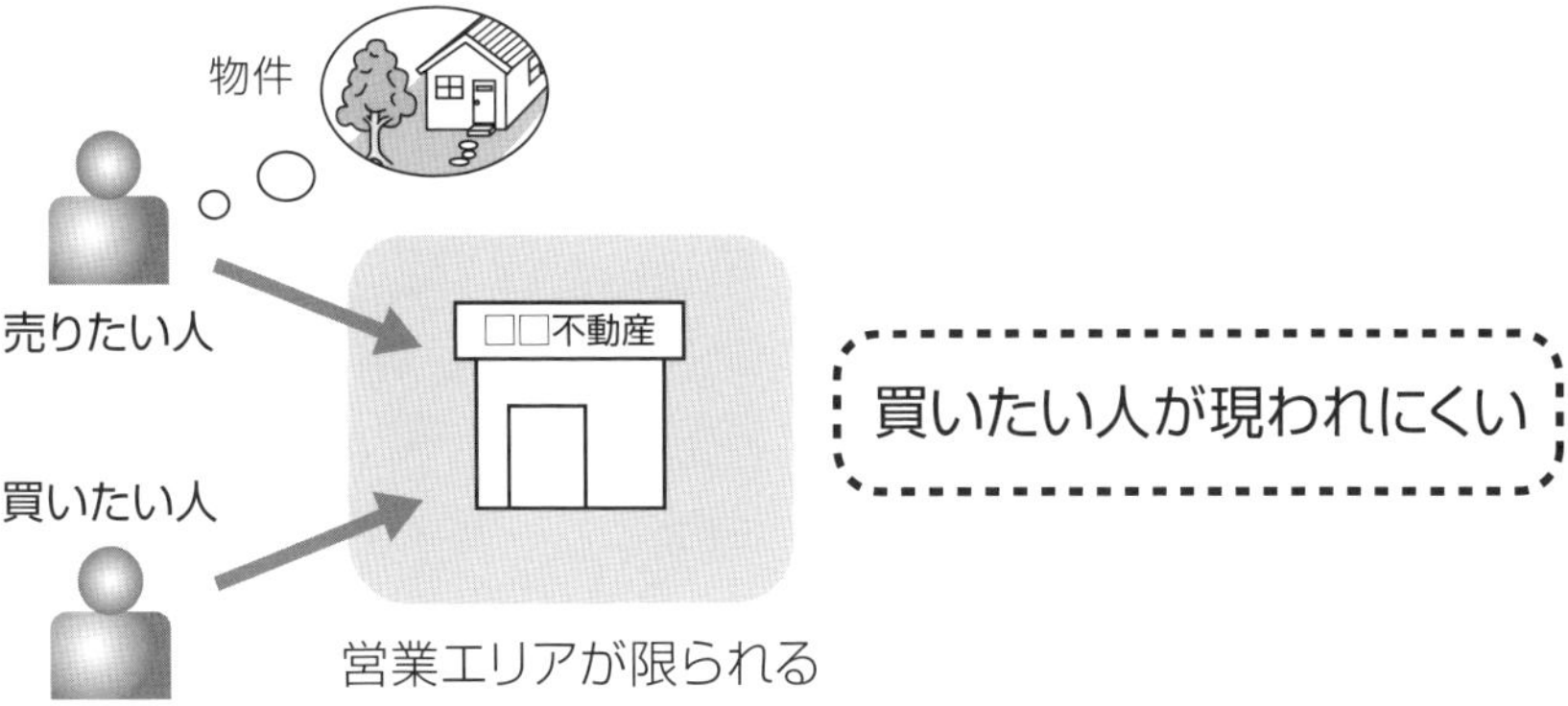

●レインズに登録すると……

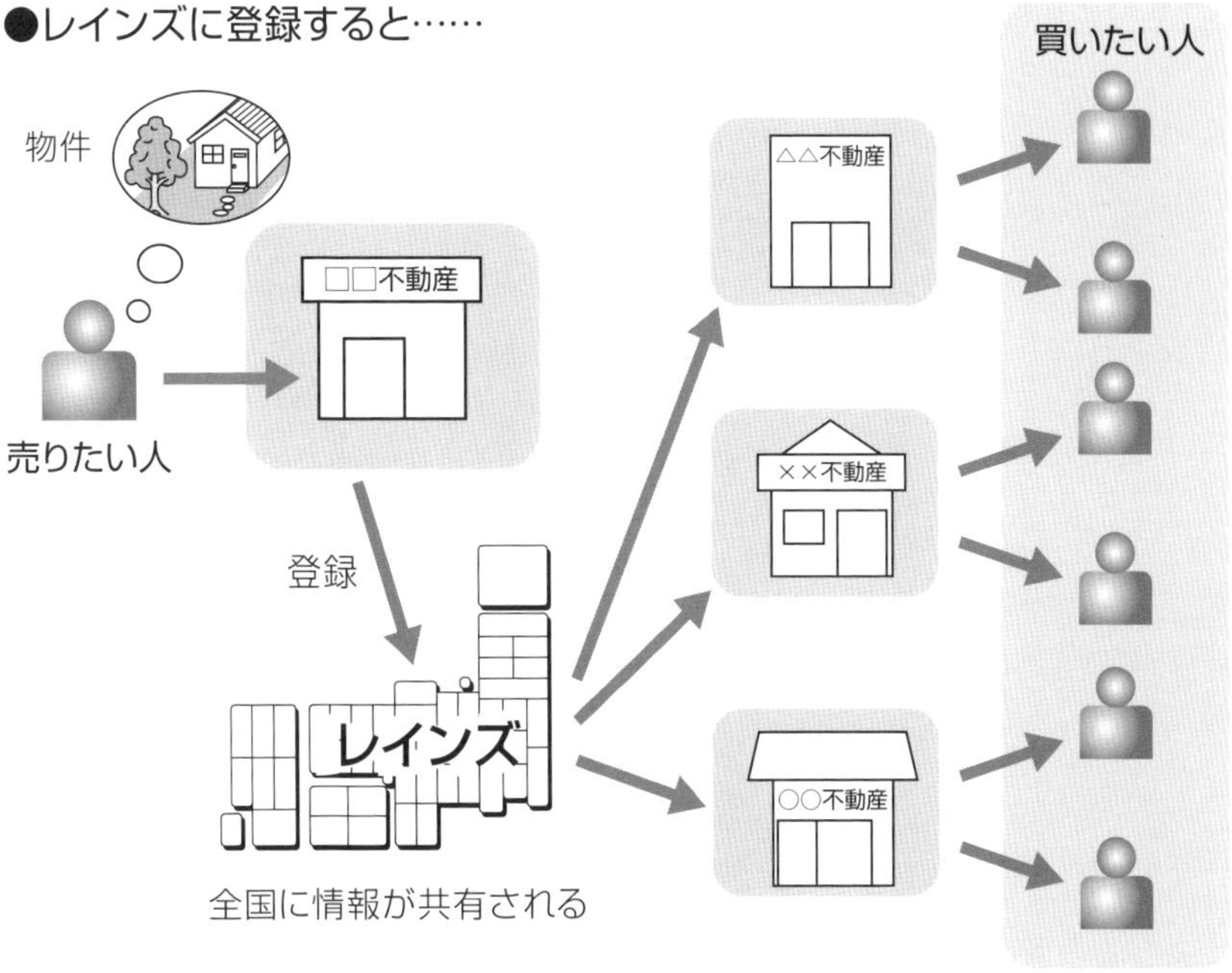

多くの人に情報が行き渡る＝買いたい人が現われやすい

④不動産価格の「お尋ね」「アンケート」とは？

●それは忘れた頃にやってくる

不動産を購入したり、売却したり、あるいは相続や贈与によって不動産を取得した場合、数ヶ月ほど経過したある日、税務署から「お尋ね」、国土交通省から「アンケート」が届くことがあります。

不動産の取引をした場合、あるいは相続や贈与で不動産を取得した場合、前述したように登記をするのが通常ですが、この登記の変更をもとにこれらの通知が送られてきます。不動産の取引では大きな金額のお金が動くことから、国の機関も関心を寄せているのですが、落ち着いてありのままに記載すれば、とくに怖がる必要もありません。

以下にそれぞれについてくわしく見てみましょう。

●目的と対応の方法

税務署の「お尋ね」の詳細は公表されていませんが、「お尋ね」は、すべての不動産の取引ではなく、ある程度無作為に抽出された取引に対して送られています。もちろんその中には、税務署がとくに興味を持っている取引もあります。

内容は、「購入価格」「購入先」「資金の調達方法」などですが、これらは未申告の所得や贈与がないか、秘匿資金がないかをチェックするための項目になっています。

一方、国土交通省の「アンケート」は、不動産市場で健全な取引が行なわれているかどうか、行き過ぎた土地価格の上昇がないかどうかを確認するためのもので、「お尋ね」と異なり、すべての取引の当事者に送付されます。

内容は、「契約日」「土地面積」「取引価格」「建物の有無」や「取引の事情（親戚間の取引や同族会社取引など）」などです。結果は統計処理された上で、国土交通省のホームページ（土地総合情報システム http://www.land.mlit.go.jp/webland/servlet/MainServlet）などで公開されています。

いずれも回答の義務はないのですが、税務署の「お尋ね」は自分のために、「アンケート」は不動産の健全な取引に協力するために、どちらもありのままを書いて早めに回答することをおすすめします。

税務署からのお尋ね

- 税務署によって様々な様式がある
- 年齢、職業、年収などを記入する
- 買い入れた不動産を記入する
- 仲介手数料など関連する費用を記入する（仲介手数料は売買金額から計算できるので注意すること）
- 資金の出所（自己資金、借入、贈与など）を記入する。他に売却した不動産がある場合にも記入する（回答の義務はないが、確定申告の内容も踏まえて慎重にありのままを記入する）

国土交通省からのアンケート

親展 と赤書きされて送られる

国土交通省土地鑑定委員会委員長
国土交通省土地・建設産業局長
の連名で送られる

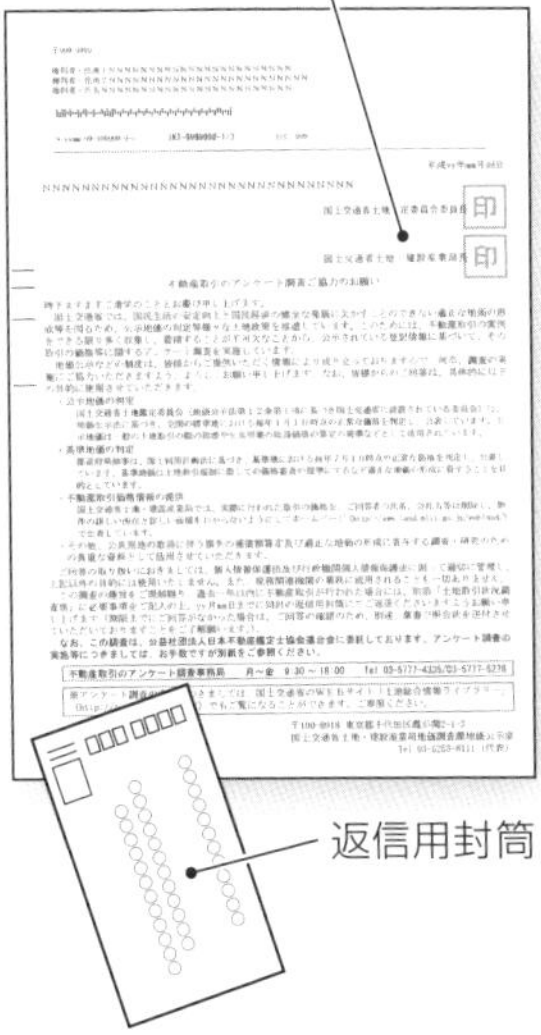

返信用封筒

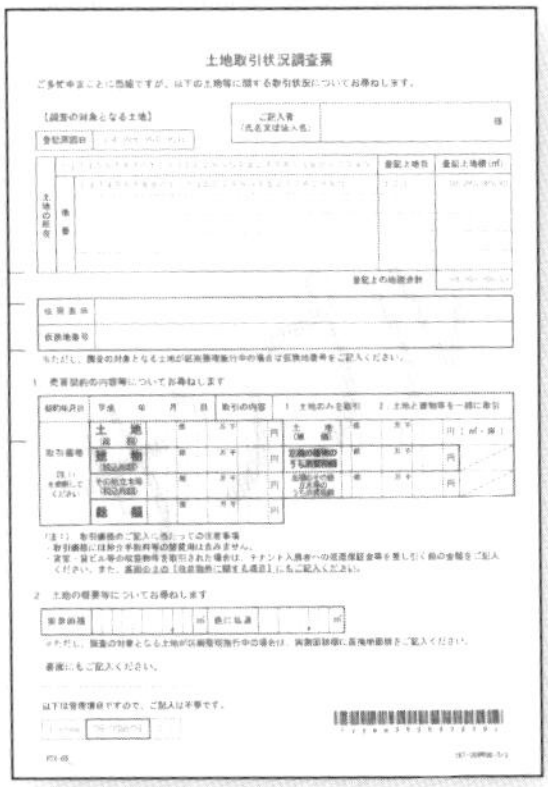

- 購入（売却）した不動産について
- 価格、取引の事情、借地の有無、隣地購入の有無を記入する

アンケートの結果は、統計処理をした上で国土交通省のホームページで公開される

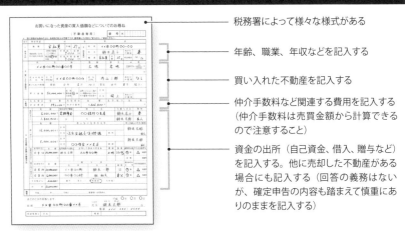

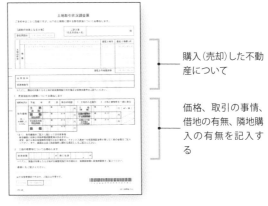

⑤不動産会社の選び方のポイント

●不動産業界は魑魅魍魎《ちみもうりょう》の世界？

所有する不動産の売却や購入を依頼したり、アパートを借りるときなど、ほとんどの不動産取引では不動産会社のお世話になります。しかし不動産業者に対して、「地上げ屋」「千三つ屋」「追い出し屋」など、悪い印象を持っていたり、近づきにくい雰囲気を感じている人も多いかもしれません。また、1章で述べたように、不動産は同じものが二つとない個別性があるので、不動産会社はそれぞれ得意な分野を持っているという特徴もあります。

ここでは、賃貸と売買の二つの場合で、不動産会社の選び方のポイントの例を見てみましょう。

●賃貸では「地元」での情報の量が大切

賃貸では、これがすべてと言っていいでしょう。マンションやアパートを借りたり、あるいはアパートを貸したいと思ったとき、一番重視すべきなのは地元（駅周辺）での実績と情報量です。多くの物件を扱っているところに自然と多く情報も集まってくるので、いい話に巡り合える可能性も高くなります。

私の経験でも、店がきれいであるとか、対応がしっかりしているとか、パソコンのシステムが進んでいるといったことは二の次です。店が古くてすべてアナログでやっているところでも、地域の一番店なら、間違いのない対応をしてくれるはずです。

●売買でのポイントは担当者の「問題解決能力」

それに対して売買では、担当者の問題解決能力が鍵になります。不動産会社の選び方というよりは、その担当者との出会いが重要です。

私の経験から言えば、不動産の取引では必ずと言っていいほど、予期しないことが起きます。そんなときに冷静に、かつ間違いのない対応ができる担当者であるかどうかが重要になるわけです。

私も職業柄、不動産の売買に立ち会う機会が多くありますが、担当者が経験豊富だと、安心して見ていられます。逆に誰もが知っている大手不動産会社でも、担当者の知識や経験が不足していると、こちらが助け船を出して骨を折らないといけないこともあります。

不動産会社を選ぶ視点

不動産会社	売買の仲介	会社の看板よりも、担当者の問題解決能力を重視。「よい出会い」が大切
	賃貸の仲介	担当者のスキルよりも、会社の持っている地元での情報量が大切
	その他 （分譲など。5章で解説）	担当者の問題解決能力と、会社の組織力の両方を備えていることが重要

●よくいる担当者のタイプ

(1) さわやかタイプ

ドラマに出てくる俳優のように爽やかだが、話してみると知識と経験がないので、不安がこちらまで伝わってくる。賃貸の担当なら可

(2)サラリーマン・タイプ

大手不動産チェーンの社員として、そつなく仕事をこなすタイプ。知識もひととおりあり、経験もそこそこあるが、サラリーマンとして会社の看板で仕事をしている感じ

(3)主《ぬし》タイプ

いわゆるうさん臭いタイプ。切った張ったの世界で様々な問題を解決してきただけあって、独特の雰囲気を持っている人が多い。人間として正直で信用できると感じられるかどうかがポイント

豆知識

宅地建物取引業者の宅建業免許番号は、業者の信頼性を確認する上で参考になることもある。例えば、「国土交通大臣免許（●）○○号」という免許番号であれば、●の数字は免許の更新回数を表わしているので、数が大きいほど長く営業しているということで、信用できることが多い。

あわせて読みたい！ 関連項目 5章 住宅・不動産業界を解剖する

⑥住宅は南向きがいい？

●「北向き＝ダメ」とは限らない

北向きの家というと、何となく寒くて、ジメジメしていて、暗いといったイメージを持つ人が多く、逆に南向きは、明るくて暖かくて快適といったイメージを持つ人が多いようですが、本当にそうでしょうか。

マンションや分譲住宅の価格表が手に入れば簡単に計算できますが、1㎡当たりの価格を計算してみると、南向きの価格を100とすれば、だいたい東向きは98、西向きは97、北向きは95といった差（「格差」と言う）がついていることがわかります。北向きは一般に人気がないのでその分、価格にも反映されているわけです。

ところが、北向きにも長所があります。最大の長所は、直射日光が入ってこないので、一日中安定した明るさの光が得られることです。芸術家のアトリエやパソコンを多く使うオフィスでは、北向きが好まれることがあります。若干暗くなるのですが、大きな窓をつけることで欠点をカバーできますし、北向きの庭に塀をつけると、太陽の光が塀に反射して明るくなります。

高層マンションではまわりに遮るものがないので、北向きもそれほど悪くありません。書店などの商店では、商品が日焼けしないので北向きが好まれます。

●南向きは冬暖かく夏涼しい

対して南向きですが、不動産を選ぶときに案外、見落とされるのが「ひさし」です。ひさしのない家は日差しとともに直射熱が室内に入ってきます。東京の夏至の南中高度（太陽の高さ）は約78度ですから、少しでもひさしがあると、それだけで暑さが和らぎます。

逆にひさしの長いのも考えものです。ひさしが長すぎると、冬の陽の光が室内に入ってこなくて寒い、ということになります。冬の太陽はどんな暖房器具よりも部屋を暖かくしてくれます。太陽高度の関係から、南面が受ける太陽の暖かさは、夏よりも冬のほうがおよそ4倍以上も大きいことはあまり知られていません。マンションの中層階で南側に大きなバルコニーがあると、それが邪魔になり、部屋に陽が当たらず暖房費がかさむ、といったことになりかねないので、気をつけたいところです。

土地の価格は方位によって異なる

東向きが基準なら	●北向き　△3% ●東向き　±0% ●西向き　△1% ●南向き　+2%

・北向きは避けられ、南向きが好まれる傾向にある
・西向きよりも東向きが若干好まれる

方位による特徴とは？

北向き⊖暗い、寒い、ジメジメしたイメージ
⊕一日中安定した明るさがある
⊕家具などが日焼けしない
⊕塀を建てれば光を反射できる

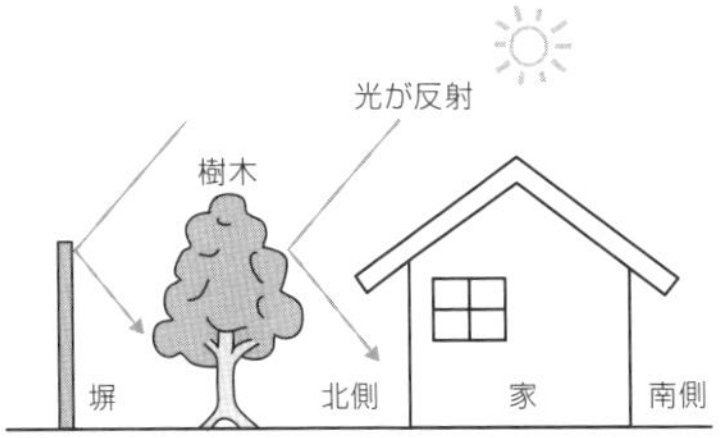

南向き⊕一般的にイメージがよい
⊕冬暖かく夏涼しい
⊖暑い
⊖直射日光が入る

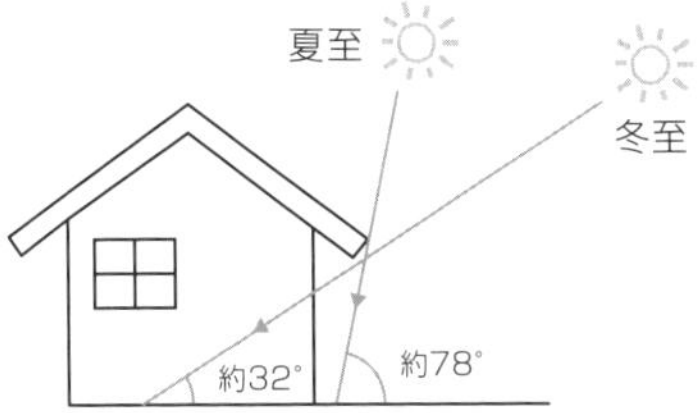

東向き⊖夕方寒い
⊕朝は明るく暖かい

西向き⊖朝寒い
⊖午後の西日が強い
⊕夕方まで明るい

季節による日射量のイメージ

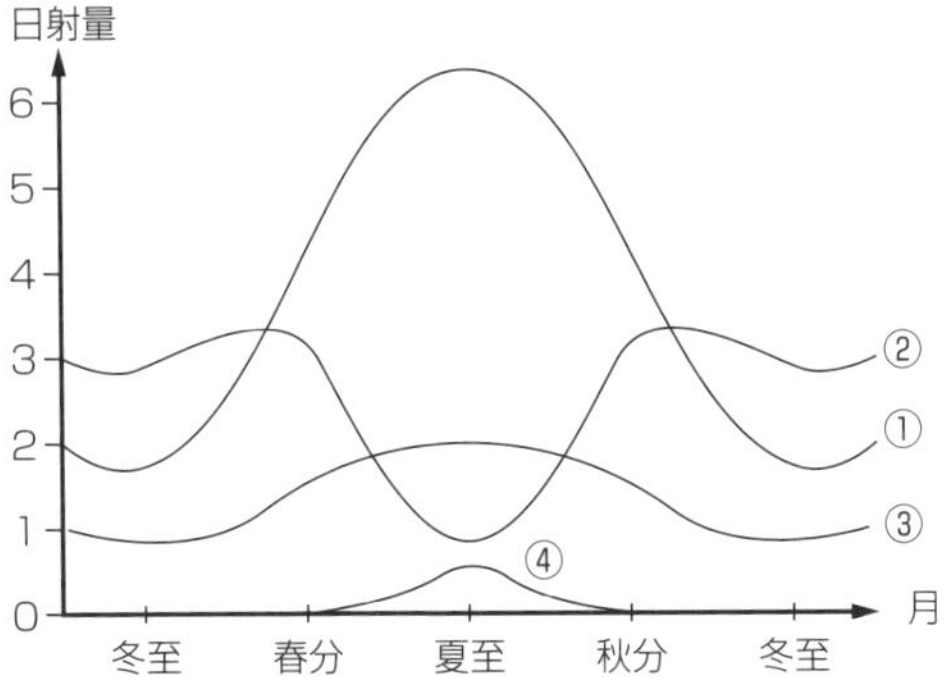

①水平面
夏にもっとも直射日光を受ける

②南面
冬暖かく、夏は涼しい家が可能

③東面、西面
比較的一年を通して安定

④北面
夏季にのみ直射日光が入る

あわせて読みたい！ 関連項目　6章③ 不動産開発の「建設工事」の手順

⑦木造の建物は25年で価値がゼロになる?

●使えるのに「価値ゼロ」とは?

新築の家はとても気持ちのいいものです。しかし年の経過とともに、家は少しずつ古くなります。同様に不動産としての価格も少しずつ下がっていきます。

よく木造の家は、25年で価値がゼロになると言われるのですが、建物自体はまだまだ使えます。まだ使えるのに、価値がゼロというのはどういうことでしょうか。

国土交通省の『平成20年版建設白書』によると、日本の平均的な住宅の寿命は30年です。ちなみに平成8年版では26年だったので、少しずつ寿命は伸びているのですが、経済的な価値としては25年から30年でゼロになるというのは、統計的にもそう間違ってはいないことになります。

●耐用年数のしくみ

不動産にかかる相続税や固定資産税、不動産取引、抵当権の設定といったことで、不動産の価値を測定することは重要ですが、不動産は同じものが二つとない財産なので、その一つひとつを専門家が毎年調査して価格をつけるとなれば、途方もない労力が必要です。そこで、建物の寿命と経過した年数、新築時はいくらか、という数字を使い、建物の価値を簡単に計算できることにしました。木造住宅の寿命＝25年として簡単に価値がわかるようになれば、不動産の価値を知りたいという社会経済の要望がある程度満たされることになります。

建物の寿命のことを「耐用年数」と言います。つまり木造住宅の耐用年数＝25年ということになります。新築後の年数を「経過年数」、新築時と同じものを現在建てるといくらになるかを「再調達価格」と言います。

これらを使って、左ページのような式で建物の価値を表わすことができます。

平たく言えば耐用年数が25年だと、12年で価値が半分、25年で建物の価値がゼロになる、というわけです。重要なので繰り返しますが、価値がゼロだからと言って、決して建物として使えない、というわけではありません。

価値観は人それぞれ異なりますが、建物の価値とは一定のルールで計算した数字に過ぎないわけです。

建物は年とともに価値が下がる

●新築

価格（建物のみ） **1500万円**

●築15年

価格 **600万円**

●築30年

価格 **0円**

物理的な機能は失われていないが、価値は約25年で0円となる

※写真はイメージ

主な建物の耐用年数の例（国税庁HPより著者が抜粋編集）

木造	鉄骨造	鉄筋コンクリート造
事務所　24年	事務所　38年	事務所　50年
店舗・住宅　22年	店舗・住宅　34年	店舗　39年
飲食店　20年	飲食店　31年	住宅　47年
		飲食店　34年
・　・	・　・	・　・
・　・	・　・	
およそ25年	**およそ35年**	**およそ45年**

建物の価値の計算方法

$$建物の価値 = 再調達価格 \times \frac{耐用年数 - 経過年数}{耐用年数}$$

（例）15年経過した建物　$1{,}500万円 \times \frac{25年 - 15年}{25年} = 600万円$

あわせて読みたい！ 関連項目　3章③ ローンの返済期間のしくみ

⑧中古住宅が安く買えるしくみ

●耐用年数が過ぎるとどうなる?

建物の価値は時間の経過とともに減少し、木造の住宅では25年程度で価値がゼロになります。

では、耐用年数が過ぎると、建物はどのように評価されるのでしょうか。経済価値はゼロのままでしょうか、それともマイナスになるのでしょうか。

答えは「取壊し費用分マイナスになる」です。物理的に使用がむずかしい建物は、残念ながら取り壊すしかないのですが、この取壊し費用を見積もって、土地（更地）の値段から差し引きます。これを「土地値から取壊し費用を引く」と言い、また専門的には、「取壊し最有効使用に基づく価格」と言います。

取壊し費用は、建物の大きさ、構造（木造・鉄骨造・鉄筋コンクリート造など）、地域の賃金水準などによって異なるので一概には言えませんが、目安として木造で1坪4万円、30坪で120万円などと言われたりすることがあります。

取壊しと言っても、ただ壊せばいいわけではなく、地中に埋まっている基礎を掘って取り除いたり、上下水道・ガス管の処理をしたり、最近では環境への配慮から廃材を分別して処分する必要もあるので、費用が増加する傾向にあります。

しかし、廃材に価値があれば（床の間の飾り柱など）、売却して収入になることもあります。

●安く買えるしくみ

古い建物がある不動産は、土地の価格から取壊し費用を差し引いた価格が経済価値として適正な価格となります。しかし、築25年程度の木造の家は、物理的にはまだ使えるので、土地の値段から取壊し費用を引いた価格で、土地+建物が手に入ることになります。

このことは案外知られていません。不動産を売りたい人は当然高く売りたいし、不動産会社も報酬は価格に比例するので価格は高いほうがいいわけです。しかし買う側にしてみれば安いほうがいいわけですから、「建物はこのままでいいので、取壊し費用分を差し引いた価格で買えないか?」と提案してみる余地はあります。

不動産の価値（〔例〕耐用年数を25年とした場合）とは？

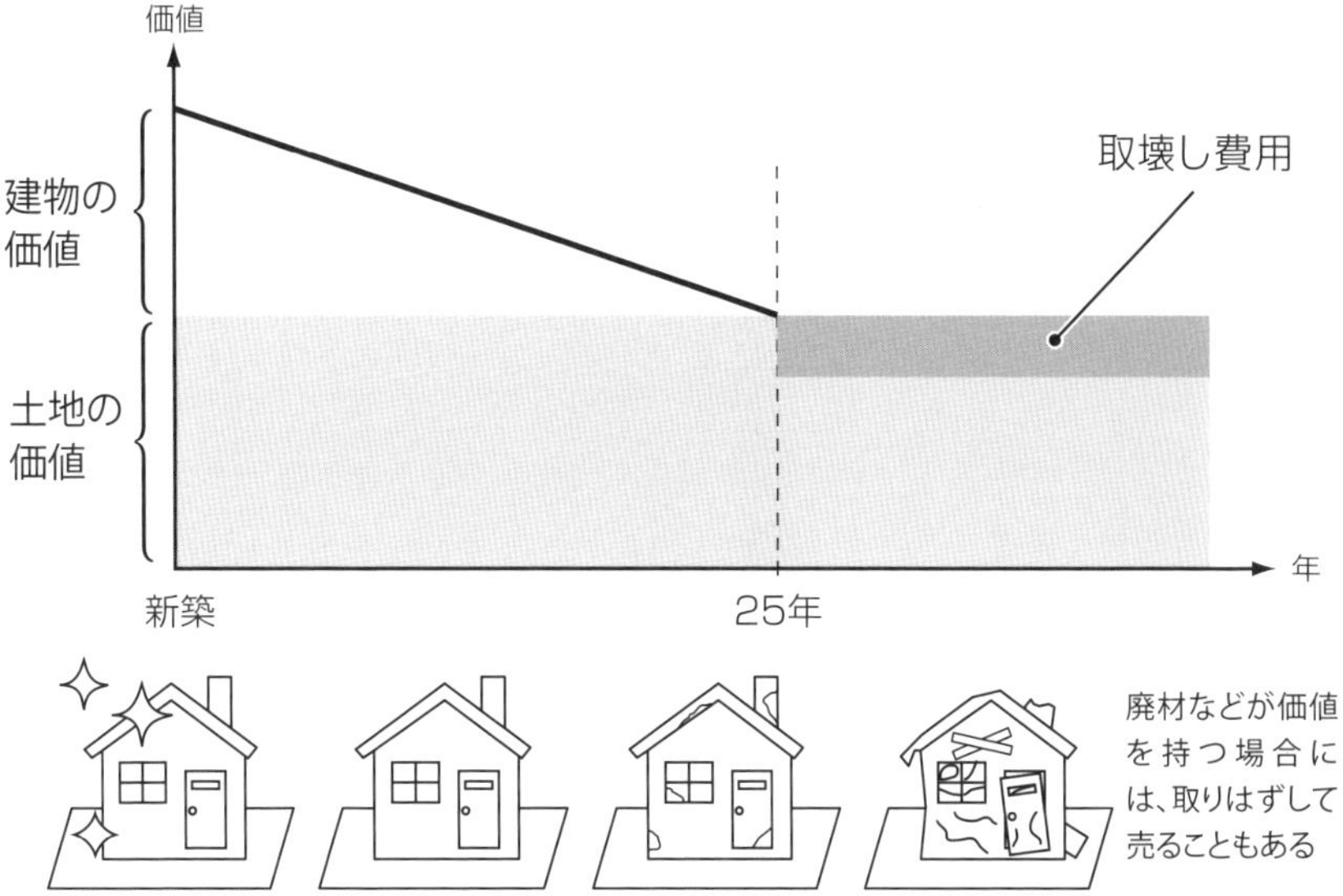

耐用年数を過ぎると、土地の価値から取壊し費用を差し引いたものが不動産の価格となることがある

建物の価値が減少する理由

物理的な要因	摩滅、破損、老朽化、損傷　など
機能的な要因	設計の不良、設備などの旧式化、設備の機能低下　など
経済的な要因	周辺の環境の変化、用途が周囲と合わない、人口が減少した、駅が廃止になった　など

あわせて読みたい！ 関連項目　6章⑦ 中古住宅買取再販ビジネスのしくみ

⑨いろいろある不動産の瑕疵

●瑕疵＝キズ・欠陥

瑕疵《かし》という言葉は、あまり耳慣れないかもしれません。

いくつか語源があるようで、中国で石の珠にできたキズのことを指すという説もあるように、キズ、欠陥のことを言います。英語ではバグ（bug）と言います。

不動産の瑕疵は、とくに見えないところにあるキズ・欠陥のことを指す場合が多く、雨漏り、シロアリの被害、変わったところでは、コウモリが屋根裏に巣を作っている場合も瑕疵として扱います。

さらに、権利の瑕疵というのもあります。売主が持ち主でなかったとか、購入したら借金のカタに持っていかれたとか、笑い話のような例も実際にあります。これも不動産が本来の目的に使えないわけですから、瑕疵となります。面積が実際と違うのもよくある瑕疵のひとつで、よく「縄伸び」「縄縮み」と言います。

また、行政的な条件の瑕疵もあります。マイホームを建てるために土地を買ったのに、実は住宅の建築が規制された地域だったとか、道路のように見えたものが他人の土地であったとか、実に様々なケースがあり枚挙にいとまがありません。

私も不動産会社の担当者の勘違いで、隣の家を売却物件として案内されたことがあります。

●瑕疵のある物件を防ぐには

瑕疵があると、購入前に考えていた本来の機能や性能が発揮できないわけですから、瑕疵はないほうがいいのは当然ですし、あるとしても、どんな瑕疵があるかを事前に知っておきたいでしょう。

そこで、あらかじめどのような瑕疵があるか、あるいはどのようなリスクがあるかを事前に調べることが必要になります。

一般の不動産会社では、「重要事項説明書」にその調査内容が記載されますし、金額が大きい場合には専門家による「デューディリジェンス（due diligence）」という詳細な調査が行なわれるようになりました。「当然行なうべき努力」という意味で、不動産という高い買い物をする上では、事前の調査は当然のことでしょう。

不動産の瑕疵とは？

瑕疵＝キズ（見えないキズ・欠陥）のこと

不動産の瑕疵	Ⅰ	●設計ミス――台所に排水設備がない etc. ●施工ミス――構造強度が不足している etc.
	Ⅱ	●劣化・故障――時の経過によるもの etc. ●動物被害など―シロアリ、コウモリ、ハクビシン　など
	Ⅲ	●権利――所有者が異なっていた／借金の担保になっていた　など ●行政的な要因―道路に面していないので建築不可／市街化調整区域内の土地で建築許可が下りない　など

Ⅰ　最初から瑕疵であるもの
Ⅱ　使用に伴い発生する瑕疵
Ⅲ　人文的な要因により購入の目的が達成できない瑕疵

重要事項説明書で調査する項目（主なもの）

- 登記簿に記載された事項
- 法令にもとづく制限の概要
- 私道に関する負担等に関する事項
- 飲用水、電気・ガスの供給施設及び排水施設の整備状況
- 完成時の形状、構造
- 売買代金
- 代金以外に売主、買主で授受される金額
- 土砂災害警戒区域などの区域
- 性能評価の有無　など

あわせて読みたい！ 関連項目　7章⑨「特殊物件」の価格はどうなっているのか

⑩不動産売買の契約の手順

●不動産の売買もスーパーの買い物と同じ

不動産の売買は通常、現金と引き換えに不動産を引き渡すことになります。不動産の取引とは言っても、しょせん買い物ですから、スーパーで買い物をしてレジで精算するのと基本的には変わりません。大雑把に言えば、「売った」「買った」という意思の表明と、お金と不動産の交換で成り立っています。

「売った」「買った」はふつう、契約書にその旨を書いて契約を結びます。問題はお金と不動産の交換ですが、スーパーの商品と違って、不動産は手に持って渡すことができないので、いくつかの手順が必要になります。

不動産は高額なので、お金は通常、送金します。まず買主が銀行に行って送金して、売主の銀行口座に入金（「着金」とも言う）されたことを確認する手順が必要になります。ネット銀行の時代でもこの間、数分から数時間、売主と買主が一緒の部屋で待つこともあります。

●速やかに登記をすませる

次に不動産の所有は、「登記」しないと他人に広く主張できないので、着金したら、すぐに登記に必要な書類を司法書士に渡して、司法書士に法務局に行って書類の受付をしてもらいます。場合によっては、書類を受け付けてもらったら、契約場所まで電話してもらいます。「すぐに」というのは非常に重要です。登記は「先に出したほうが勝ち」というルールがあるので、いわゆる二重譲渡の可能性を防ぐためです。

登記簿謄本に新しい所有者の名前が出るまでには数日から数週間必要ですが、法務局に書類を受け付けてもらえればひと安心です。

次に、「引渡し」をしなければなりません。引渡しとは、スーパーの商品であれば買った商品の手渡しになりますが、不動産の場合には、「カギ」を渡すことで引渡しとされるのが通常です。カギがなければ、「渡しました」と言って終了です。

基本はこれだけですが、不動産会社が仲介した場合、抵当権がついていた場合、ローンを組んでいる場合などは、左図のようにもう少し手続きが必要になります。

不動産売買の基本

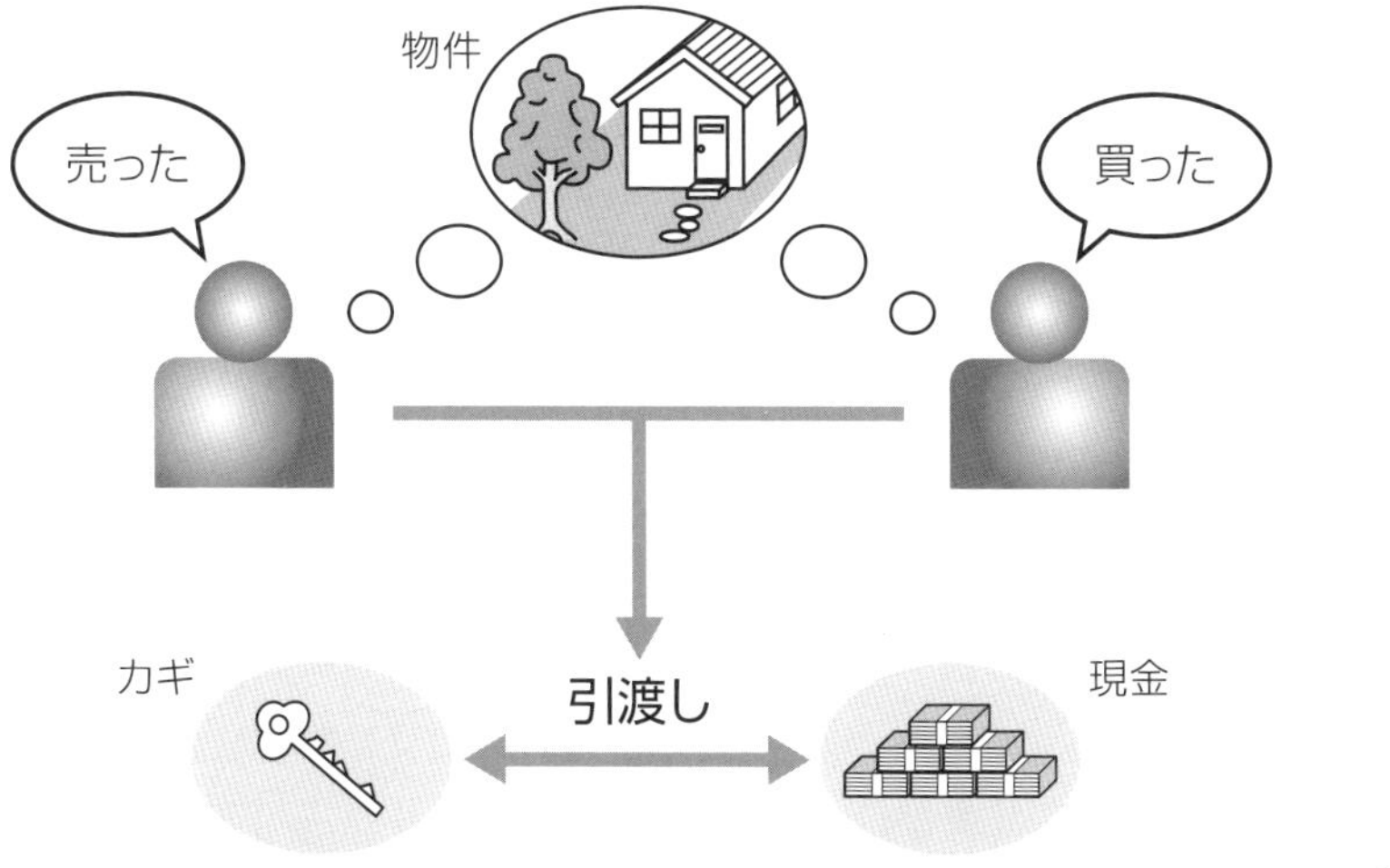

通常はこれらの要素が加わる	●不動産会社の仲介 —— 重要事項の説明・仲介手数料の発生など ●権利関係の整理 —— 事前に抵当権の抹消など ●個別の様々な事情 —— 主に契約書で対応

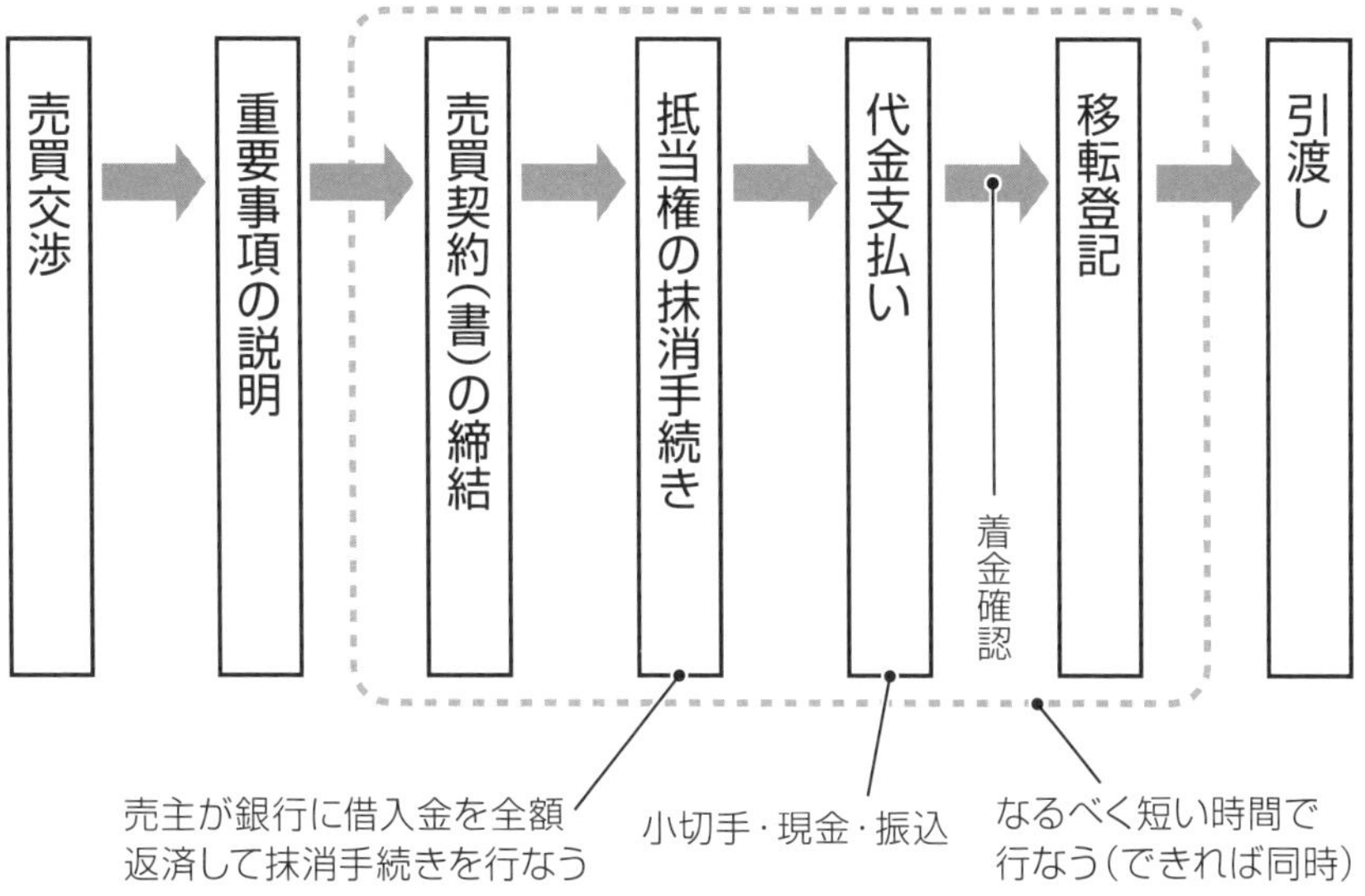

あわせて読みたい! 関連項目
1章④ 不動産の戸籍=登記簿のしくみ
3章④ ローン「借り換え」でメリットがあるのは?

Column コラム①

●不動産業界用語のあれこれ

本文でもいくつか紹介していますが、この業界に入ってまず困るのが「業界用語の多さ」です。会話の中で業界用語がポンポン出てきて、ついていけないこともしばしばです。

不動産業は一期一会の商売ですから、業界用語の一つひとつに「えーとどんな意味だっけ？」と考えているようでは、大事なビジネスチャンスを逃してしまいます。そこで、少し業界用語について勉強してみましょう。

・**粉もの屋**　一般的には「お好み焼き屋」のことを指しますが、不動産をまとめて買って（まとめて買えば割安で購入できる）、一軒ずつ、あるいは一戸ずつばらして売ることを仕事にする人を言います。

・**べっぴんさん**　一般的には「綺麗な女性」を指しますが、不動産物件でも外観をパッと見て、形が整っているときに「べっぴんさんやなぁ」と言ったりします。あくまでもパッと見た印象が重要です。第一印象がよければ、より高い値段で取引ができる可能性も高まります。

・**分かれ**　一般的には「お別れ」をイメージしますが、不動産業界では仲介手数料の配分の方法を指します。どちらかと言うと「山分け」に近いイメージです。売主側または買主側に不動産会社が複数いる場合に、仲介手数料をその複数の会社で分けることを指します。

・**あんこ**　一般的にはまんじゅうの「餡」ですが、売主と買主のどちらにも直接関与しない不動産会社がいることを意味します。「あんこだと、手数料が分かれになる」というわけです。

・**元付け**　売主側の不動産会社を指します。

・**客付け**　買主側の不動産会社を指します。

・**さらし**　一般的には「日に当てること」を言いますが、ここでは多くの不動産会社で知れ渡っているけれども、相手にされない不動産情報のことを指します。情報としては価値がないということです。

3章

「住宅ローン」の「返済」のしくみ

①住宅ローンの利息のしくみ
②変動金利と固定金利のしくみ
③ローンの返済期間のしくみ
④ローン「借り換え」でメリットがあるのは？
⑤「ステップ返済」「ゆとり返済」のしくみ
⑥「繰り上げ返済」のしくみ
⑦「元利均等返済」と「元金均等返済」のしくみ
⑧無理のない「返済比率」「ＤＳＣＲ」とは？
⑨資金効率を上げる「不動産レバレッジ」のしくみ
⑩「担保」「抵当権」「根抵当権」とは？

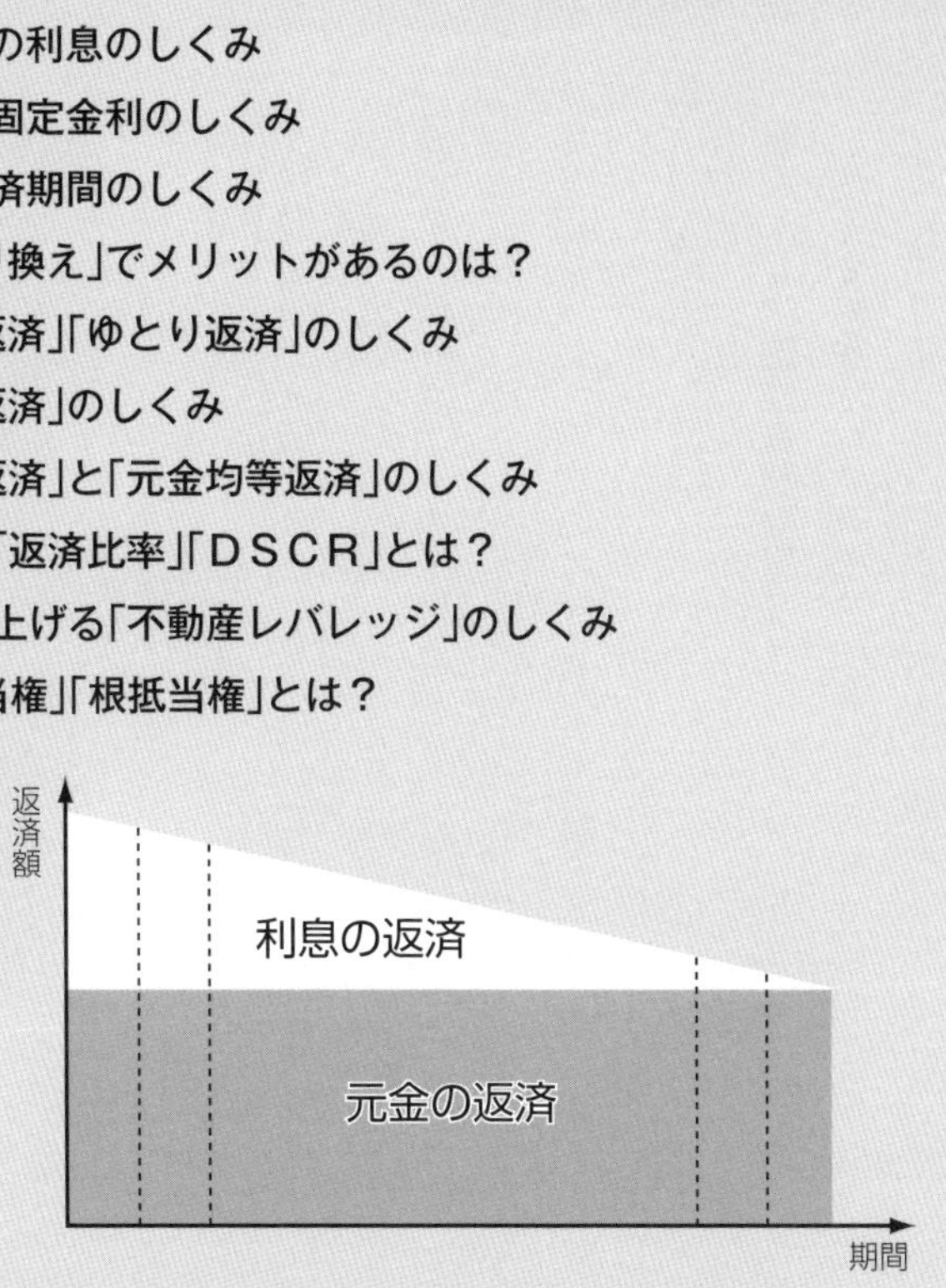

①住宅ローンの利息のしくみ

●利息にまつわる用語

この章では住宅ローンを中心に、不動産に欠かせない資金調達について説明します。不動産を購入するとき、多くの場合、借入《かりいれ》をすることになりますので、正しい住宅ローンの知識を身につけることは大事なことです。

①利息、金利、利子、利率　どれも似た意味ですが、「利息」と「利子」は金額で表示され、「金利」と「利率」は割合で表示されます。また一般的に借入には「利息」を使い、預金には「利子」を使うことが多いようです。

②単利、複利　満期の計算時に、元本に金利を掛けて利息を計算する方法を「単利」、利息を元本に組み込んで、元本と利息の合計から次の満期の利息を計算する方法を「複利」と言います。複利のほうが貸し手は多くの利息を得られるので、借入の場合には複利計算がほとんどです。左ページに記載しましたが、期間が長いほど、単利と複利の差は（驚くほど）大きくなります。

③年利、月利、日歩　年間の金利、月間の金利、1日の金利のことを言います。月利は年利の12分の1、日歩は年利の３６５分の1と理解していいでしょう。年利５%は月利０・４２%（=５%÷12）、日歩1銭《せん》3厘《りん》7毛《もう》（０・０１３７%=５%÷３６５）で、日歩の場合は銭厘毛を使います。ですが、1年に1回利息の計算をするのと、毎日利息の計算をするのでは、左図のように大きく違ってきます。住宅ローンの場合には利率を年利で表現して、利息の計算は「月利」で行なうことがほとんどです。

④両端《りょうは》入れ、片端《かたは》入れ　これは借り入れた日、返済した日の金利の扱いを指します。細かいことですが、貸す側の姿勢が垣間見える点で見逃せないところです。読んで字のごとく、借りた日も返済した日も1日として数えるのが両端入れ、片方のみを1日として数えるのが片端入れですが、住宅ローンでは毎月の返済があるので、片端入れがほとんどです。

●こんなに違う金利計算

例として１０００万円を同じ14・6%（日歩4銭）の利率で借りるとき、「複利・日歩・両端入れ」と「単利・年利・片端入れ」の違いを表にしました。

金利・利息・利子・利率の違い

●利息 ●利子	金額で表示

●金利 ●利率	割合で表示

年利	1年間の金利
月利	1ヶ月の金利(＝年利 ÷12)
日歩	1日の金利(＝年利 ÷365)

年利・月利・日歩の利息

●利息のイメージ

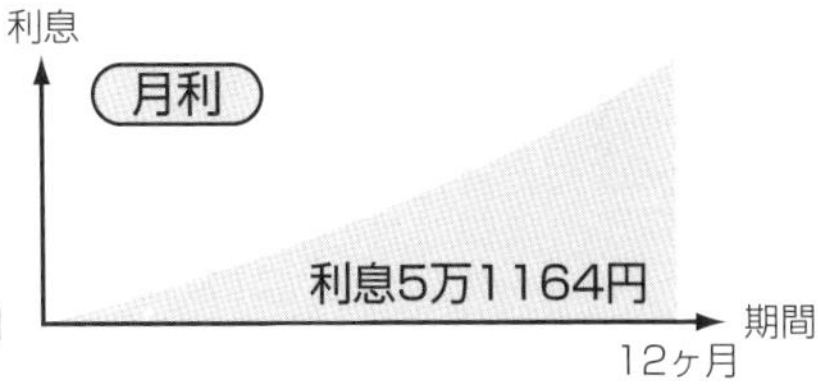

年利5%=月利0.42%=日歩1銭3厘7毛
(5%÷12)　(5%÷365)

両端入れ・片端入れの違い

	両端入れ	片端入れ	
借りた日	○	×	○
返した日	○	○	×

金利計算の期間に　含める =○　含めない ×

単利・複利の違い

(例)1000万円を同じ14.6%の金利で借りると……

	1年後	2年後	3年後
単利・年利・片端入れ	11,460,000円	12,920,000円	14,380,000円
複利・日歩・両端入れ	11,576,256円	13,395,600円	15,500,866円
差額	116,256円	475,600円	1,120,866円

②変動金利と固定金利のしくみ

住宅ローンを申し込むときに、最近ではどの金融機関でも、変動金利と固定金利を選ぶことができるのが当たり前になりました。ここで変動金利と固定金利の違いについて見てみましょう。

●変動金利の住宅ローン

分譲住宅やマンションを購入するとき、営業マンから「提携ローン」も一緒に紹介されることがあります。また、パンフレットに資金計画の例が載っていることがありますが、多くは「変動金利」が紹介されています。

変動金利は定期的（半年、3ヶ月、毎月など金融機関で異なる）に金利が見直され、毎月の返済額が増減します。変動金利では、その時々の金融情勢に応じた金利になるので、低金利時代には金利が低くなります。

実は、銀行も貸出をするのに資金をいろいろなところから調達しますが、通常は変動金利で調達し、これに銀行のコストを加えた金利で一般に貸し出すので、銀行にとってとても利益を確保しやすいという特徴があります。

変動金利の注意点は、将来、金利が上昇すれば、返済額もそれに伴って上昇することです。今後も低金利時代が続くかどうかは誰にもわかりません。

将来の金利は神のみぞ知るといったところでしょう。

●固定金利の住宅ローン

固定金利は、その名のとおり、金利が固定されているので、将来どのような経済情勢になろうと、支払金額が現時点で確定するローンです。

先に述べたとおり、銀行は変動金利で資金を調達するため、いったん特別な市場で固定金利に変換してから貸し出します。銀行にとっては手間がかかるので、金利は高くなりがちです。しかし、借りる側にとっては現時点で支払額が確定するという安心感は大きく、固定金利を選択する人も多いようです。

金利が固定されると言っても、全期間固定される住宅ローンは、住宅金融支援機構の「フラット35」など限られています。金融機関によって固定できる期間が異なっていたり、固定金利期間終了後の扱いも様々なので金融機関の説明をよく聞くことが必要です。

固定金利と変動金利のイメージ

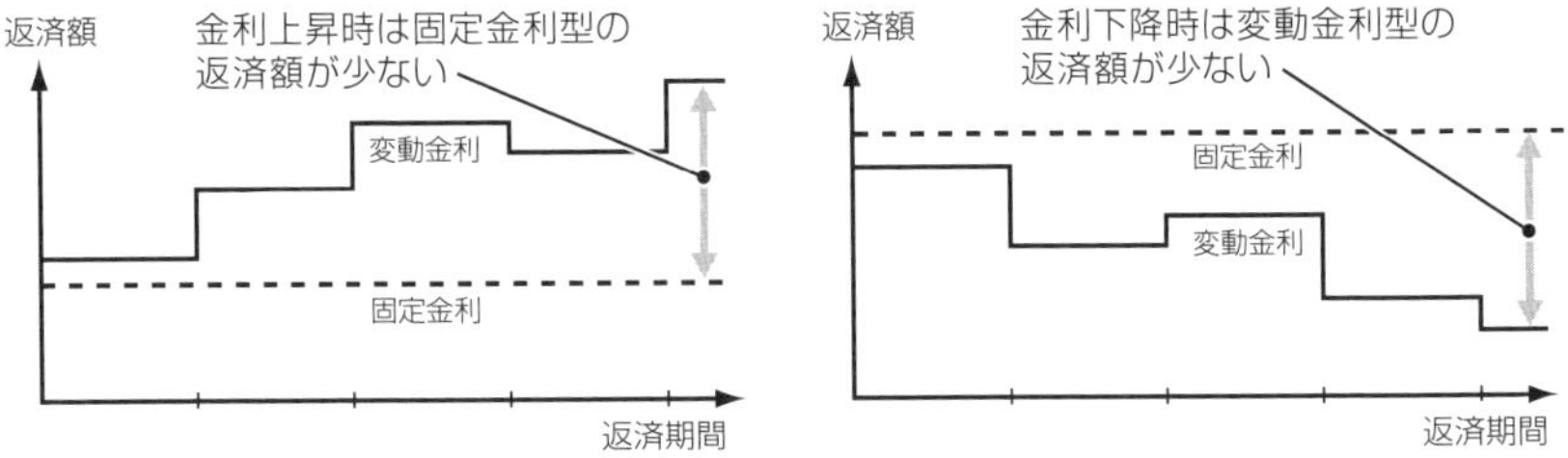

	メリット	デメリット
変動金利	・固定金利型より当初の支払額が少ない	・金利の上昇時に返済額が増加する
固定金利	・金利が上昇しても返済額が一定	・金利の下降時でも高金利で返済しなければならない

民間金融機関の住宅ローン金利推移

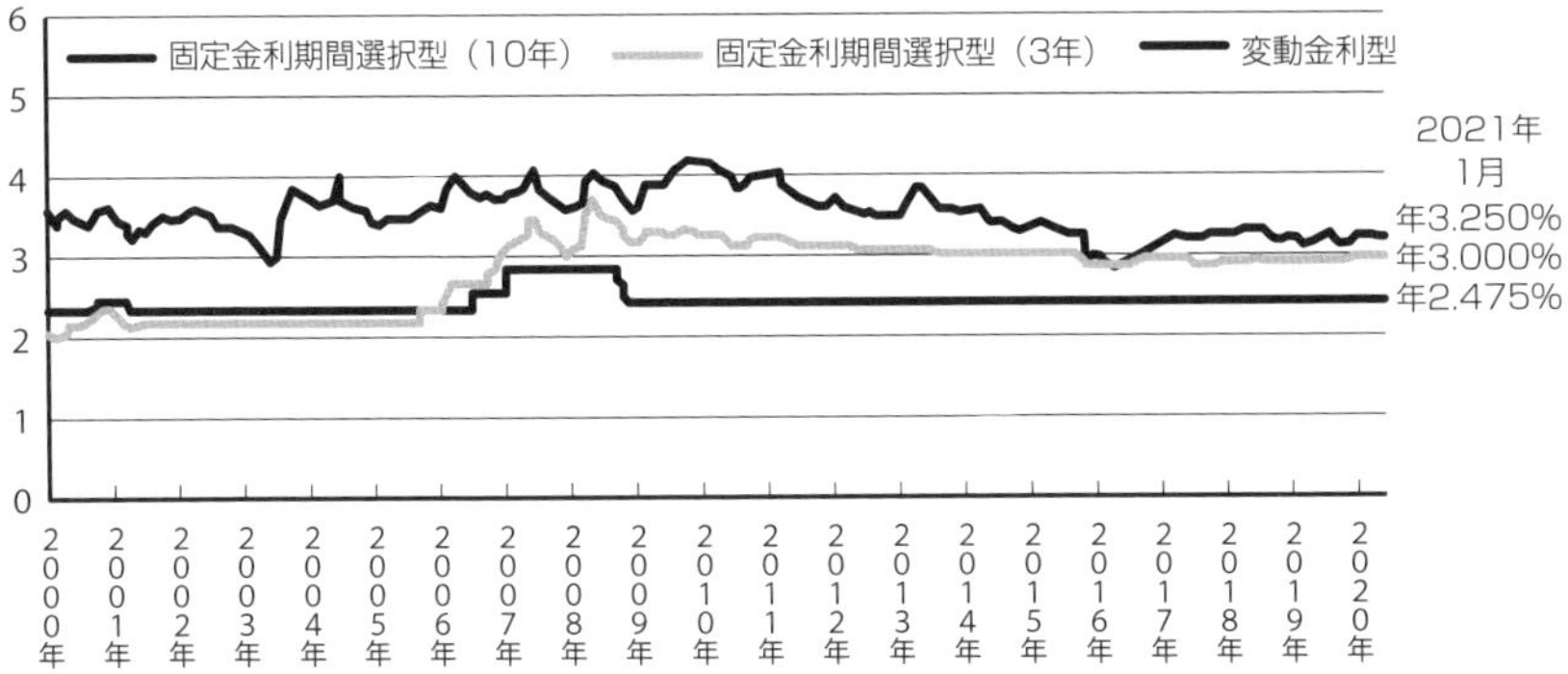

（住宅金融支援機構ホームページより）

銀行によって様々な住宅ローンが開発されている

- 固定期間（例えば5年）終了後、再度、固定金利と変動金利を選択できる住宅ローン
- 借入時に固定金利型と変動金利型をミックスして借入ができる住宅ローン
- 変動金利型で、金利がどれだけ上がっても返済額の増加が20%以下に抑えられる住宅ローン
- 繰り上げ返済で短縮した期間だけ、元本返済をお休みできる住宅ローン
- 死亡以外に事故・病気などにより、一定の要介護状態になったとき、保険金により一括して返済される住宅ローン

③ローンの返済期間のしくみ

●返済期間＝35年のワナ

前項では変動金利と固定金利の話をしました。どちらが得かは、「神のみぞ知る」ことにも触れました。では、返済期間についてはどうでしょうか。

長い人生、様々なことが起きます。しかし、住宅ローンの返済期間についてはあまり注目されずにいます。

私は銀行に勤めていたことがありますが、その経験でも多くの人は、「返済期間35年」を選択していましたし、住宅金融公庫（現・住宅金融支援機構）が行なったアンケートでも、約55％の人が35年を選択しています。

しかし、返済期間35年には大きな落とし穴があります。2章でも説明しましたが、通常の木造住宅の耐用年数は統計的にもおよそ25年です。

すると、「国破れて山河あり」という有名な漢詩のように、計算上、「家なくしてローンあり」ということになってしまうわけです。

●これからの35年間の人生は順風満帆だろうか？

私は銀行にいた期間に、住宅ローンを通じて様々な人間模様を見てきました。銀行の保証会社にも赴いて、返済できない人とのやり取りも行ないました。

ここで住宅ローンを組んでからの35年間に起こるかもしれないことを、金額ではなく期間に注目してまとめてみましょう。

左ページに図で紹介しましたが、①子供の教育費、②年金の支給時期と金額、③病気、④死亡、⑤固定資産税、⑥定年と退職金、⑦相続と相続財産……これらのことは、住宅ローンを組んでマイホームを購入する人に関係の深い事柄で、住宅ローンの返済にも大きく影響します。

「子供ができて、教育費が毎月必要になる」「病気で長期入院しなければならなくなった」「リストラされて収入がなくなってしまった」……その他、様々な出来事が起きたときに、住宅ローンが払い続けられるかどうか、自問しておいて損はないでしょう。

返済が滞ったら最後、銀行は機械的に、損をしてでも抵当権を実行し、マイホームを売却した代金から住宅ローンの貸付金を回収するのです。

住宅ローン残高と住宅価格の変化のイメージ

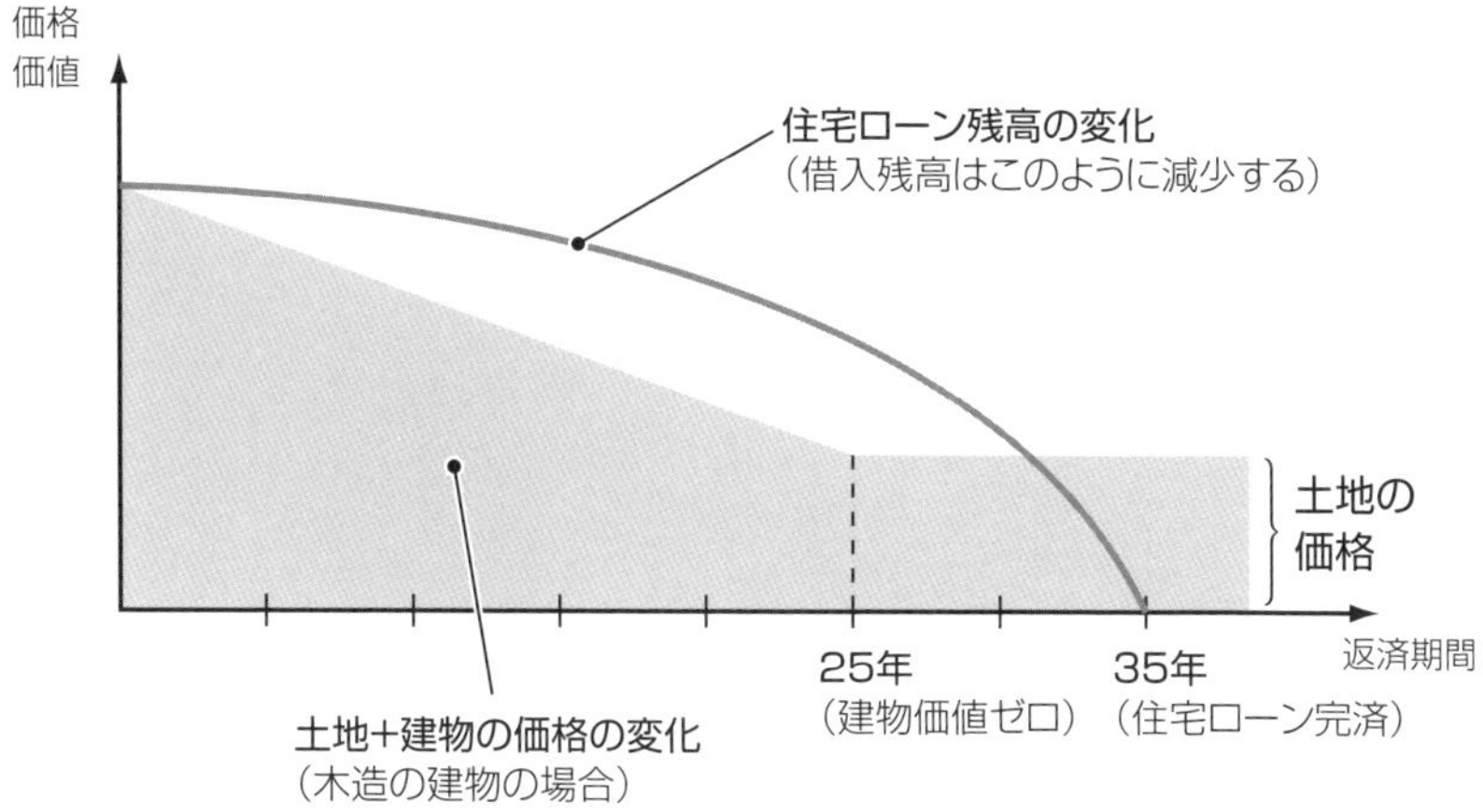

住宅ローン年表と人生の出来事

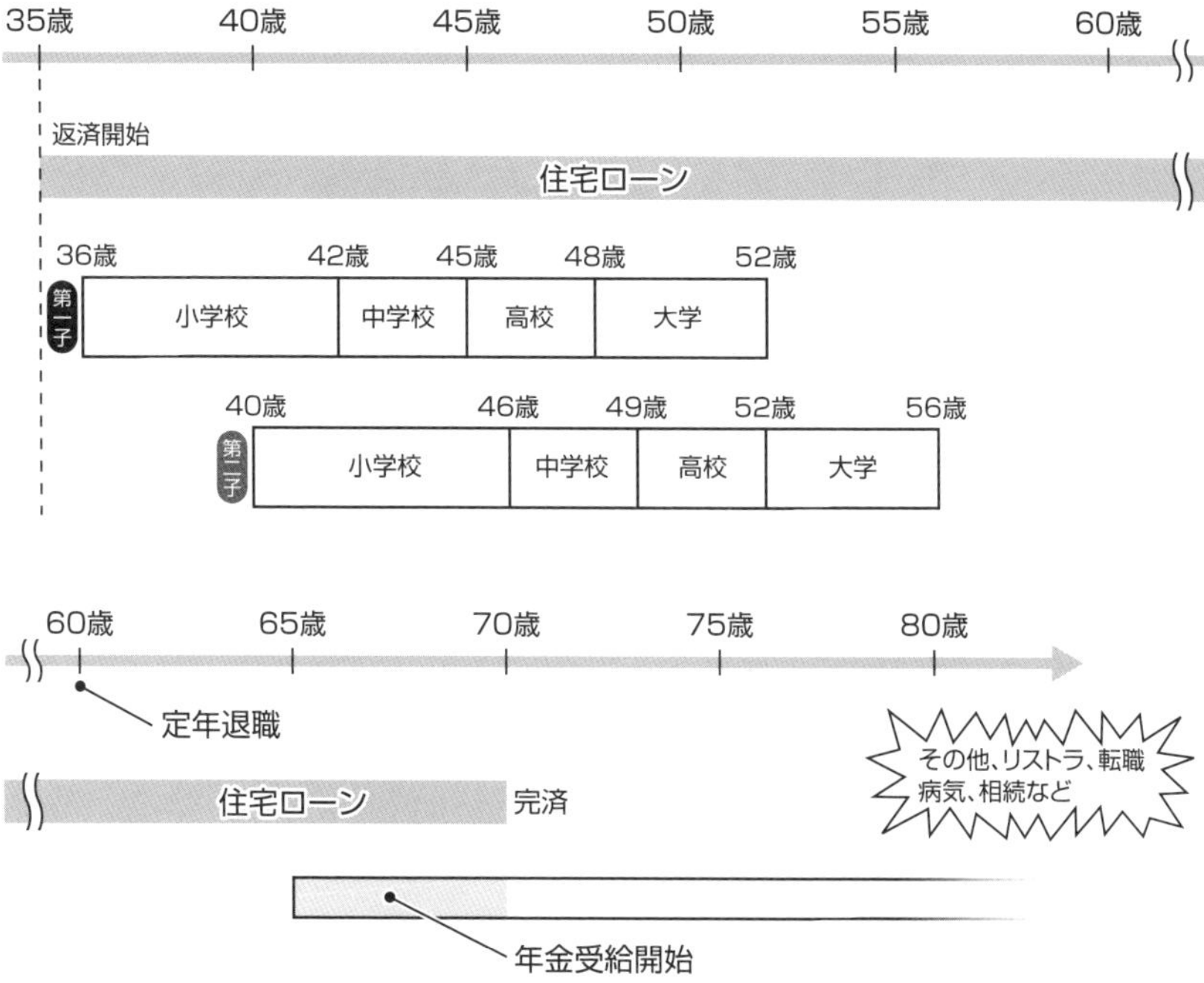

あわせて読みたい！ 関連項目 2章⑦ 木造の建物は25年で価値がゼロになる？

④ローン「借り換え」でメリットがあるのは？

●メリットは1000万円・1％・10年

低金利時代に入ってからすでに20年以上経過しましたが、数は少なくなったとはいえ、いまだに住宅ローンの借り換えの相談があります。結論から書くと、様々なコスト・手間・労力を踏まえてメリットがあるのは、ローン残高が1000万円以上、金利の差が1％以上、残りの期間が10年以上あるケースでしょう。

借り換えの金銭的なメリットは暗算でも概算できます。現在、残高1000万円、10年後に完済するケースでは、10年間の平均残高500万円×金利差1％×10年＝50万円のメリットがあると考えてもいいでしょう。

費用としては、銀行の保証料、抵当権の解除と新たな抵当権設定登記の費用（ローンの金額によるが10万～20万円前後）、印紙税（1万～2万円程度）といったところですが、借り換え元の銀行から保証料の返金があるので、実質、登記費用と印紙税と考えていいでしょう。

●借り換えの手順

1章で不動産の取引の手順について解説しましたが、住宅ローンの借り換えも、実行日を決めておおむね次のような手順で手続きを終わらせます。

①借り換え先の銀行の検討
②借り換え先に融資を受けられるか相談
③借り換え先に正式に申し込み
④借り換え元の銀行に一括返済を連絡
⑤借り換えローンの契約
⑥新たなローンの実行（資金が入る）
⑦借り換え元へ一括返済（資金が出て行く）
⑧同時に抵当権の抹消
⑨借り換え先で新たな抵当権設定

注意することとしては、④は相手があるので、行動に出る前に借り換え先の銀行担当者と十分相談が必要となります。⑤から⑧は同じ日に一度に行なわなければなりません。銀行には最低3回は足を運ぶ必要がありますし、必ず本人が手続きをする必要があります。ただ、最近のインターネット専業銀行では、これを全部郵送でできるところも出てきたので、検討するのもいいでしょう。

ローン借り換えのメリットのイメージ

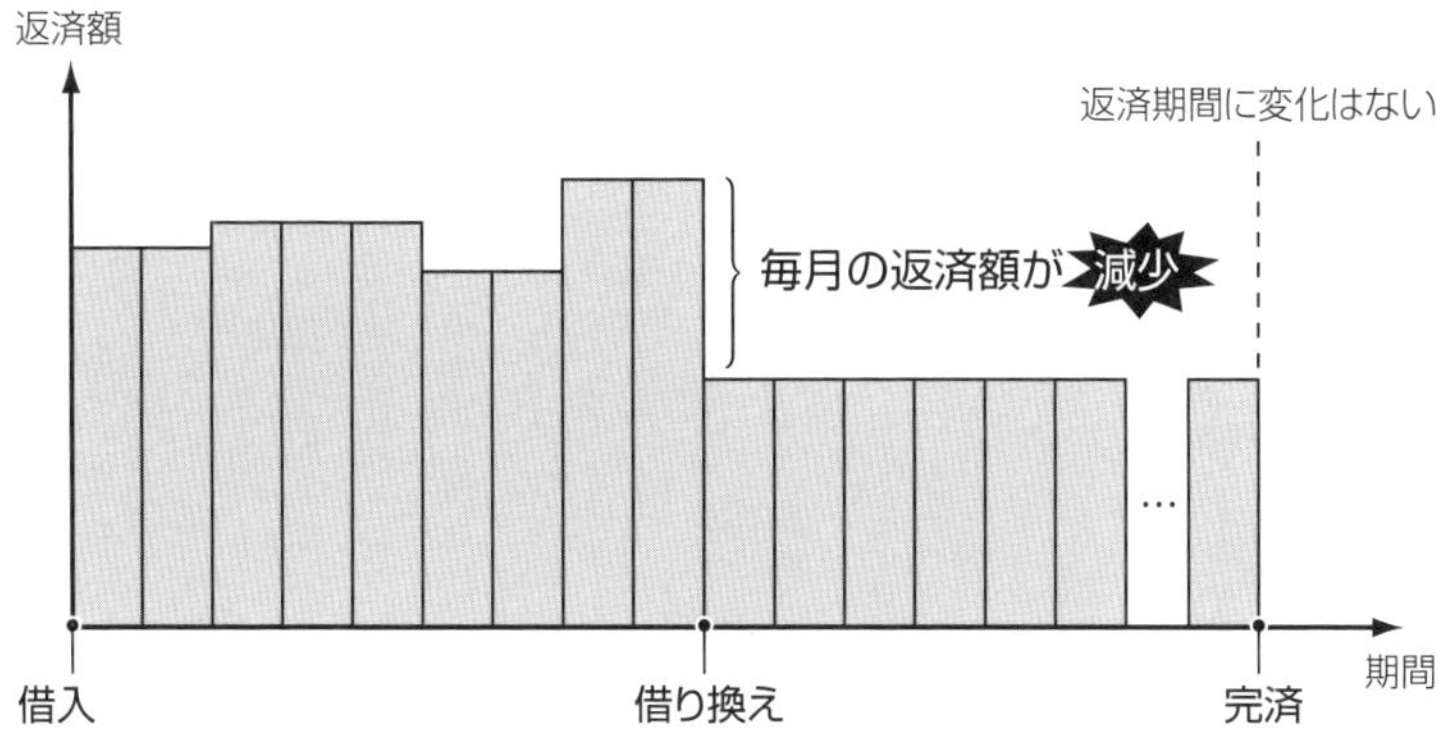

メリット	支払う利息額が減る　完済までの平均残高（1000万円→0円）500万円 × 金利差 1% × 完済までの期間 10年 ＝50万円 保証料の一部が戻ってくる　銀行によって異なる（※）
デメリット	諸費用が発生　新たな銀行の保証料・事務手数料（※）、抵当権設定費用 10万～20万円 労力と時間がかかる　借り換え先、借り換え元の銀行との打ち合わせ、など

（※およそ同程度の受取りと支払いとなる場合が多い）

ローン借り換え手続きと不動産売買手続きの違い

	住宅ローンの借り換え手続き	不動産の売買手続き
①検討	借り換えローンの検討 銀行で相談 ローンの申し込み審査	不動産物件の検討 不動産会社へ相談 買い付け申し込み
②契約	ローンの契約	売買契約 重要事項説明
③実行	実行（資金が入る） 一括返済（資金が出る）	決済・引渡し
④登記	抵当権抹消 抵当権設定	所有権移転登記

（②、③、④は不動産売買でも住宅ローンの借り換えの実行でも同じ日に一挙に行なう）

あわせて読みたい！ 関連項目　2章⑩ 不動産売買の契約の手順

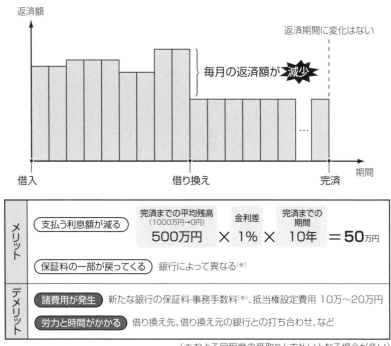

⑤「ステップ返済」「ゆとり返済」のしくみ

●ステップ返済とは？

ステップ返済というのは、ある工夫がされた住宅ローンの返済方法です。例えば5年のステップ返済の場合、住宅ローンを借りた後、最初の5年間の返済額を抑えて、6年目から返済額が増加するというものです。11年目から返済額が増加するタイプもあります。最初の返済額を小さくできることから、「ステップ返済」「ゆとり返済」などの名称で1990年代を中心に利用されました。

もともと金融の世界では、ステップアップ債という似たものがありましたが、これを参考に住宅ローンで商品化したものと思われます。住宅を購入した際には、引越しや家具、電化製品の購入などに何かとお金が必要になること、そして将来は給料が上がっていることを前提にこのような返済方法が考えられました。

しかし実際は、6年目以降の支払額が2倍近くに増えること、また当初予測したように給料が増加しなかったこと、さらに不動産価格が下落したことなどから、毎月の返済に困り、やむなく自宅を売却せざるを得ない人が現われ、社会問題にまでなりました。

旧・住宅金融公庫（現・住宅金融支援機構）でも、平成12年にこの制度は廃止となりました。しかし民間の金融機関では、依然としてこの制度が形や名前を変えて存続している場合もあります。

●返済額の変化に気をつける

例えば、5年固定金利の住宅ローンを利用している場合には、将来の金利が上昇すると、6年目から返済額が増加してステップ返済と同じ状況が生じる可能性があります。また、ボーナス併用払いを利用している場合は、勤務先の会社の業績が悪くなり、ボーナスが少なくなれば、返済の負担が大きくなり、同様のリスクを抱えていると言っていいでしょう。

また、次項でも説明しますが、住宅ローンを借りて間もないころは、返済額のうち利息の支払いの割合が大きく、なかなか元金が減っていかないのです。最初の5年間の支払額を抑えたということは、最初の5年間はほとんど利息だけを支払っていることになってしまうのです。

ステップ返済と元利均等返済のイメージ

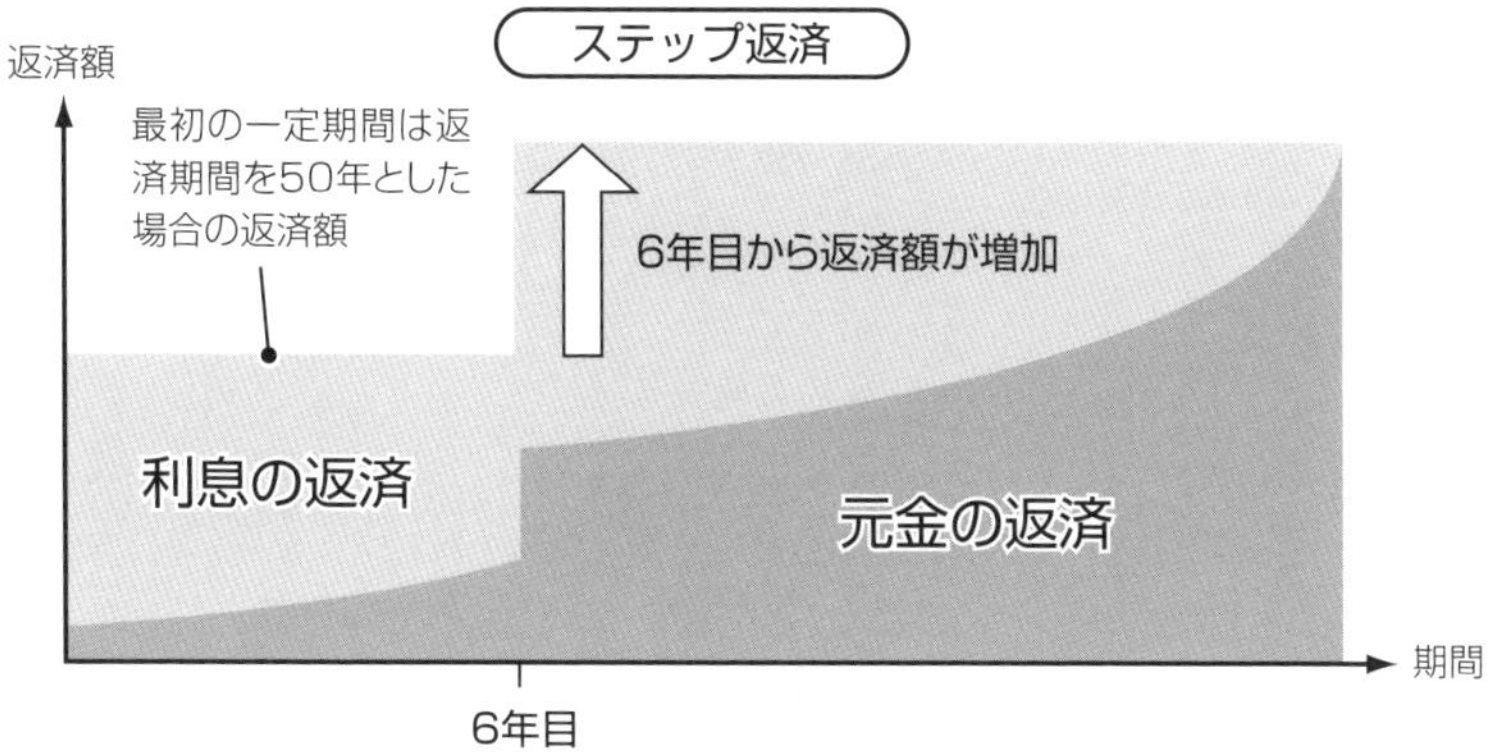

住宅ローンのタイプ別比較

住宅ローンのタイプ	ポイント	注意する時期
①ステップ返済	当初5年(10年)間は返済額が低く抑えられている	6年目(11年目)以降
②変動金利型	定期的(半年、3ヶ月)ごとに金利が見直され、返済額が変化する	金利上昇時
③固定金利型	全期間固定でない場合、固定期間が終了するごとに金利が見直される	金利上昇時
④ボーナス併用払い	毎月返済部分とボーナス返済部分に分け、毎月返済と半年ごとに返済する住宅ローンを組み合わせる	会社の業績によりボーナスが出ないとき

⑥「繰り上げ返済」のしくみ

●返済額に占める利息と元金の割合

本書を読み進めてきた皆さんは、住宅ローンの返済額の計算方法は、毎月の借入金残高に金利を掛けて利息を計算し、この残高と利息を足した金額から、毎月の返済額を引いて、次の月の借入金残高を計算するということを理解されたでしょう。

では、これを実際の例で説明しましょう。

借入金残高が3000万円、金利2％、期間35年の住宅ローンの場合、後述する元利均等返済で、毎月の返済額を、仮に10万円として考えてみましょう。

ここで、借入金残高が3000万円のときと、返済が進んで、300万円になったときの返済額に占める利息の割合を比べると、次のようになります。

①残高が3000万円のときは、利息は月額にして5万円（3000万円×2％÷12）になるので、返済額10万円のちょうど半分が利息の支払いに、残りの半分が元金の返済に充てられます。

②これに対して、残高が300万円のときは、利息は先ほどの10分の1ですから、利息が5000円、残りの9万5000円が元金の返済に充てられます。

この例のとおり、借りた当初は、なかなか元金が減らないことが理解できると思います。

●繰り上げ返済は返済額以上のメリット

では、繰り上げ返済するとどうなるでしょうか。

一部でも繰り上げ返済すれば、元金が減り、将来支払うはずの利息も支払う必要がなくなります。シミュレーションをしてみると、先ほどの例で1回目の支払い時に100万円繰り上げ返済すると、節約できる利息は96万5778円にもなります。

繰り上げ返済は、元金が多いほど、残りの期間が長いほど、そして金利が高いほど大きな効果があります。余裕資金があるときには、1万円でも繰り上げ返済に充てると、長い目で見れば得です。繰り上げ返済には手数料が必要になることが多いのですが、新生銀行など、手数料なしで何度でも繰り上げ返済ができる住宅ローンもあるので、検討してみてはどうでしょうか。

住宅ローンの返済額の計算方法

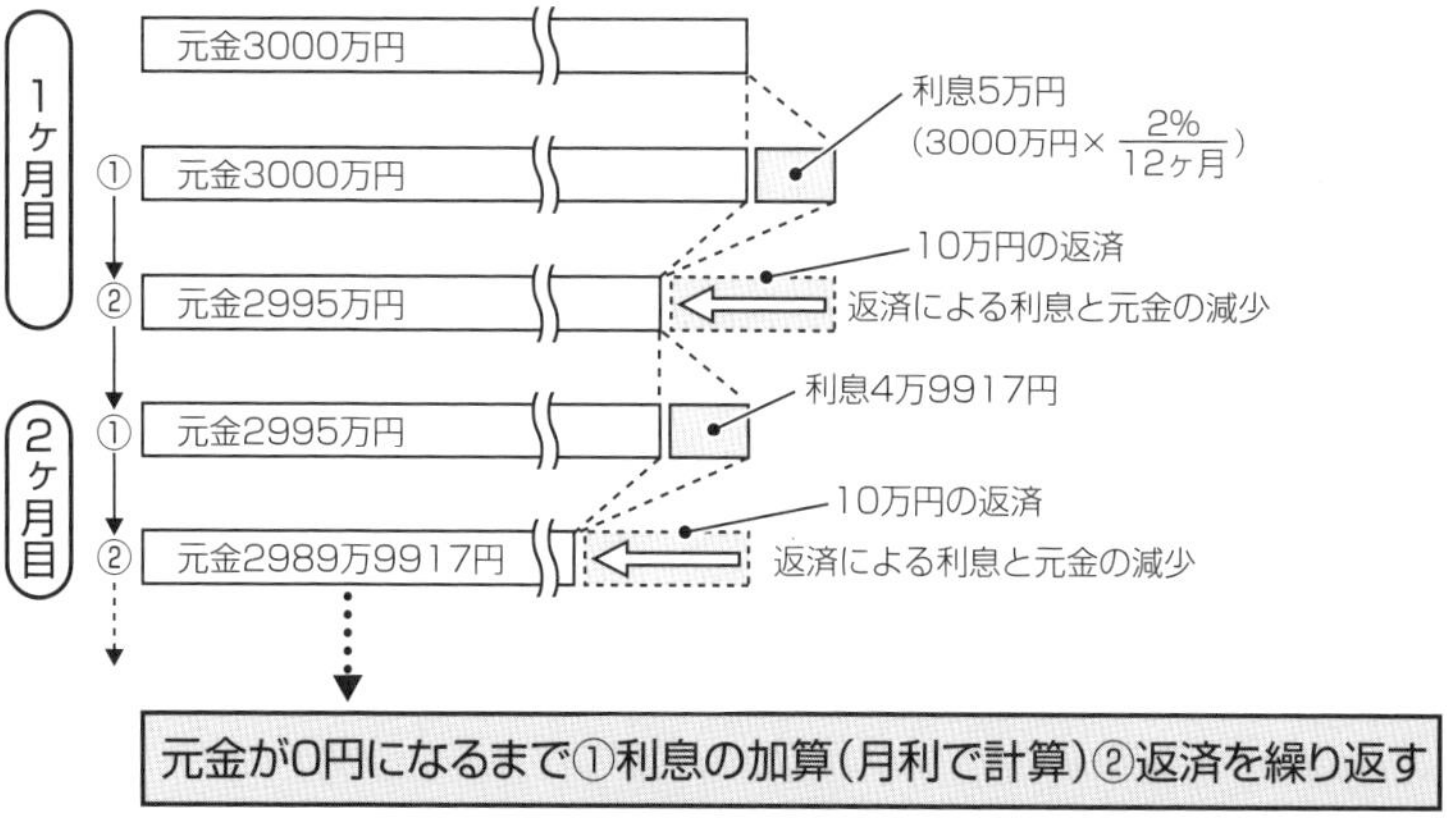

※慣れると自分で表計算ソフトなどを使ってシミュレーションできる

繰り上げ返済のイメージ

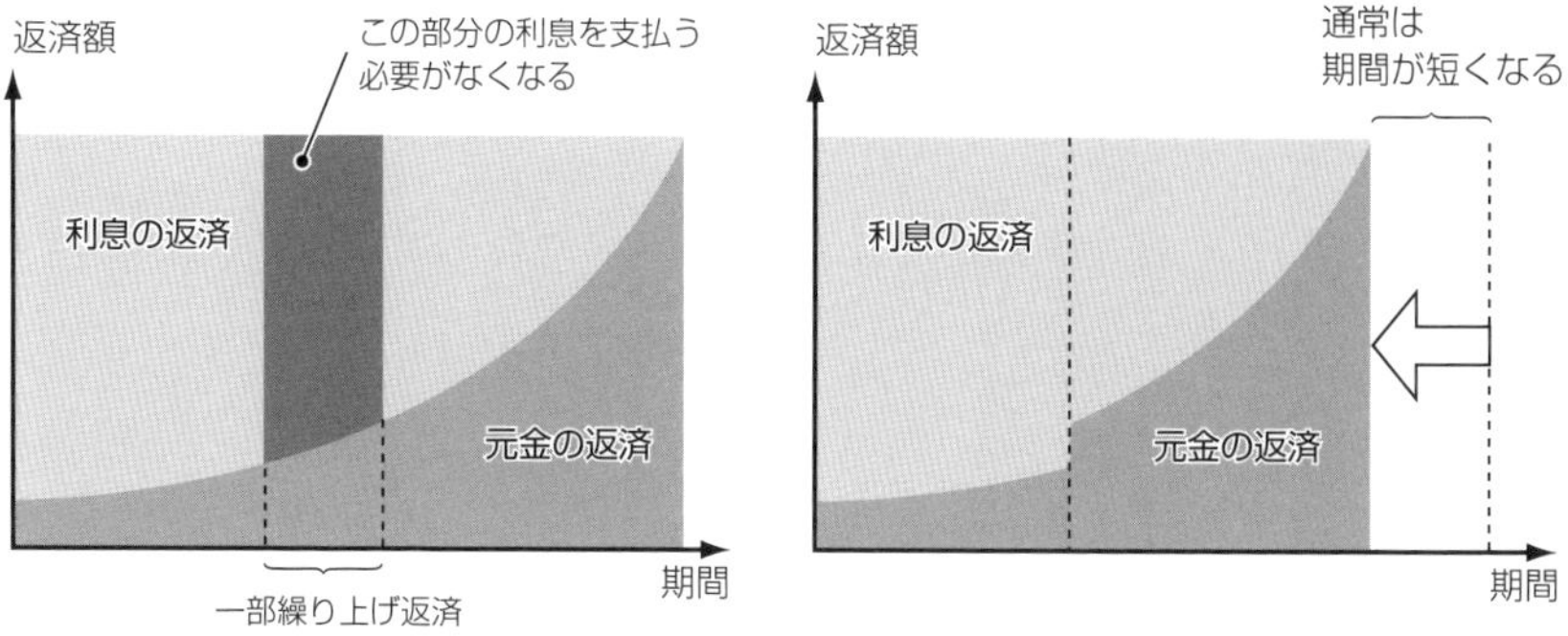

繰り上げ返済で得なのは?

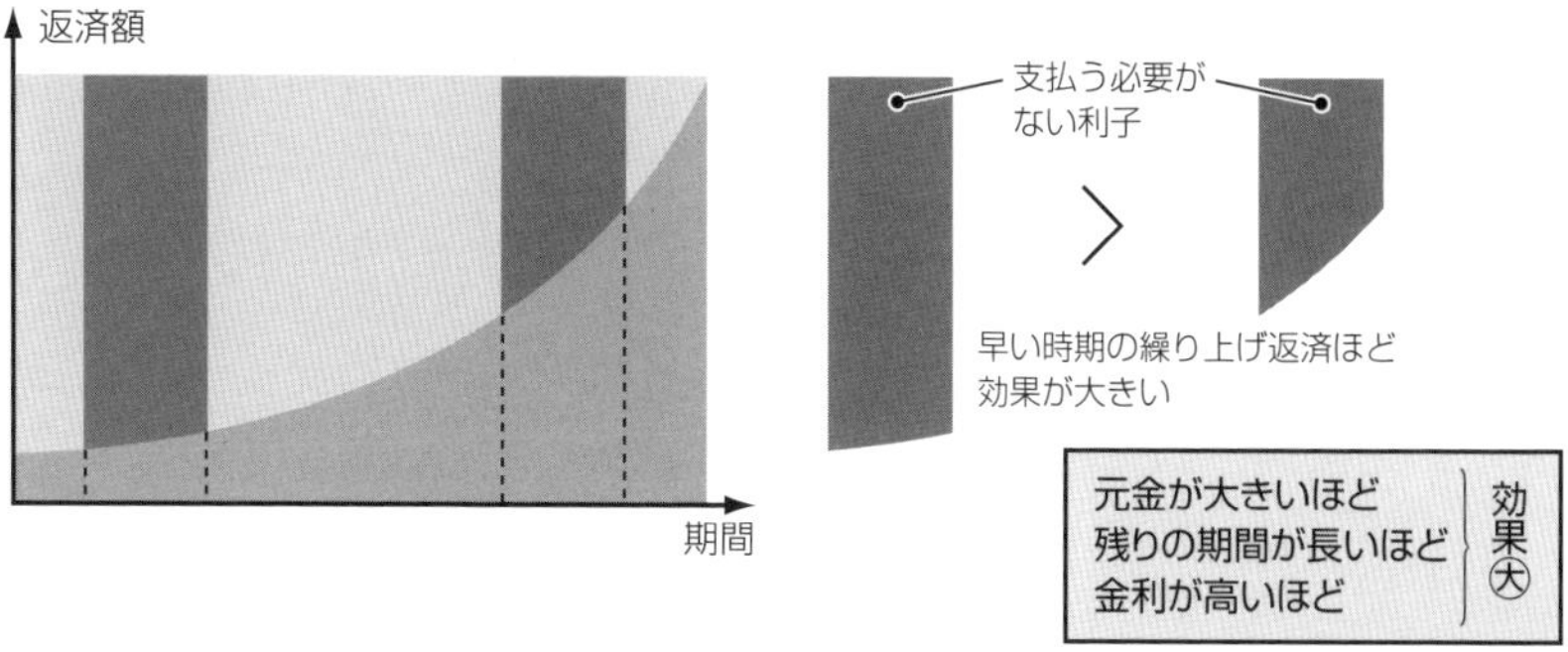

⑦「元利均等返済」と「元金均等返済」のしくみ

●元利均等返済と元金均等返済の違い

「元利均等返済」も「元金均等返済」も住宅ローンの支払いの方法です。住宅ローンの場合、支払方法はこの二つから選択できるのが通常ですが、ほぼすべての人が元利均等返済を選択し、元金均等返済を利用するのはごくまれであるのが実情です。では、この二つにはどのような違いがあるのでしょうか。

「元利均等返済」は、毎月の支払額が一定で、そのうちの一部を利息の支払い、残りは元金の返済に充てられます。すでに触れましたが、借入当初は、利息の支払額が多くなってしまうというデメリットがあります。

一方、「元金均等返済」では、必ず元金が毎月一定額減少するように返済します。そのため、毎月の支払額は「定額の返済額＋利息」となり、利息は毎月計算するので、返済額は月によって異なります。元金の減少に伴って利息も減っていくので、毎月の返済額は徐々に少なくなります。この点が大きな特徴となっています。

では実際に、前項の「⑥『繰り上げ返済』のしくみ」で使った例で説明しましょう。元利均等返済の場合、毎月の支払額は10万円と一定となりますが、元金均等返済の場合は、最初の支払いは15万円（＝3000万円×2％÷12＋10万円）で、それから少しずつ返済額が減少し、最後の支払いはほぼ10万円ジャストになります。

くわしい計算は省略しますが、総支払額は、元金均等返済のほうが小さくなります。

では元金均等返済を選んだほうがいいのではないかと考える人がいるかもしれません。しかし私の個人的な意見では、元金均等返済はおすすめしません。

●繰り上げ返済で総返済額を減らそう

前述しましたが、長い住宅ローンの返済期間の中では、一度や二度は返済をどうしようと困ることがあるでしょう。そんなとき、少しずつ減るとはいえ、毎月の返済額が変化する支払い方法は、負担が大きくなるのも事実です。はじめは無理をせずに元利均等返済を選択しておき、余裕資金をどんどん作って繰り上げ返済したほうが、いざというときにも対応しやすいでしょう。

元利均等返済と元金均等返済のイメージ

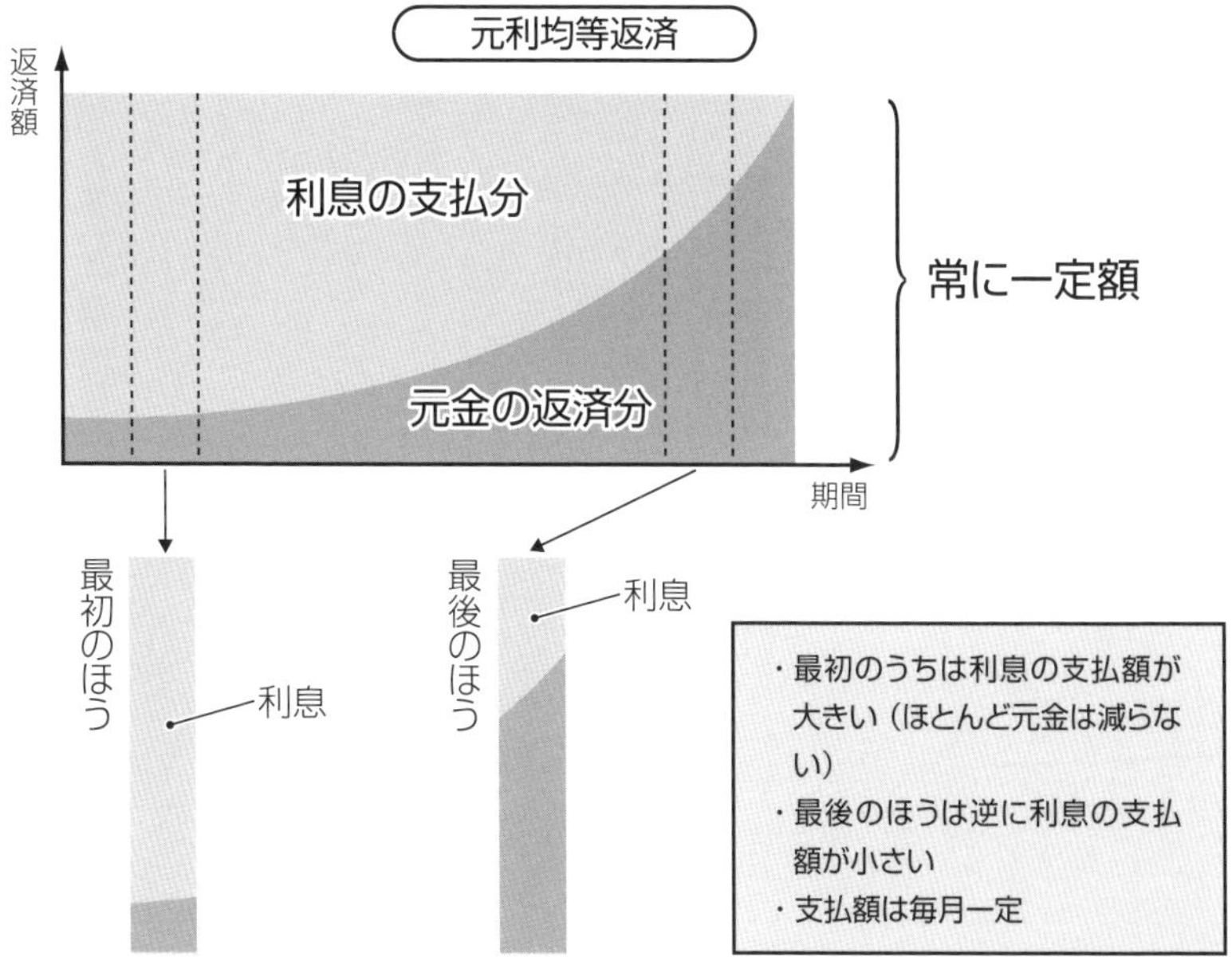

最後のほう

・最初のうちは利息の支払額が大きい（ほとんど元金は減らない）

・支払額は毎月一定

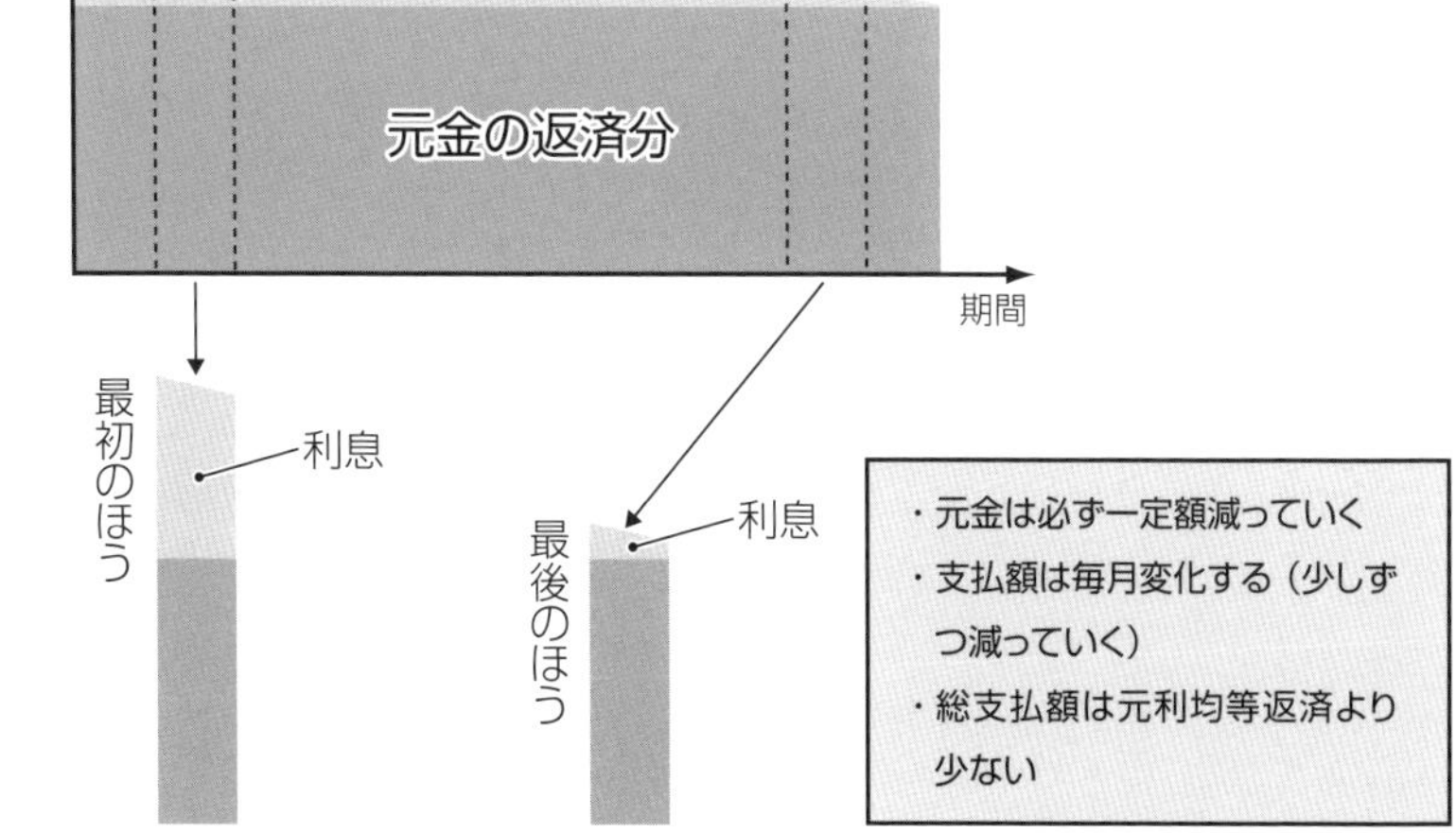

最後のほう

・元金は必ず一定額減っていく
・支払額は毎月変化する（少しずつ減っていく）

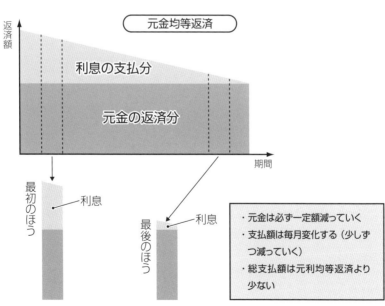

⑧無理のない「返済比率」「DSCR」とは？

●住宅ローンで重要な「返済比率」

返済比率とは、年収に対する返済額の割合を言います。例えば年収が500万円で、年間の返済額が120万円（毎月10万円の返済）であれば、120万円÷500万円＝返済比率24％となり、残りの380万円で食費・教育費・税金などを賄うことになります。ですから返済比率が低いほど、生活に余裕があることになります。

私も銀行員として住宅ローンに関わりましたが、多くの金融機関の住宅ローンの審査では、この返済比率が35％未満であることが重要な基準となっています。

ところがこの返済比率の基準＝35％というのは「甘い」基準で、この返済比率で生活したとすれば、年収500万円として、175万円が住宅ローンの返済、所得税・住民税・社会保障費関係がおおよそ2割の100万円になり、年間の生活費は225万円しか残りません。月にすると18万7500円ですので、4人家族でのやり繰りは大変でしょう。マイカーを買う、あるいは教育資金が必要なとき、キャッシングや別のローンを組むと、たちまち多重債務者予備軍となってしまいます。

総務省統計局の全国消費実態調査では、可処分所得（税金などを差し引いた手取り額）に占める住宅ローンの割合の平均は16・9％です。返済比率は、年収の15％程度に抑えるのが無理のない計画と言えるでしょう。

最近では金融機関もそのあたりのことを考慮して、審査のときには、実際の借入金利よりも高い金利になったときに返済比率がどのように変化するかを検討したり、年収によって返済比率の基準を変更するなど、無理のない住宅ローンを提供するようになりました。

●DSCRも主要な返済指標のひとつ

返済比率の他に、DSCR（デット・サービス・カバレッジ・レシオ）は、住宅ローン以外の主に投資用不動産に関する借入の判断の目安です。不動産からの収入額を借入返済額で割ったもので、返済比率と違って、こちらは大きいほうが支払能力があると判断できます。アパートなどの投資用不動産の借入判断の場合には、おおむね1・6を超えることが基準となります。

返済比率とは?

$$\text{返済比率} = \frac{\text{ローンの返済額(年間)}}{\text{年収}}$$

返済比率

35%	多くの金融機関での貸し出し基準の上限値
25%	
20%	
15%	各種調査での平均値
10%	

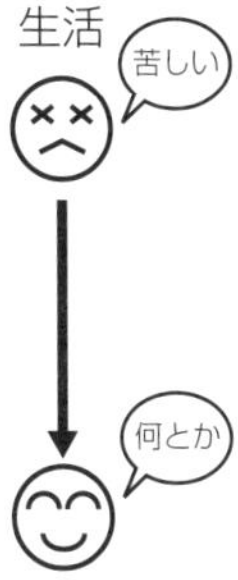

年収に対する割合を自分で計算してみよう

年収に対する支払いを右のグラフのように書いてみると、負担がイメージしやすい

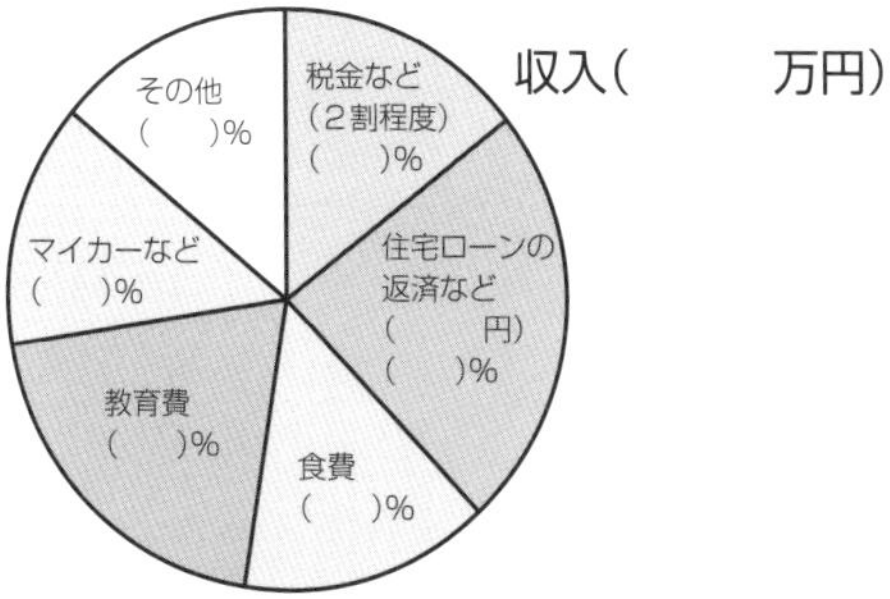

DSCR(デット・サービス・カバレッジ・レシオ※)とは?

※日本語で「借入金償還余裕率」とも言う

$$\text{DSCR} = \frac{\text{収入額}}{\text{借入金返済額(元金+利息)}}$$

DSCRの目安

1.0	収入より返済が多く、借入が増える状態
1.2	投資用不動産の借入審査の基準
1.6以上	望ましい水準

あわせて読みたい! 関連項目　8章⑩ 不祥事から学ぶ 5(サブリース問題)

⑨資金効率を上げる「不動産レバレッジ」のしくみ

●投資用不動産では借入をすると利益が増える？

投資用不動産とは、いわゆるアパートやテナントビルなど、誰かに貸して賃料収入を得る不動産を言います。これらの不動産は、いかに少ない資金で多くの利益を上げるかという収益性に意識が払われます。

そのために使われる手法の代表的なものが、「レバレッジ」と言われるものです。これは「てこ」のことで、「少ない力で大きな動きを得る」ことを意味します。不動産投資ではこのレバレッジの手法を使い、金融機関から借入を行なうことで、少ない資金で多くの利益が得られます。言ってみれば、「借りても、より儲かる」わけですから、少し違和感を感じる人もいるでしょう。そこで具体的な例で、レバレッジの効果を検証してみましょう。

●レバレッジのしくみ

毎年の純収益（賃料収入から税金などの支出を差し引いたもの）が500万円、価格が1億円の不動産（アパート）があるとします。1億円を自己資金で投資すると、年間500万円の利益が出るので、利回りは5％（500万円÷1億円）となります。

さて、この自己資金のうち、75％を銀行から借入することを考えます。自己資金が2500万円、銀行からの借入が7500万円です。借入には利息が発生するので、これを150万円（金利2％）としましょう。

ここで利益の計算です。純収益は500万円でしたから、借入利息の150万円を差し引くと、利益は350万円に減ります。一方、自己資金は2500万円ですから、この場合の利回りは、なんと14％（350万円÷2500万円）と、3倍近い利回りとなります。

つまり、銀行から借入することで、少ない自己資金で多くの利益を得ることが可能になり、余裕ができた自己資金は他の投資に利用することもできるようになって、資金の効率が劇的に上がるわけです。これがまさに「てこ」と呼ばれる理由です。

もちろん、空室が増えて収入が減少しても、金利の支払いは続きますから一定のリスクはありますが、不動産投資では一般的に利用されている手法です。

レバレッジ（てこ）とは？

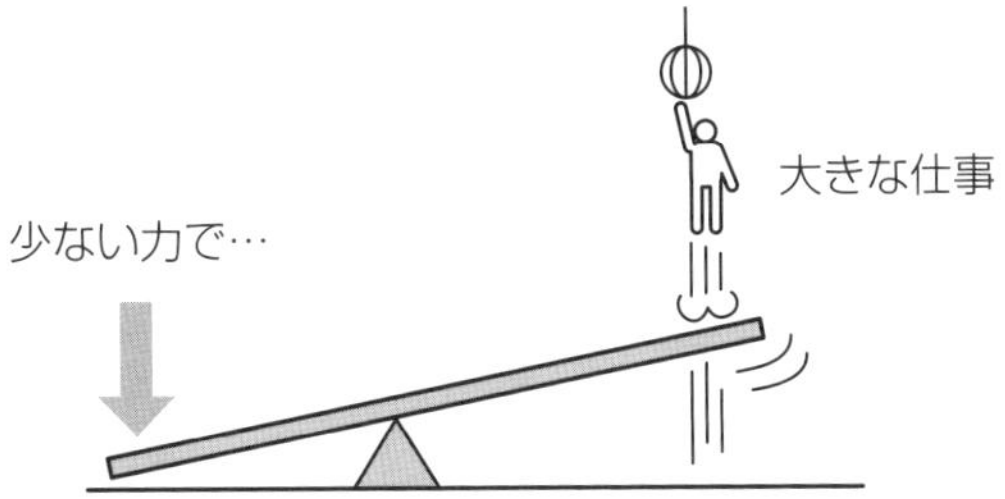

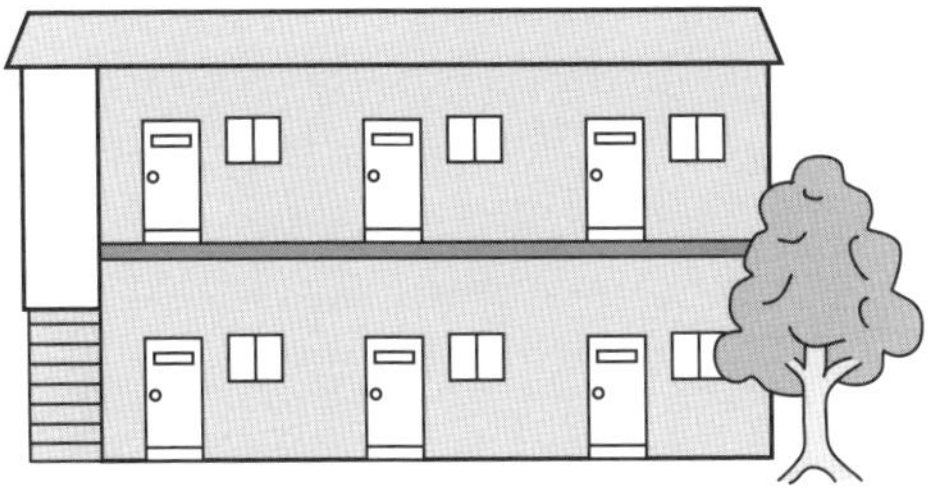

アパート（投資用不動産）
価格：1億円
純収益：500万円

①全額を現金で購入した場合

$$\text{利回り}=\frac{\text{500万円の純収益}}{\text{1億円の投資}}=5\%$$

②75%を借入した場合

$$\text{利回り}=\frac{\text{350万円（500万円－利息150万円）の純収益}}{\text{2500万円の自己資金＋7500万円の借入}}=3.5\%$$

自己資金だけ見ると、

$$\text{自己資金利回り}=\frac{\text{350万円の純収益}}{\text{2500万円の自己資金}}=14\%$$

ちなみに、自己資金2500万円、借入7500万円=不動産価格１億円のとき、

$$\frac{\text{借入額7500万円}}{\text{不動産価格1億円}}=75\%$$ を「借入金比率（Loan to Value:LTV）」と言う

この場合、「LTV=75%のレバレッジをかけた」と表現することもある

あわせて読みたい！ 関連項目　６章⑧ アパート建設は相続税対策になるか？

⑩「担保」「抵当権」「根抵当権」とは？

●住宅ローンで多い抵当権とは？

住宅ローンを借りた場合、貸す側の銀行からすれば、返済を確実にしてもらうために、通常、土地・建物を担保にとります。多くは銀行が、不動産に「抵当権」という権利を設定することになります。

抵当権とは、民法に定められた権利で、「所有者（＝債務者）が使用収益できるようにしたまま、債務の弁済を確実に受けることのできる権利」という意味です。

つまり、抵当権を設定した不動産では、所有者（＝債務者）は今までと何ら変わりなく、自分のものとして使用することができます。ただ、いったん返済が滞り、銀行もこれ以上返済が見込めないと判断した場合には、銀行の判断で、抵当権が実行されることになります。抵当権が実行されると、その不動産は競売（「きょうばい」または「けいばい」）にかけられ、裁判所を通じて売却されてしまいます。銀行は、この売却代金から、貸したお金を回収するわけです。

不動産を売却しても完全に借入金が返済できない場合には、債務者は引き続き残りの債務を負うことになり、売却代金から返済して余りが出た場合には、通常、現金で清算されます。

抵当権がついた不動産を別の第三者が購入して、その後、抵当権が実行され、知らない人の借金の「カタ」に購入した不動産が持っていかれては大変なことになるので、抵当権をはじめ不動産の担保の設定については、第三者にもわかるように登記をするのが普通です。

●不動産の担保権の種類は様々ある

そのほかによく利用される担保権として、「根《ね》抵当権」があります。銀行の住宅ローンでも、抵当権ではなく根抵当権を設定する例もあります。根抵当権では限度額を設定し、その限度額の範囲内で借入・返済を何度でもできるようになっています。実際に根抵当権を利用して、急な出費や教育費の借入ができるようになっている住宅ローンも開発されています。

不動産は多額の金銭のやり取りが発生するため、これ以外にも実に様々な担保の方法があります。

「担保」「抵当権」「根抵当権」とは？

担保とは　「借入の返済を確実にするためのしくみ」のこと

抵当権とは　住宅ローンの借入者が、その家を普段どおりに使えるようにしながら、銀行が確実に貸したお金を回収できるようなしくみ

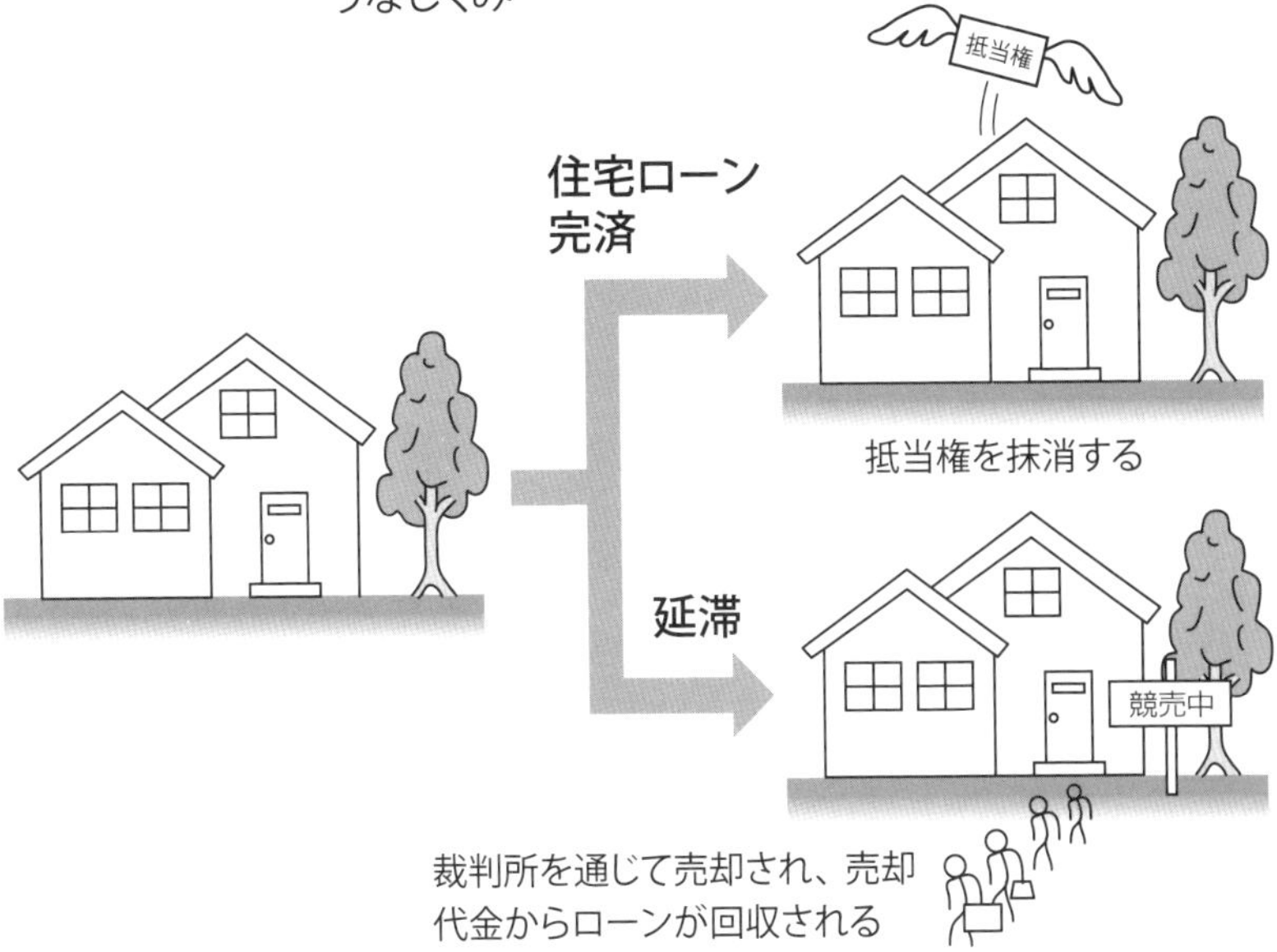

根抵当権とは　特定の債権を担保するものではなく、一定の金額まで（極度額と言う）の借入を担保するもの。他は抵当権と同様。
一定の金額までであれば、住宅ローン以外の借入についてもカバーできる

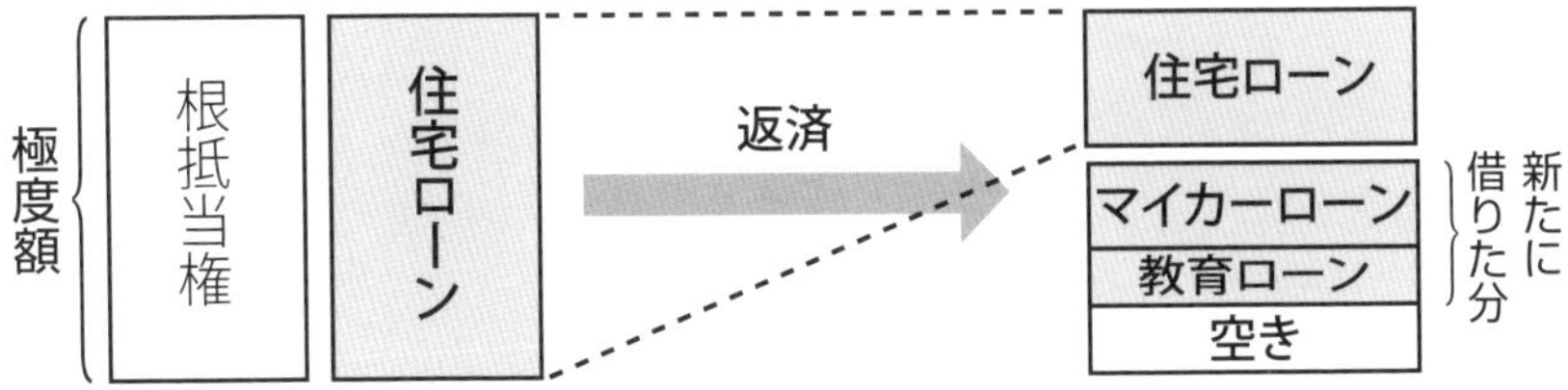

極度額内であれば、住宅ローン以外の目的で借入ができる（急な出費でも対応できる）住宅ローンもある

あわせて読みたい！ 関連項目　4章⑨ 不動産のアウトレット＝「バルクセール」とは？

Column コラム③

●不動産業界のプロフェッショナルの実力

不動産業界は就職ランキングを見ると、なぜか、「人気のない」業界のひとつのようです。理由としては、「営業ノルマがきびしそう」「実績給が多くて収入が安定しない」「土日もなさそう」といったところでしょうか。

確かにそのような面もありますが、この業界に長くいる人を見ると、常に人相手に商売をしているので、活き活きとしている人が多いのも事実です。年齢を聞くと、「えっ」と驚くことも多く、年の割に脂ぎっている人が多いのも特徴的です。個人的な考えですが、人の様々な感情を受け止め、売買の話をまとめあげ、最後に目の前を大きなお金が動くときの快感というのは、一度経験すると病みつきになるので、知らずしらずのうちに活力が旺盛になるのかもしれません。

人物観察力が鋭いのも共通する特徴です。不動産業界はクレームの多い業界で、そのクレームを一つひとつ対処するごとに、自然と人間観察力も身につくのです。

例えば、仲介した不動産の買主から、「床にキズがついている」とクレームがあったとしましょう。大工を呼んで修理すれば終わり、費用の負担は契約書に書いてある……そのとおりなのですが、プロはその理由をとことん考えます。

「自分で修理もできるはずなのに、なぜわざわざ言ってきたのか？」「仲介をする過程で何か不愉快な思いをさせたのではないか？」「別の不満を言いたいのではないか？」「漠然とした不安を訴えたいのではないか？」「床の次は別のクレームを言いにくるのではないか？」……などなど。

結局、単なる夫婦げんかの腹いせでクレームをつけてきたことがわかると、そこで一件落着と安心するわけです。

そういった経験を重ねた不動産のプロは、身につけているもの、何気ない仕草でお客様の考えをすべて見通してしまうほど、人間観察のプロフェッショナルになるのです。

4章
「不動産競売」と「任意売却」のしくみ

①「不動産競売」とは何か
②「競売３点セット」とは何か
③競売で本当に安く不動産が買えるのか
④競売の流れと競売情報を知る方法
⑤「任意売却」とはどういうことか
⑥「サービサー」とはどんな業者か
⑦入札代行業者の業務とメリット・デメリット
⑧入札妨害のあれこれ
⑨不動産のアウトレット＝「バルクセール」とは？
⑩「市場転換」すれば不動産が高く売れる

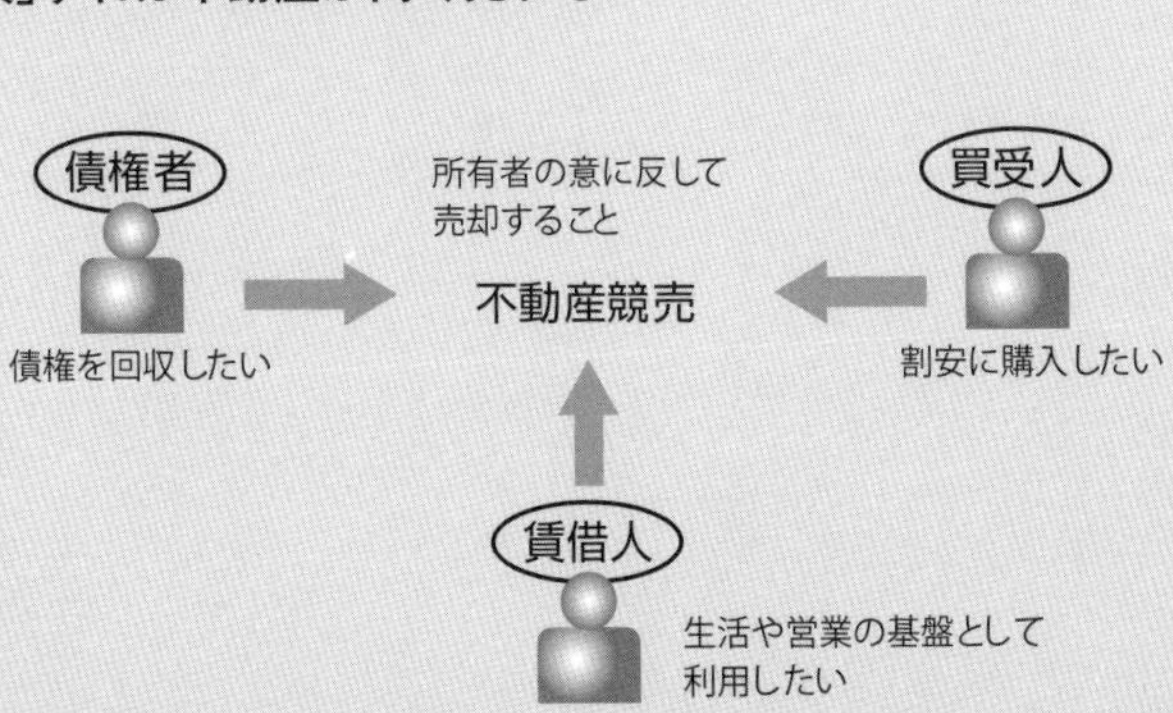

①「不動産競売」とは何か

●不動産競売の概要

競売とは、「債務者が債権者に支払いをしないとき、裁判所が不動産を差し押さえて売却し、その代金を債権者に分配する手続き」を言います。

1年間に全国の裁判所で処理される不動産競売の件数は、年によってバラツキがありますが、近年では1万6000から2万3000件程度となっています。日本全国の土地の売買件数は、およそ100万件（法務省の登記統計から推計）となっていますから、裁判所による不動産競売は「ビッグマーケット」と言えるでしょう。

不動産競売は、国の機関である裁判所が売主となり、誰でも参加することができ、入札という公正な手段で買主が決定される制度です。競売では、市価の2割から8割程度の価格で購入（落札）できるとあって、不動産の賢い買い方のひとつとして広く知られています。

●購入したら自己責任

通常の不動産取引においては、2章で述べたように、不動産会社の仲介のもとに、重要事項説明などの手順を踏まえて相対（「あいたい」と読み、売主と買主が直接契約することを言う）取引が行なわれます。この場合、万が一、不動産に瑕疵があったときには、仲介した不動産会社に責任を問うことができます。

一方、裁判所の競売の場合には、購入後はすべて「自己責任」となります。落札した不動産に瑕疵があったとしても裁判所は何の責任も負いません。

さらに、ときに競売で購入した不動産に占有者（あたかも自分のものであるかのように使用している人）がいる場合には、自分で立ち退き交渉をしなければなりません。

また競売に至るまでの様々な経緯や、権利関係が複雑なこともあり、ときには専門家に依頼して解決する必要があります。

不動産競売は割安で不動産が購入できるというメリットもありますが、逆に知識や経験が必要になる場合もあります。こうしたことを十分知った上で、競売手続きに参加する必要があります。

不動産競売とは?

①債務者が債権者に支払いをしないとき
②裁判所が差し押さえて売却して
③代金を債権者に分配する手続き、を言う

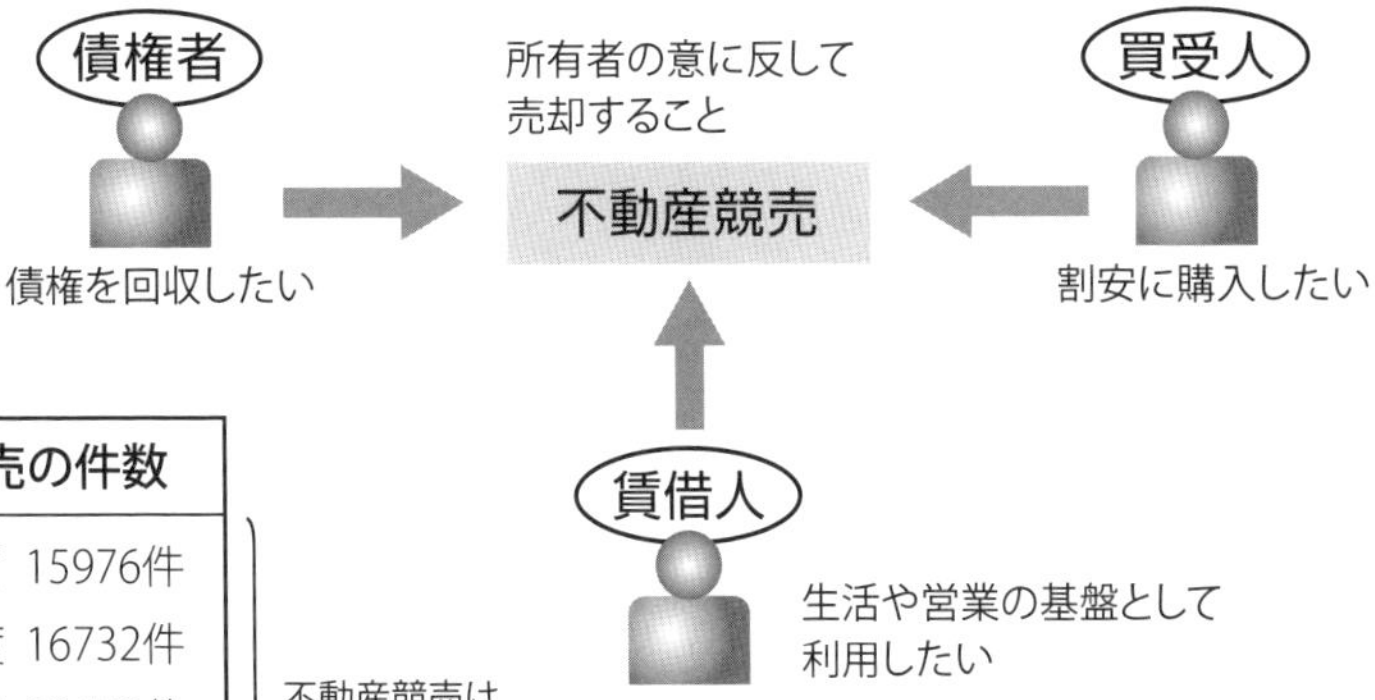

不動産競売の件数
令和元年度 15976件
平成30年度 16732件
平成29年度 18570件
平成28年度 20779件
平成27年度 23070件

不動産競売は年々減少している

(資料:司法統計より)

通常の不動産取引

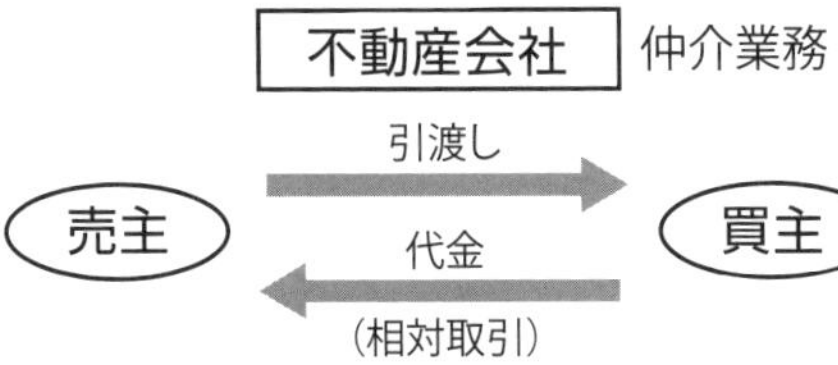

競売による不動産の買い受け

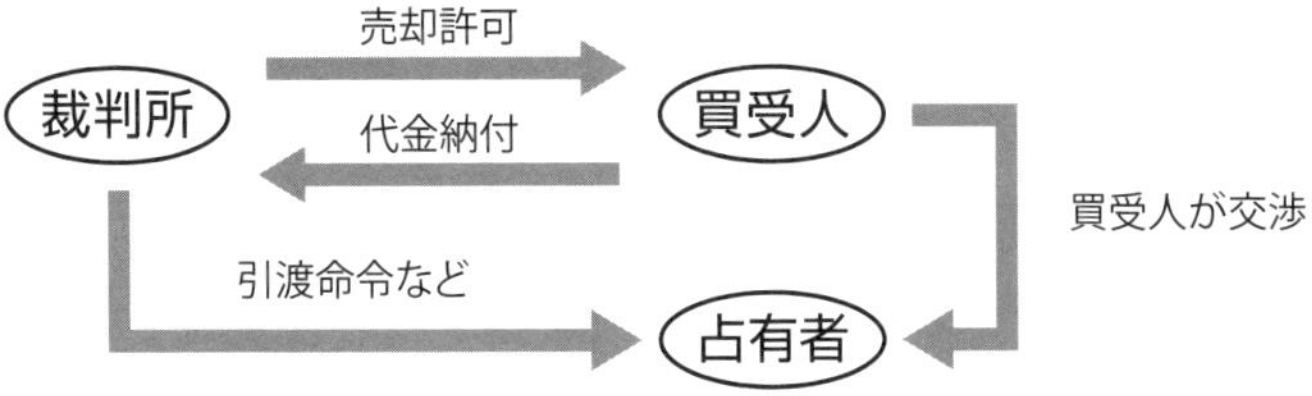

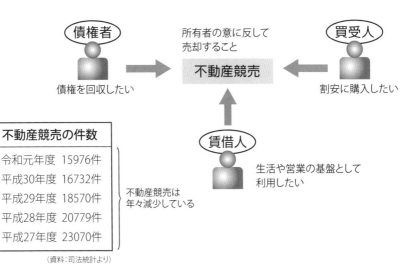

②「競売3点セット」とは何か

●3点セットからはじまる不動産競売

前項で、「不動産競売」とは、債権者が債権回収をする手段であると述べました。同時に、買い受ける立場では、「買受人が代金を支払うことによって、不動産を取得する手続き」でもあります。

そこで裁判所は、競売を通じて買い受けを希望する人に対し、不動産の基本的な情報を提供するため、①現況調査報告書、②評価書、③物件明細書の3つの書類を作成しています。これを「3点セット」と呼んでいます。

これらは事件（裁判所では案件のことをこのように言う）ごとにひとつのファイルにまとめられ、入札期間中は裁判所に備え置かれて、いつでも自由に閲覧することができます。また、インターネットで全国どこからでも見ることができます。

●3点セットの概要

①現況調査報告書

裁判所の執行官が作成します。土地・建物の概況、地積や床面積などの状況や、不動産を占有している者がいる場合にはその氏名等も記載されます。

実際に、執行官が現地に見に行くなどして不動産を調査した内容が記載されているほか、見取図や室内の写真も添付されています。買い受けの判断や買い受け後の手続きにおいても重要な基礎資料となります。

②評価書

評価人が作成します。裁判所が売却基準額、買受可能額（これ以上安くは売却されない価格）を決めるための資料で、こちらも公開されています。次項で述べますが、不動産競売手続きにおいては、短期の入札期間内に売却する必要があることや、不動産の状況に応じた各種補正が行なわれていることが、市場より安く不動産が購入できる理由のひとつとなっています。

③物件明細書

前述の①と②の資料にもとづいて裁判所の書記官が作成し、買い受け後の登記手続きなど、裁判所が競売に関する様々な手続きを行なうための基礎資料になります。また円滑な執行手続きを行なうための資料にもなります。

3点セットの内容

①現況調査報告書

裁判所の執行官が民事執行法の様々な権限にもとづいて調査した内容が記載

・土地の形状、地目、建物の種類などの状況

・不動産の占有者などの占有についての情報

・写真、図面など

②評価書

裁判所から委嘱された評価人（不動産鑑定士）が作成

・評価額とその算出過程

③物件明細書

①現況調査報告書②評価書などにもとづいて不動産の権利関係や事実関係を記載

・競売に付される不動産

・買受人が引き継ぐ賃借権などの権利

・地上権の成立の可否

・占有の状況など

3点セットのサンプル

現況調査報告書のサンプル

①物件の状態

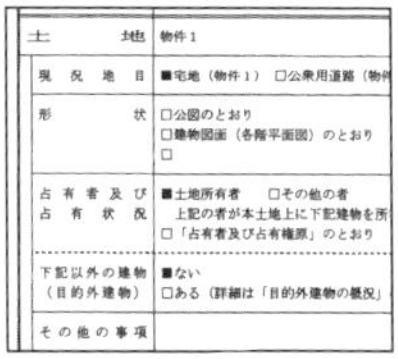

土地	物件1
現況地目	■宅地（物件1） □公衆用道路（物件
形状	□公図のとおり □建物図面（各階平面図）のとおり □
占有者及び占有状況	■土地所有者 □その他の者 上記の者が本土地上に下記建物を所 □「占有者及び占有権原」のとおり
下記以外の建物（目的外建物）	■ない □ある（詳細は「目的外建物の概況」
その他の事項	

②関係人の陳述

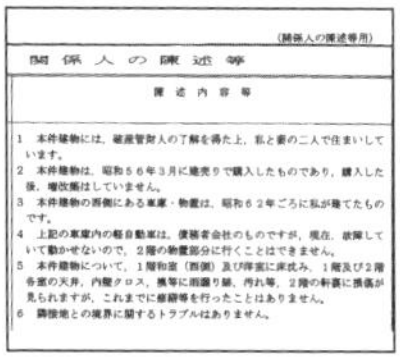

（関係人の陳述等用）

関係人の陳述等

陳述内容等

1　本件建物には、破産管財人の了解を得た上、私と妻の二人で住まいしています。
2　本件建物は、昭和５６年３月に建売りで購入したものであり、購入した後、増改築はしていません。
3　本件建物の西側にある車庫・物置は、昭和６２年ごろに私が建てたものです。
4　上記の車庫内の軽自動車は、債務者会社のものですが、現在、故障していて動かせないので、２階の物置部分に行くことはできません。
5　本件建物について、１階和室（西側）及び洋室に床沈み、１階及び２階各室の天井、内壁クロス、襖等に雨漏り跡、汚れ等、２階の軒裏に損傷が見られますが、これまでに修繕等を行ったことはありません。
6　隣接地との境界に関するトラブルはありません。

③間取図

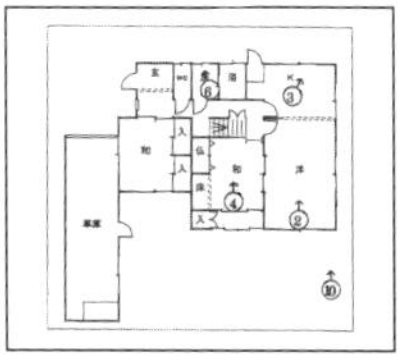

④室内

評価書のサンプル①

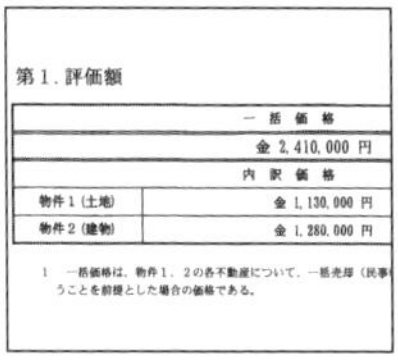

第１．評価額

一括価格	
	金 2,410,000 円
内訳価格	
物件1（土地）	金 1,130,000 円
物件2（建物）	金 1,280,000 円

1　一括価格は、物件１、２の各不動産について、一括売却（民事
うことを前提とした場合の価格である。

評価書のサンプル②

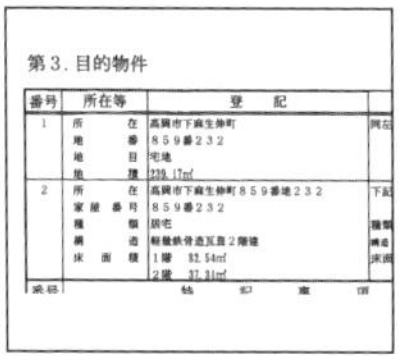

第３．目的物件

番号	所在等	登記
1	所在	高岡市下麻生伸町
	地番	８５９番２３２
	地目	宅地
	地積	239.17㎡
2	所在	高岡市下麻生伸町８５９番地２３２
	家屋番号	８５９番２３２
	種類	居宅
	構造	軽量鉄骨造瓦葺２階建
	床面積	１階 82.54㎡ ２階 37.31㎡

評価書のサンプル③

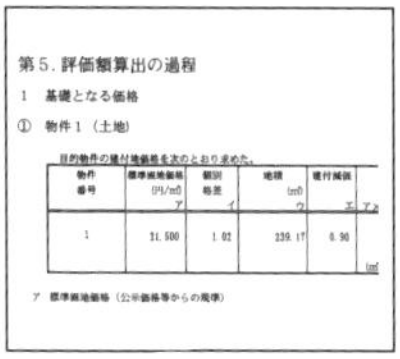

第５．評価額算出の過程

1　基礎となる価格

①　物件１（土地）

目的物件の建付地価格を次のとおり求めた。

物件番号	標準画地価格（円/㎡）ア	個別格差 イ	地積（㎡）ウ	建付減価 エ
1	11,500	1.02	239.17	0.90

ア　標準画地価格（公示価格等からの規準）

物件明細書のサンプル

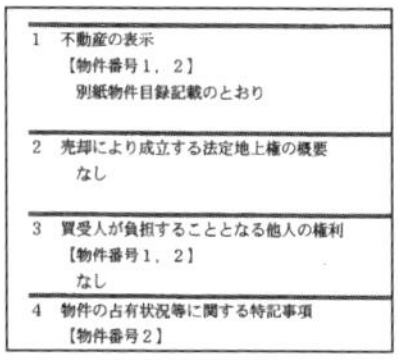

1　不動産の表示
【物件番号１，２】
別紙物件目録記載のとおり

2　売却により成立する法定地上権の概要
なし

3　買受人が負担することとなる他人の権利
【物件番号１，２】
なし

4　物件の占有状況等に関する特記事項
【物件番号２】

〈不動産競売物件情報サイト（bit.sikkou.jp）より〉

③競売で本当に安く不動産が買えるのか

●安く買える理由

「不動産競売では市価よりも割安で不動産を買うことができる」とよく言われます。なぜ、そのようなことになるのか考えてみましょう。

安く買える理由は、次の三つです。

①参加者が限られている
②決められた入札期間に購入を決定する必要がある
③評価書で様々な減価が行なわれている

まず①については、制度上は前に述べたとおり、誰でも入札することが可能な競売制度ですが、実際に不動産を買い受けた後、購入の目的にかなうようになるまでには、ひと手間ふた手間かかることもあります。それを予見し、お金を支払う判断ができる人は、一定の知識と経験のある人に限られます。

また②のように、限られた入札期間、そして3点セットという限られた情報から買い受けの是非を間違いなく決めるためには、かなりのシビアな判断をしなければなりません。

このようなリスクが価格に反映されるため、高い価格で入札しにくいのです。

●評価書をもとに売却額が決定する

次に③の評価書についてはどうでしょうか。競売の評価書については、何冊も本が書けるほど論点がありますが、割安に買えるということに限って説明すると、評価書では、通常の市場での評価に、様々な修正がされています。

例えば「市場性修正率」があります。不動産が、需要があまりない地域にあるとか、建築不可の土地であるなど、最初から値下げをしないと売れない場合、短い入札期間内に売却できるように、最初から30％ほど価格を下げて評価します。

その他に様々な理由が掛け合わされて評価され、この評価書を参考に裁判所が売却基準価額や買受可能価額を決定するため、割安で買えることになるのです。

競売で安く買える理由

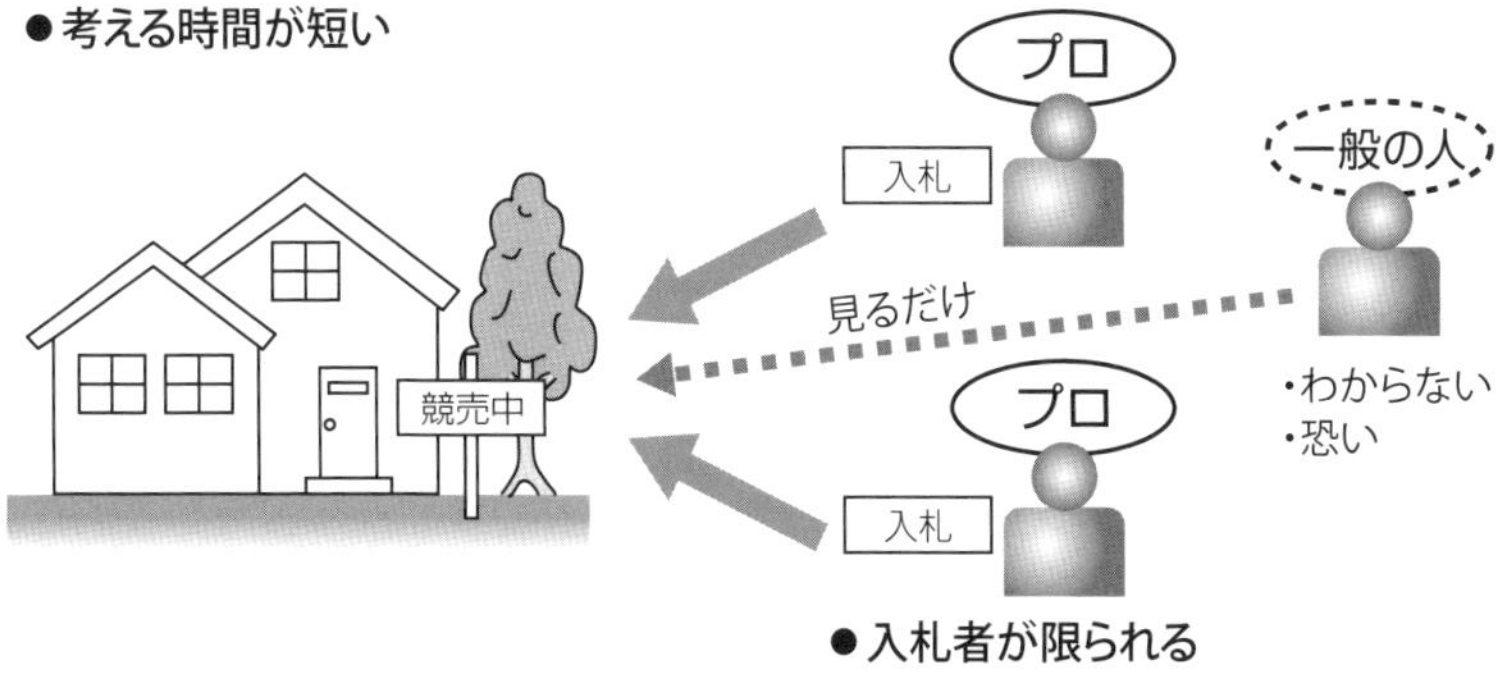

評価書の減価修正とは?

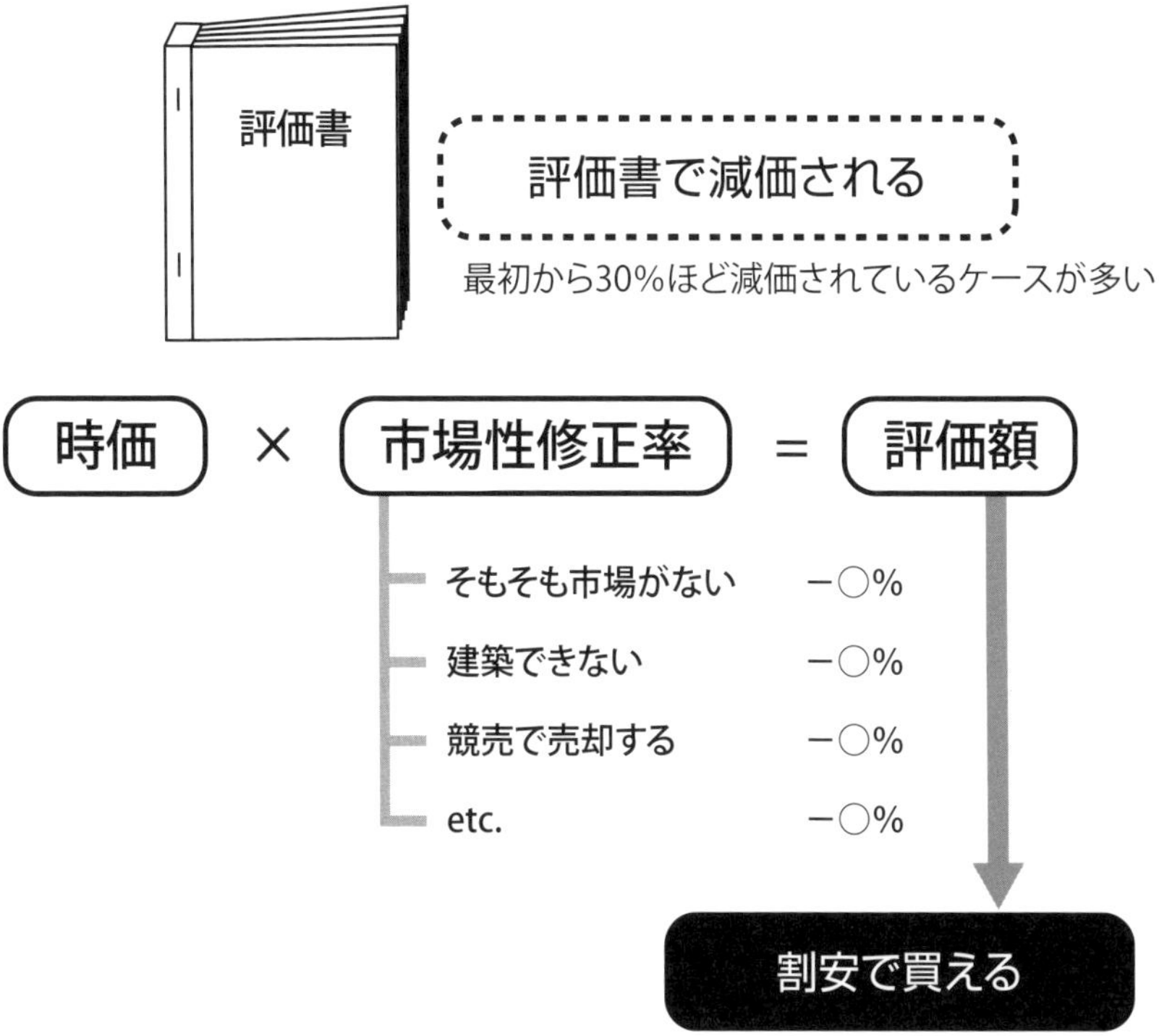

④競売の流れと競売情報を知る方法

●不動産競売の流れ

誰でも参加できる不動産競売ですが、どのような手順で進み、情報はどのように入手すればいいのでしょうか。

裁判所によって売却基準額が決定され、3点セットの用意ができると、具体的な売却の手続きがはじまります。その手順は民事執行法に定められていて、執行官や書記官が、「売却の方法」「入札期間」「開札期日」「売却基準価額」「保証金の額」などを決定します。

その内容は、裁判所の掲示場（掲示板）で公告される他、市町村役場にも掲示され、案件によっては新聞やインターネットでも公示されます。

競売は裁判所ごとに年間10回程度実施され、公告は入札の2週間前までに行なわれる決まりになっているので、この間に資料を取り寄せて購入の是非を検討することになります。

●不動産競売物件情報サイト（bit.sikkou.jp）とは

競売に関する情報、とくに買い受けの判断に重要な3点セットは裁判所に備え置かれる他、表題のサイトでも見ることができます。このサイトは驚くほど充実していて、競売情報、売却結果の他、用語集や過去のデータも検索して分析できるようになっています。

競売情報の検索は都道府県ごとに、「地域（市区町村）から探す」「沿線から探す」となっていて、ちょっとした不動産情報サイトに匹敵する機能を備えています。

また一定の条件が整えば、不動産を内覧することができます。正しくは「内覧実施命令」という手続きで、その不動産を差し押さえた債権者の申し立てでできることになっています（見たい人からの申し立てではない）。内覧できれば、購入後の予想外のトラブルも回避できる可能性が高まります。これも入札期間の前後で公告されるので、チェックしておくのもいいでしょう。

競売のスケジュールについては、公告から3点セットの備え置きまで1週間以上、そこから入札開始までに1週間以上、入札期間が1週間から1ヶ月間あります。開札は入札終了から1週間以内に行なわれ、さらに1週間以内に売却が決定される、という流れになっています。

不動産競売の流れ

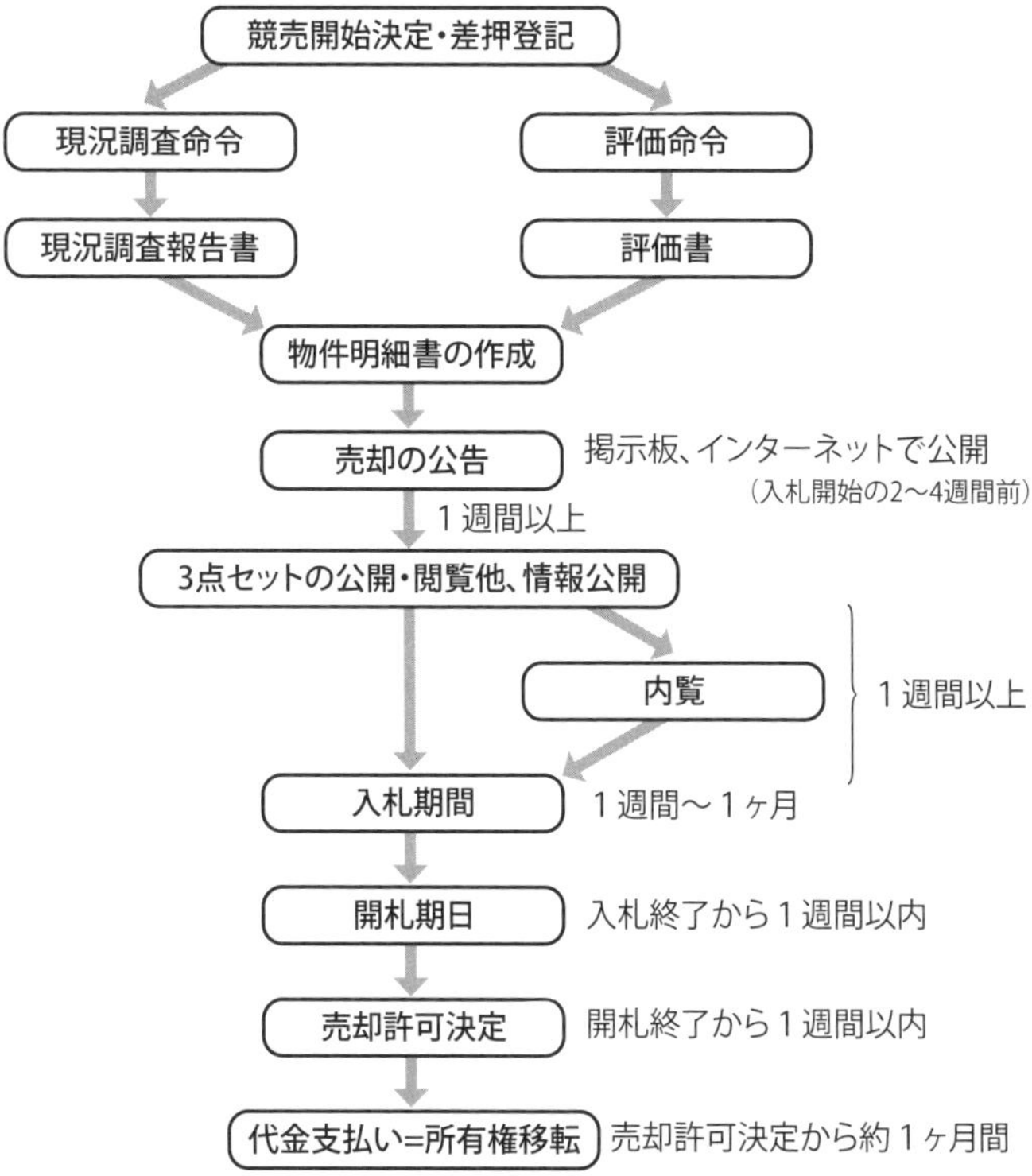

不動産競売物件情報サイト bit.shikkou.jp

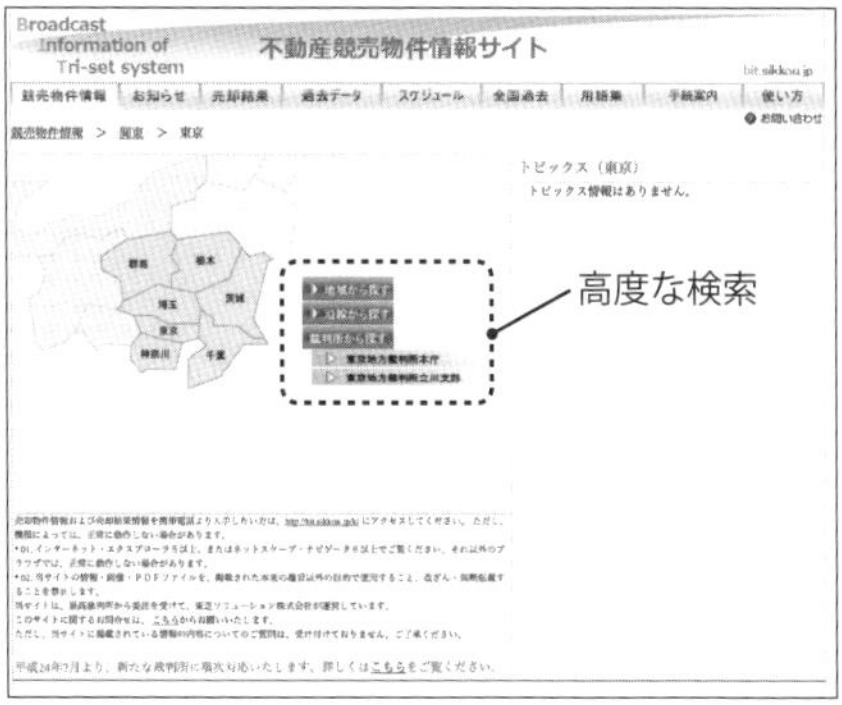

⑤「任意売却」とはどういうことか

●任意売却の概要

競売は平たく言えば、法の力を使って不動産を売却し、代金から貸した金を回収する方法です。債務者の意に反して不動産を強制的に売ってしまうわけですから、競売は民事執行法の厳格な手続きにもとづいて裁判所が行ないます。そのため、時間（半年～1年以上）と費用（ざっと100万円程度）がかかります。

ここでよく考えてみましょう。債権者は貸したお金を回収すればいいわけですから、もっと簡単な方法で、より高い値段で不動産を売却できれば、そちらのほうがいいわけです。債務者も返済のために、自宅の売却に協力することだって可能です。

そこで、両者が協力して担保となっている不動産を売却し、売却代金で返済する手続きを、「任意売却」と言います。

●任意売却のメリット・デメリット

任意売却は、表面上は通常の不動産の売却手続きと何ら変わりません。したがって競売と比較すると、迅速にかつ費用をかけずに通常の不動産市場で売却でき、さらに競売より高い金額で売却できる見込みがあります。

任意売却は、債務者から見てもメリットがあります。もし競売による売却代金で住宅ローンの返済が完全にできなかった場合（＝残債がある場合）、その後も残債を返済しなければなりません。

しかし任意売却の場合には、債権者と債務者の協力で自宅を売却するわけですから、任意売却後の債務者の生活に支障がないように、毎月の返済額を減らしてもらったり、残債自体を減らしてもらえる見込みがあります。

また、競売の場合には、入札で一番高い価格をつけた人が買い受けることになりますが、任意売却の場合には話し合いになるので、金融機関が頷けば、身内である親戚に売却することもできます。そして将来、お金ができたときには、親戚から買い戻すことも可能なわけです。

これらはあくまでも交渉次第ですが、再起を誓ってその後の人生を歩んだほうがいいに決まっています。任意売却という制度を使うと、それができるのです。

任意売却と競売の比較

不動産の所有者=債務者　ローン返済に困る

任意売却	競売
不動産業者へ依頼	裁判所へ申立て
↓	↓
査定	競売開始の決定
↓	↓
債権者（銀行など）との合意	3点セット公開
↓	↓
売却	入札
↓	↓
代金で返済	売却代金を分配

任意売却のメリット

任意売却		競売
通常の価格で売却	価格	市場価格の7割程度の価格で売却
銀行との話し合いで免除されることもある	残債	話し合いの機会が持てず、残債の返済を求められることもある
1～3ヶ月程度	期間	6ヶ月程度
銀行との話し合いで決められることもある	売却先	最高値で入札した人に機械的に売却
自分から公表しなければ知られない	プライバシー	競売の事実は公表される
話し合いで決定	ルール	民事執行法で厳格に決まる

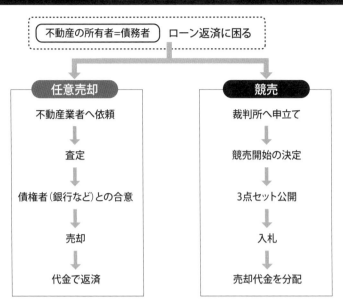

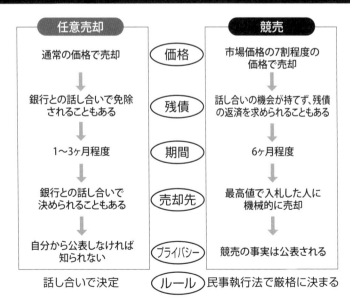

⑥「サービサー」とはどんな業者か

●民間の債権買取・回収会社のこと

サービサーとは、金融機関からの債権回収を行なう業者です。それまでは弁護士等に限られていた業務ですが、バブル崩壊後に発生した膨大な不良債権を迅速に処理するため、平成11年に施行された「債権管理回収業に関する特別措置法」にもとづいて業務を行なっています。

サービサーの業務は、金融機関から住宅ローンなどで返済が滞った債権を買取り、債務者に連絡して回収を行なうことです。回収額と買取額の差額がサービサーの利益になるので、1円でも多く回収したいところですが、過剰な取り立て行為は法律で禁止されています。例えば、夜中・早朝の電話・訪問や、債務者の意志に反する勤務先の訪問、暴力的な態度や大声を上げるなどは当然、禁止されています。

金融機関にとっては、債権をサービサーに売却して切り離すことで、事故債権・問題債権の対応をせず、本業に注力することができます。売却額によっては損失が発生しますが、本来の銀行業務に集中することができるわけです。

サービサーは現在、90社ほどが業務を行なっています。年間で1000万件の物件（事故・問題債権）を扱い、その取扱高は、約18兆円（！）となっています。1社平均10万件の債権を扱っている計算です。

●サービサーのビジネスの核心

サービサーは、債権を金融機関から安く仕入れて、債務者からたくさん回収すれば、それだけ利益が大きくなります。サービサーが金融機関からいくらで債権を買い取るかは、個別の事情もあって外部からはわかりません。しかし、監督官庁である法務省の資料によれば、年間18兆円の取扱高に対し、回収額は2・4兆円、割合にして13%となっています。そこから運営コストを差し引けば、債権額の数%（5%前後と言われている）で債権を購入し、13%回収して利益にしているという利益構造が浮かんでくるわけです。

この数字を頭に入れておくと、あなたの住宅ローンがサービサーに譲渡された場合、役に立つかもしれません。

サービサーの役割とは?

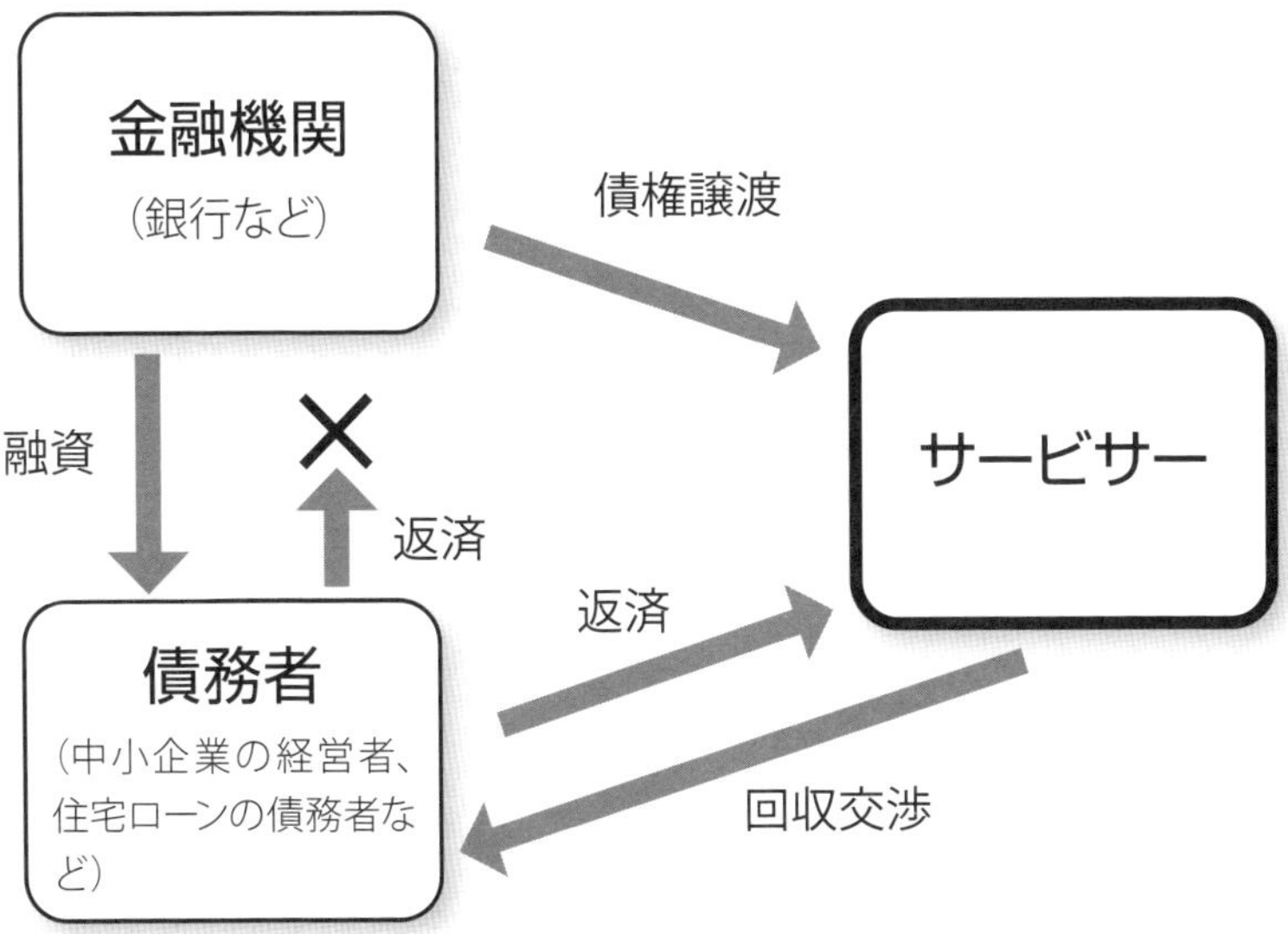

サービサーの利益構造

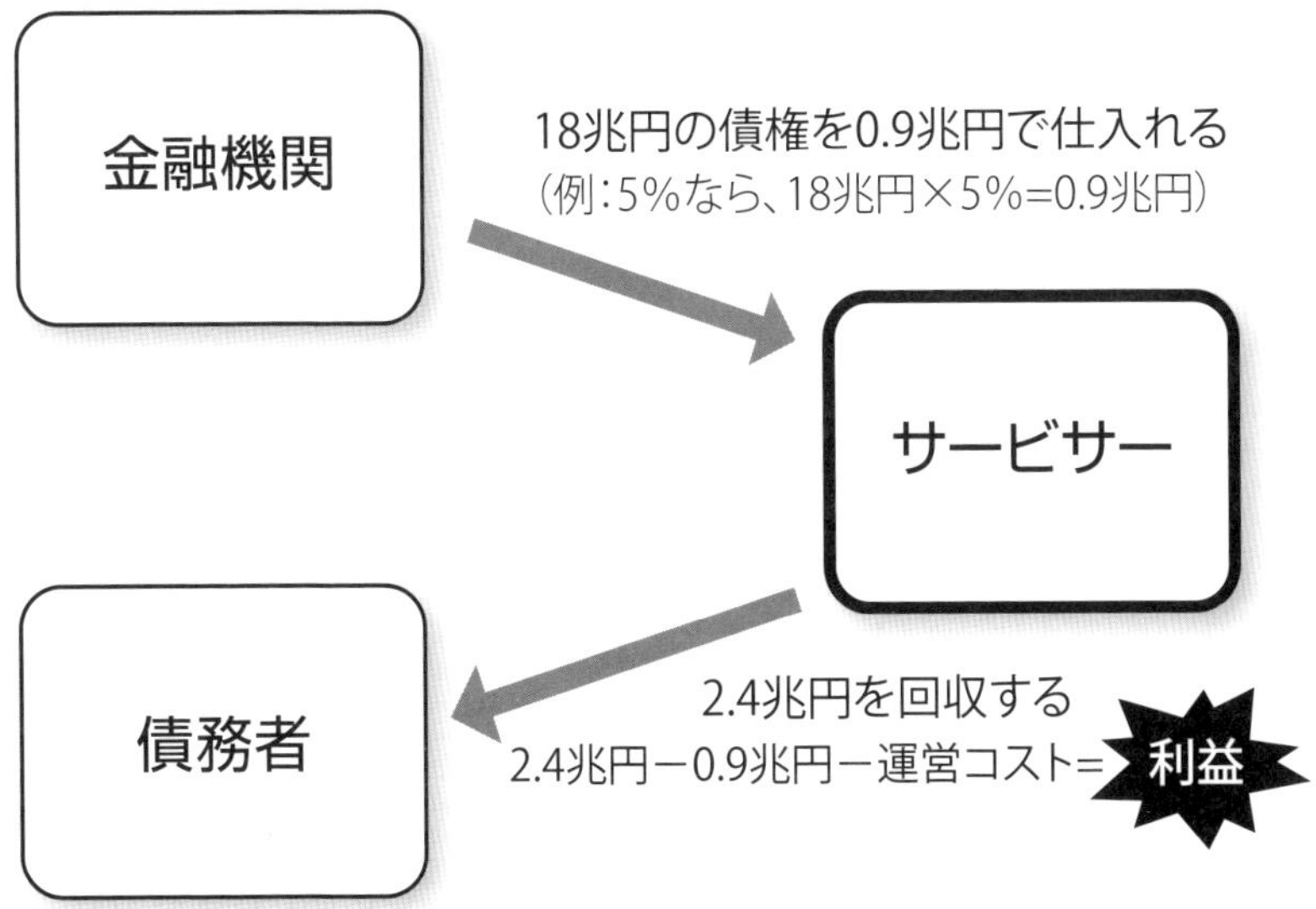

⑦入札代行業者の業務とメリット・デメリット

●競売のメリット・デメリットを知る

もう一度、競売で不動産を購入する場合のメリットとデメリットをまとめると、次のとおりです。

【メリット】
①誰でも参加できる
②情報が平等に公開される
③入札で買受人が決定され、透明性がある
④安い価格で不動産が購入できる
⑤担保権者（債権者）の了解が不要
⑥消費税・登記費用が不要

【デメリット】
①所有者の協力が得られない
②競売物件であることがまわりに知られている
③買い受けの手続きが煩雑
④買い受けの支払条件が硬直的
⑤占有者がいる場合、排除する必要がある

これらのメリットを享受して、デメリットを小さくするには、入札代行業者と言われる専門家を頼るのもひとつの方法です。入札代行は許認可等もなく、自由に営業することができますが、業務の特性上、宅地建物取引業を兼業している会社がほとんどです。サービスの水準などは会社により様々ですが、近年では不動産競売の協会も設立されて、業界の地位向上に努めています。

●具体的なサービスの内容

入札代行業者は、一般の個人では把握しきれない事項を中心に、次のようなサービスを提供しています。

①現地調査・周辺調査・役所調査
②入札価格の参考資料の作成
③入札の意思決定の支援
④占有者との明渡しについてのコンサルティング

とくに④の占有者の多くは、買い受け前の所有者で、債務者として借金の取り立てに遭って精神的に深く傷つき、非常に神経質になっていることも多いため、繊細な交渉が必要になることが往々にしてあります。そのような場合でも経験豊富な代行業者であれば、比較的スムーズに明け渡してくれるように支援してくれるでしょう。

入札代行会社の業務

裁判所	期間入札公示 ➡	入札期間 ➡	売却許可
利用者	入札物件の選択 ⬆	入札物件の決定 ⬆	買い受け ⬆
入札代行会社	・現地調査 ・入札価格の助言 ・参考資料作成	入札書の提出	・占有者との交渉 ・手続事務代行 ・交渉がうまくいかないときのアドバイス

入札代行会社のメリット・デメリット

メリット

- 入札できる価格を分析してくれる
- 慣れない手続きを代わりに行なってくれる
- 占有者との交渉に当たってアドバイスしてもらえる

デメリット

- 入札代行会社の選択がむずかしい
- 費用がかかる
- あくまで代行なので、最終的な責任は利用者が負う

⑧入札妨害のあれこれ

●猫とネズミのイタチごっこ

不動産は命の次に大切な財産とも言われ、先祖代々の歴史と思い出が刻まれていることもあります。競売にかけられる立場からすれば、借金を返せないのだから明渡しに応じなければいけないとわかっていても、心の奥底では、「家を取られたくない」と思うに違いありません。そのような人間の心情は、ときとして入札妨害のための様々な手法を編み出し、そして法律（民事執行法）がそれを追いかけるように改正されて、今日の不動産競売の制度に至っています。

●「競売屋」と「占有屋」

また不動産競売では大金が動くため、様々な妨害行為が行なわれます。現在では民事執行法の改正もあって少なくなりましたが、「競売屋」と「占有屋」の二者が、不動産競売の妨害行為をする代表として挙げられます。

「競売屋」とは、裁判所に独特な風貌と威圧感を与える態度で現われ、他人に入札させないように妨害したり、入札場所で「話し合い（＝談合）」を行ない、不当に低い価格で不動産を買い受ける人を指します。そのようにして買い受けた不動産を高値で転売すれば、その差額が競売屋の利益となります。

入札場所（しかもそれは裁判所）にこのような人がいたら、自由な意志での入札はむずかしいでしょう。とはいえ、競売屋も法律に触れることをしているわけではありません。長らく問題視されていましたが、現在では民事執行法の改正により、郵送で入札できるようになったため、競売屋はほぼいなくなったと言われます。

「占有屋」の典型的な手口は、競売となった不動産を借りたと称して占有し、そこに居座ります。そうすると、不動産を買い受けて法律上は買受人のものになっても、占有者がいる以上、買受人は自由に使用することはできません。さらに占有屋には勝手に建物を壊したり、土地の上にたった一晩で建物を建て、第三者に貸してしまったりと、実に様々なバリエーションがあります。

本来、一掃されるべき占有屋ですが、こちらの対応は今も課題となっています。

競売屋とは？

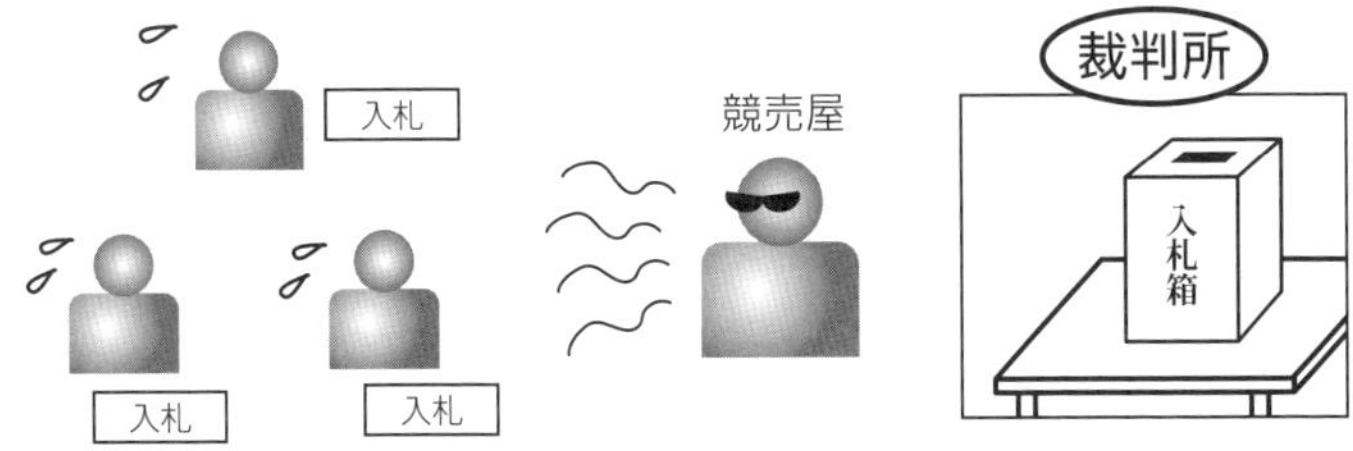

入札箱

- 入札場所に独特の風貌で現われ、周囲を威圧して入札させない人を言う
- 多額の現金を用意して入札を買収することもある

▼

郵便による入札制度の導入で消滅

占有屋とは？

居住権
借地権保護
借家権保護
占有者による居座り

競売による
新所有者

- ありとあらゆる手段を使って居座り、新しい所有者に明け渡さないことを言う

抗告（こうこく）屋とは？

お金が
ほしいなぁ
どうしたらこのまま
住んでいられるんだろう

執行抗告すると
言えば立退料を
取れますよ

- 裁判所の競売の執行に文句（抗告）をつけてその手続きを遅らせること

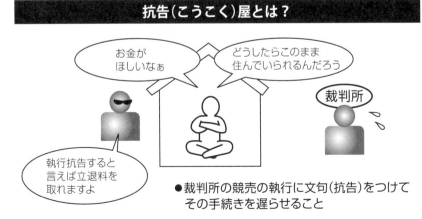

⑨不動産のアウトレット＝「バルクセール」とは？

●ひと山いくらの叩き売り

「バルクセール」とは、あまり聞き慣れないかもしれませんが、不動産やサービサーの業界では時々聞かれます。意味で、「バルク」は英語で、「大きさがかなりあるもの」という意味で、不動産の世界に置き換えると、「たくさんの不動産をまとめて売ること」となります。あえて訳せば「大量不動産の抱き合わせ販売」と言っていいでしょう。

不動産は高額で、人の生活と活動に必要なもので、さらに同じものが二つとないという特徴から、一つひとつの物件ごとに販売するのが通常です。その意味では、ちょっとイメージしづらいかもしれません。

バルクセールでは100個、200個（あるいはそれ以上）の不動産をまとめて売り買いします。しかも全国に散らばっていて、価値のある不動産と無価値の不動産をあえて一緒にして抱き合わせて販売する方法です。

当然、億単位の取引になりますから、個人ではなく資金力のある法人の市場で、一つひとつの不動産に値段をつけるよりも3～4割以上安く購入することができます。

私もバルクセールの価格評価を行なったことがありますが、ひと山いくらのジャガイモを扱っているような感覚と、その金額の大きさ（百億単位になることもある）に不思議な感情を抱いたことを覚えています。

玉石混淆の不動産を割安で購入して、バラバラに商品として販売すれば、全体としては利益が生まれます。バルクセールで大量に不動産を購入し、一つひとつていねいに販売する手法を、業界用語で「粉もの屋」と言ったりします。小麦粉や砂糖など、袋で買って少しずつ取り出して使うイメージが重なるのでしょうか。

●債権にもあるバルクセール

本章で、返済できなくなった住宅ローンなどをサービサーが債権として購入することを説明しました。世の中の債権の数もまた膨大なので、債権も数百から数万の単位にまとめてバルクセールされることがあります。その場合には、サービサーは本章の⑥で説明した価格よりも、さらに割り引いた価格で購入する（＝仕入れる）ことができるわけです。これも知っておくといいでしょう。

不動産バルクセールとは？

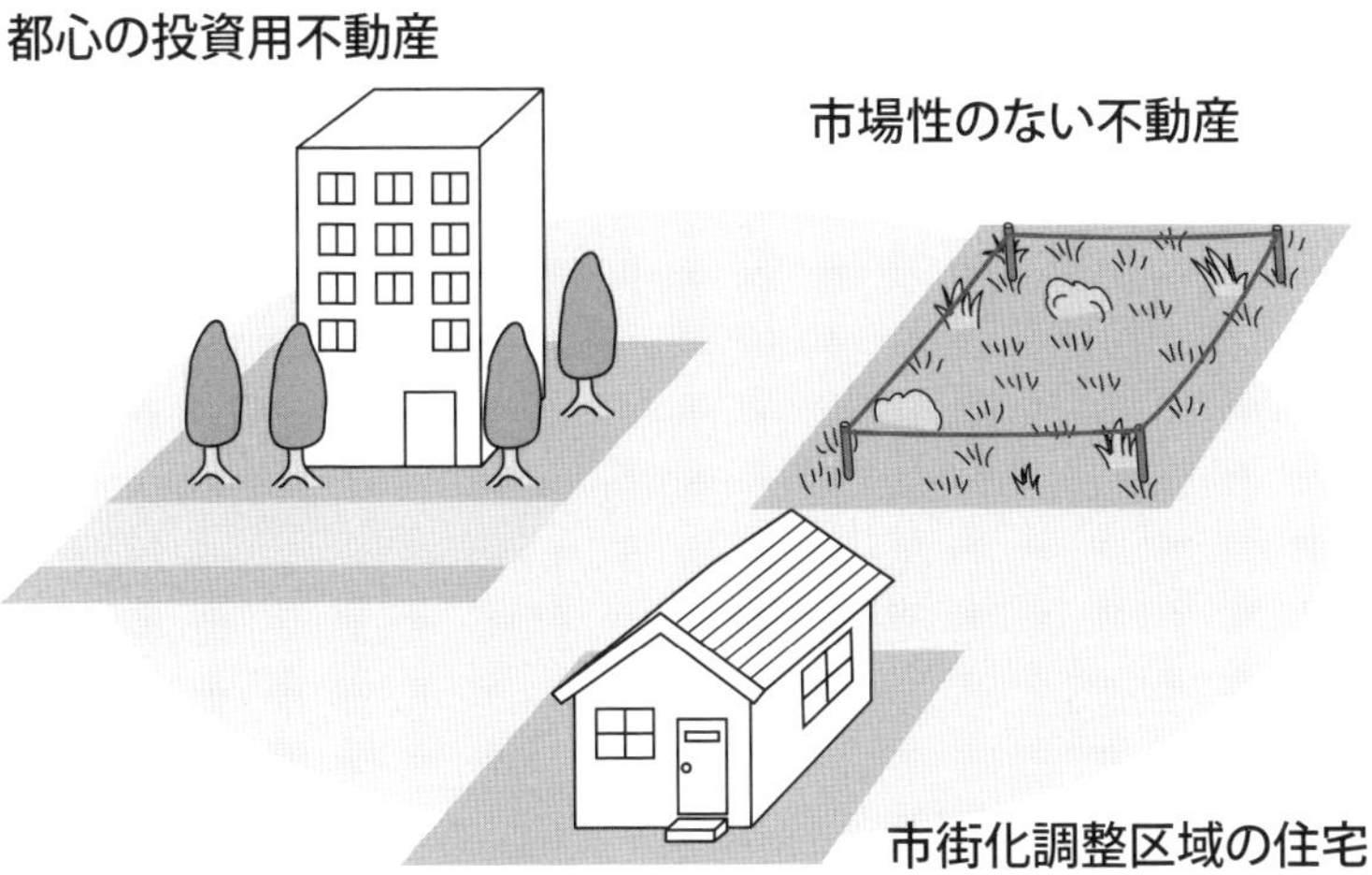

バルクセールで一括売却

債権バルクセールとは？

担保付の債権 ＋ 担保処分が完了した債権
（優良債権）　（ポンカス債権）

バルクセールで一括売却

●ポンカス債権

もともとはワラント債（新株予約権付社債）で新株予約権を切り離した社債部分を言う。リスクが高く回収の見込みが小さいことや、語感からあまり役に立たない債権という意味で使われることもある

あわせて読みたい！ 関連項目　3章⑩「担保」「抵当権」「根抵当権」とは？

⑩「市場転換」すれば不動産が高く売れる

●同じ不動産でも違う値段がつくことがある

この章では不動産競売において、様々な理由で不動産が安く買える理由を説明しました。さらに前項では、バルクセールという手法で、不動産価格は3割から4割以上安くなることを説明しました。

これらは1章で説明した、「不動産の可変性」によるものですが、同じ不動産でも異なった価格がつく例として、その他に「市場転換」というものがあります。

マンションの一室を例にとりましょう。このマンションは月5万円で賃貸されていて、賃借人が賃料を払って、オーナーがこれを受け取っているので、いわゆる投資用のマンションです。このとき、このマンションの価格は、あくまでも投資に見合うかどうかの基準で判断されるので、10年で回収することを考えると、賃料の10倍の600万円が価格の基準となります。

ここで、賃借人が退去したとしましょう。この時点で不動産を売りに出せば、今度は周辺の同じようなマンションの価格との比較で価格が決まります。つまり、市場が投資用から居住用に変わったことになります。

一般的に言えば、同じマンションの一室でも、賃貸用の不動産として売り出す価格を100とすると、居住用のマンションとして売り出す場合には、130程度の価格になります。賃借人がいれば投資市場で、いなければ居住用の不動産市場で販売されることになるためです。つまり、投資用不動産として購入し、居住用の不動産として売り出せば、差額が利益になるのです。

●「追い出し屋」とは?

中には投資用の不動産を専門に購入し、賃借人に退去してもらった上で、居住用の不動産として販売するのを業にしている人もいます。

日本では、借地借家法などで賃借人の居住の権利が強く保護されているので、法律上、「所有者が変わりましたから、すぐに出て行ってください」とは言えないのですが、賃借人に出て行ってもらったほうが高い値段で売れるとなれば、あの手この手で退去するように仕向ける専門の人もいます。これを「追い出し屋」と言います。

売り方が変われば価格も変わる

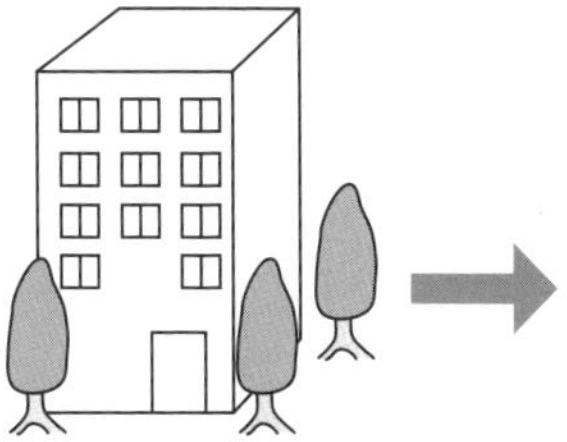

賃貸用不動産と考えると……

価格 ＝ 賃料 ÷ 利回り
（**600万円** ＝5万円×12ヶ月÷10％）

2〜3割異なる

居住用不動産と考えると……

価格 ＝ 周囲の取引価格で決まる
（**780万円**　取引事例 { Ⓐ850万円 Ⓑ800万円 Ⓒ750万円 } 比較）

追い出し屋とは？

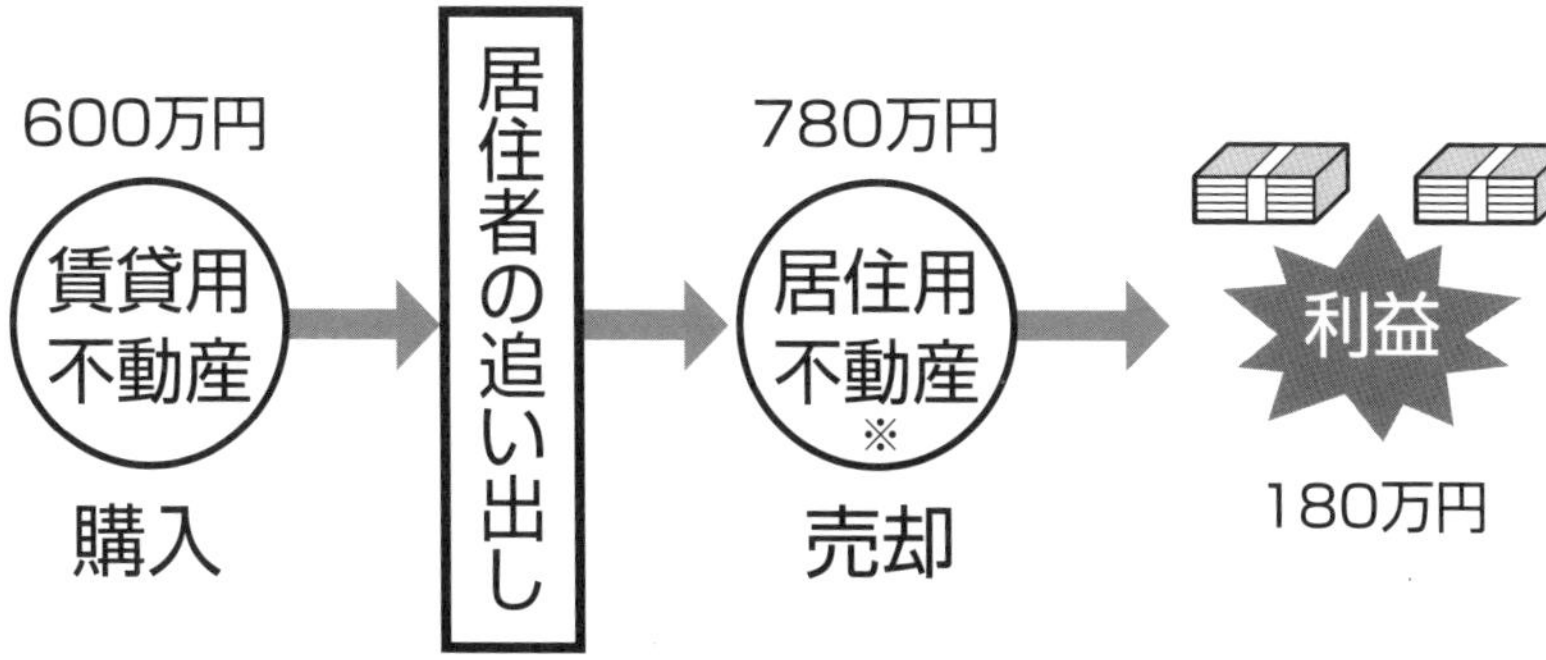

※居住用不動産のことを「実需」と言ったりすることもある

あわせて読みたい！ 関連項目
6章⑥民泊ビジネスのソロバン勘定
7章①土地の価格を求める理論とは？

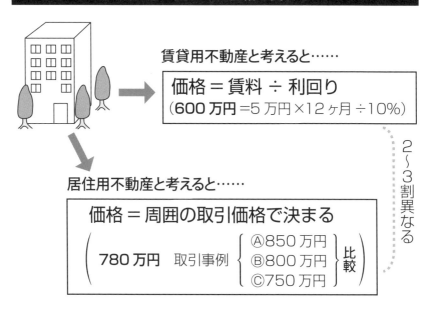

Column コラム④

●不動産を調べるのに便利なサイトあれこれ

本文でもいくつか紹介していますし、ご存じの人もいるかと思いますが、一般に公開されている、不動産についての情報や価格について調べるのに便利なサイトを紹介しましょう。

①国土交通省・土地総合情報ライブラリー（http://tochi.mlit.go.jp/）

不動産の公正な取引と流通を目指して国が公開しているサイト。リニューアルされるごとにサイトが巨大化しています。中でも、もっともアクセス数が多いのが、「不動産取引価格情報」で、ナマの不動産取引価格を見ることができます。しかし、実際の取引では、個別の事情が含まれているので、利用するには、平準化された「地価公示・都道府県地価調査」のほうが使いやすいかもしれません。

②国土地理院地図・空中写真閲覧サービス（http://www.gsi.go.jp/tizu-kutyu.html）

日本中の航空写真が、フィルムのまま高解像度で見ることができます。特筆すべきは、「過去の航空写真」です。現在宅地になっていても、数十年前はどうだったかを知りたいとき、つまり地歴を調べるときに役に立ちます。

③全国地価マップ（http://www.chikamap.jp/）

主に固定資産税の課税の透明化・適正化を目的に運営されているサイトです。各市町村の協力のもとに、全国の固定資産税評価地点の評価額を見ることができます。ただし、実勢価格の６割から７割程度の水準であることをお忘れなく。

④相続税路線価図（http://www.rosenka.nta.go.jp/）

国税庁が運用しているサイト。路線価図の書籍をそのままＰＤＦにしたものなので、操作に慣れが必要ですが、価格の水準は路線価から入ることが多いので、不動産会社の仕事ではよく使われます。ただし、ここに記載されている価格は、実勢価格の７割から８割程度の水準になっていることをお忘れなく。

5章
住宅・不動産業界を解剖する

①不動産業を分類してみると
②「不動産開発」とはどのようなことをするのか
③いろいろある「分譲販売」の方法
④「不動産賃貸業」のしくみとリスク回避の方法
⑤「不動産仲介業」の仕事と開業のしかた
⑥ハイテク化された「不動産管理業」
⑦総合不動産会社の特徴とは？
⑧物件タイプ別 不動産会社の選び方
⑨不動産にまつわる各種「士業」の仕事
⑩「相続」が不動産でもめるワケ

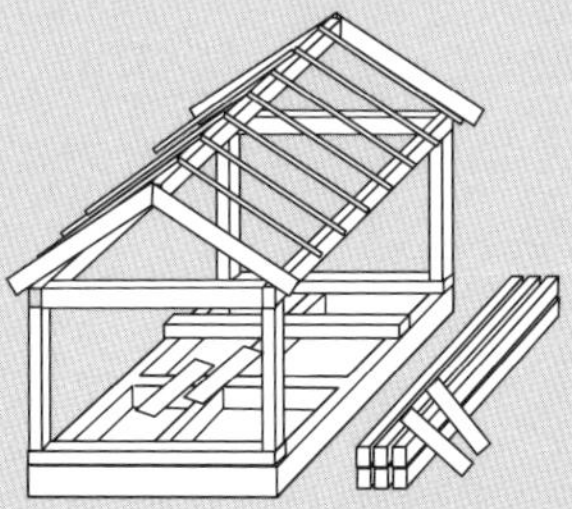

①不動産業を分類してみると

●不動産の使い方に合わせて分類がある

1章で、不動産とは「土地とその定着物である」と説明しました。不動産の活用の方法は大雑把に分けると、①売る、②貸す、③建てる、④耕す、の四つで、それぞれにビジネスが結びついています。

例えば、売るなら「不動産仲介業」、貸すのであれば「不動産賃貸業」、建てるのは「建設業」、あるいは「不動産開発業」も関連するでしょう。建てた後は建物の管理をする必要があるので、「不動産管理業」も関連してきます。

売買などで不動産が動くと、大きなお金も動くことから金融業と関連しますし、権利を守り、事業を円滑に行なうためには弁護士・司法書士などの法律の専門家の知恵を借ります。また、目の前の不動産をどうすべきか指南してくれる、コンサルティング業も関連するでしょう。

●不動産業の業種と規模

このように多数の業種に分類される不動産業は、日本のGDP（国内総生産）549兆円（平成30年）のうち、約61・9兆円、割合では11・3％を占める国民経済の重要な産業のひとつです。事業所数は約32万事業所、働いている人数は約117万人となっています。

参入・退出も多く、毎年、約2割の事業所が生まれ、また廃業しています。倒産の場合の負債総額が大きいのもこの業種の特徴で、東京商工リサーチの平成30年度の全国企業倒産状況によると、不動産業では平均して3・5億円の負債を抱えて倒産しており、全業種平均の2億円を大きく上回っています。

1事業所当たりの従業員数は平均して3・5人と、製造業（約10人）と比較すると小規模です。

総務省の事業所・企業統計調査では、不動産業の分類は、①不動産取引業（建物・土地売買業、不動産代理・仲介業）、②不動産賃貸・管理業（不動産賃貸業、貸家・貸間業、駐車場業、不動産管理業）に分けられています。

左表にもあるように、事業所数は貸家・貸間業を含む不動産賃貸業が圧倒的に多く、いわゆるマンション・アパートの大家さんが多いことがわかります。

不動産業の分類

使い方	業種
売る	不動産仲介業
貸す	不動産賃貸業
建てる	不動産開発業（デベロッパー）
耕す	農業

数字で見る不動産業

- GDP549兆円のうち**61.9兆円**（11.3%）を占める
- **32万**（事業所の数）
- **117万人**（働く人の数）
- **3.5億円**（倒産する際の平均負債総額）
- **3.5人**（1事業所当たりの従業員数）

	不動産業	320,365事業所	100%
内訳	不動産取引業	64,993	20.3%
	不動産賃貸業	191,094	59.6%
	駐車場業	36,101	11.3%
	不動産管理等	28,177	8.8%

（総務省　平成18年事業所・企業統計調査より）

②「不動産開発」とはどのようなことをするのか

●開発＝仕入・加工・販売の3ステップ

この項では不動産業界の花形とも言える、不動産開発について見てみましょう。不動産開発については6章でくわしく解説しますが、まずは概略を説明しましょう。

不動産開発は次の三つのステップで成り立つ事業です。一般の研究開発や新商品の開発、法律用語の「開発」とはニュアンスや意味が異なるので注意しましょう。

①仕入　土地を仕入れる

②加工（建設）　その土地に建物を建てる

③販売　建てたものを販売する

他の多くの商売と同じように、「仕入れて」「加工して」「販売する」だけのことですが、不動産の場合には規模が大きく、期間もかかるので「開発」と呼ばれています。このような事業を行なう企業を「デベロッパー」、略して「デベ」と呼びます。

「何を仕入れるか」「どのように加工して付加価値をつけるか」「誰にいくらで販売するか」を巧みにできるかどうかが、デベロッパーの企画力、腕の見せどころです。

なお、先に述べた法律用語の「開発」とは、都市計画法で用いられる「土地の区画形質の変更」を言います（左ページ参照）。

●開発の種類

デベロッパーは何を開発するかで細分化されます。

①宅地分譲・マンション分譲

名前のとおり「分けて譲り」ます。宅地分譲は郊外の大規模な敷地を仕入れ、造成して１００㎡程度の売りやすい大きさに区画割りして販売します。マンション分譲は都市中心部の土地を仕入れ、高層の建物を建てて部屋ごとに分譲します。販売ターゲットは一般の個人で、綿密なマーケット調査を行なって商品企画を練り込みます。

②オフィス開発

店舗・事務所を開発します。まとまった土地を仕入れてオフィス・店舗ビルを建設しますが、分譲と異なって、販売することはなく、テナントビルとして賃貸します。30年から50年という長期間をかけて、投資した金額を回収していく息の長いビジネスです。

デベロッパーの仕事

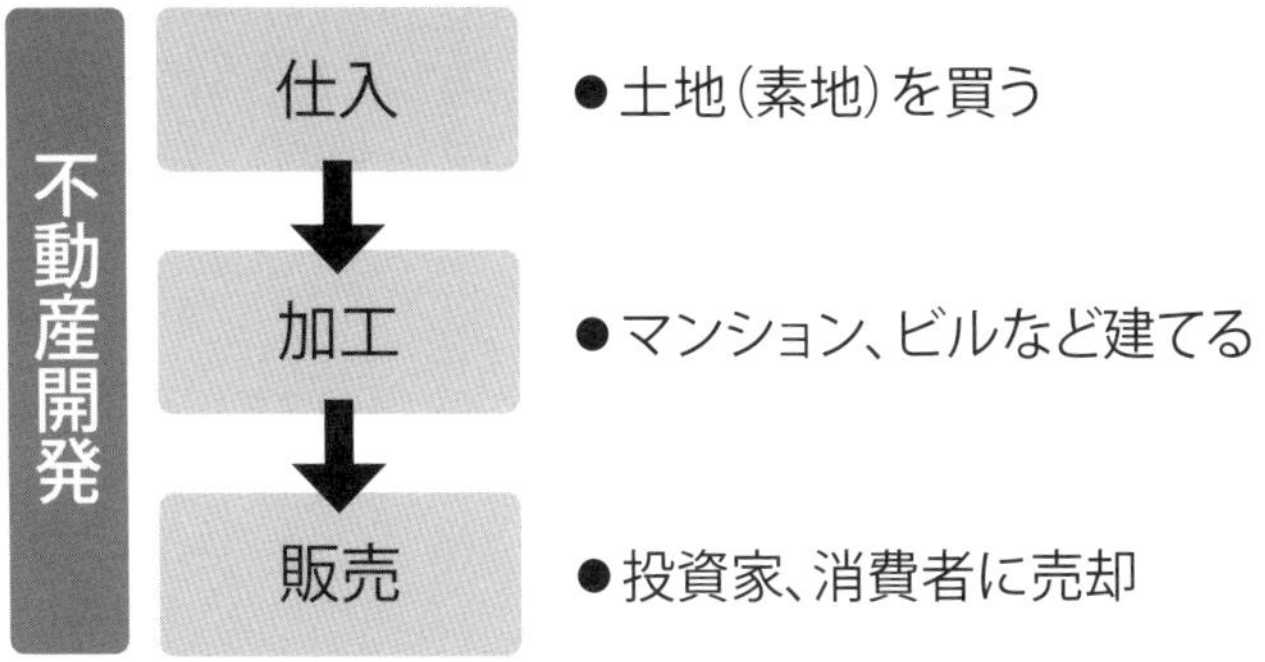
不動産開発
仕入
●土地（素地）を買う
加工
●マンション、ビルなど建てる
販売
●投資家、消費者に売却

開発の意味は２つある

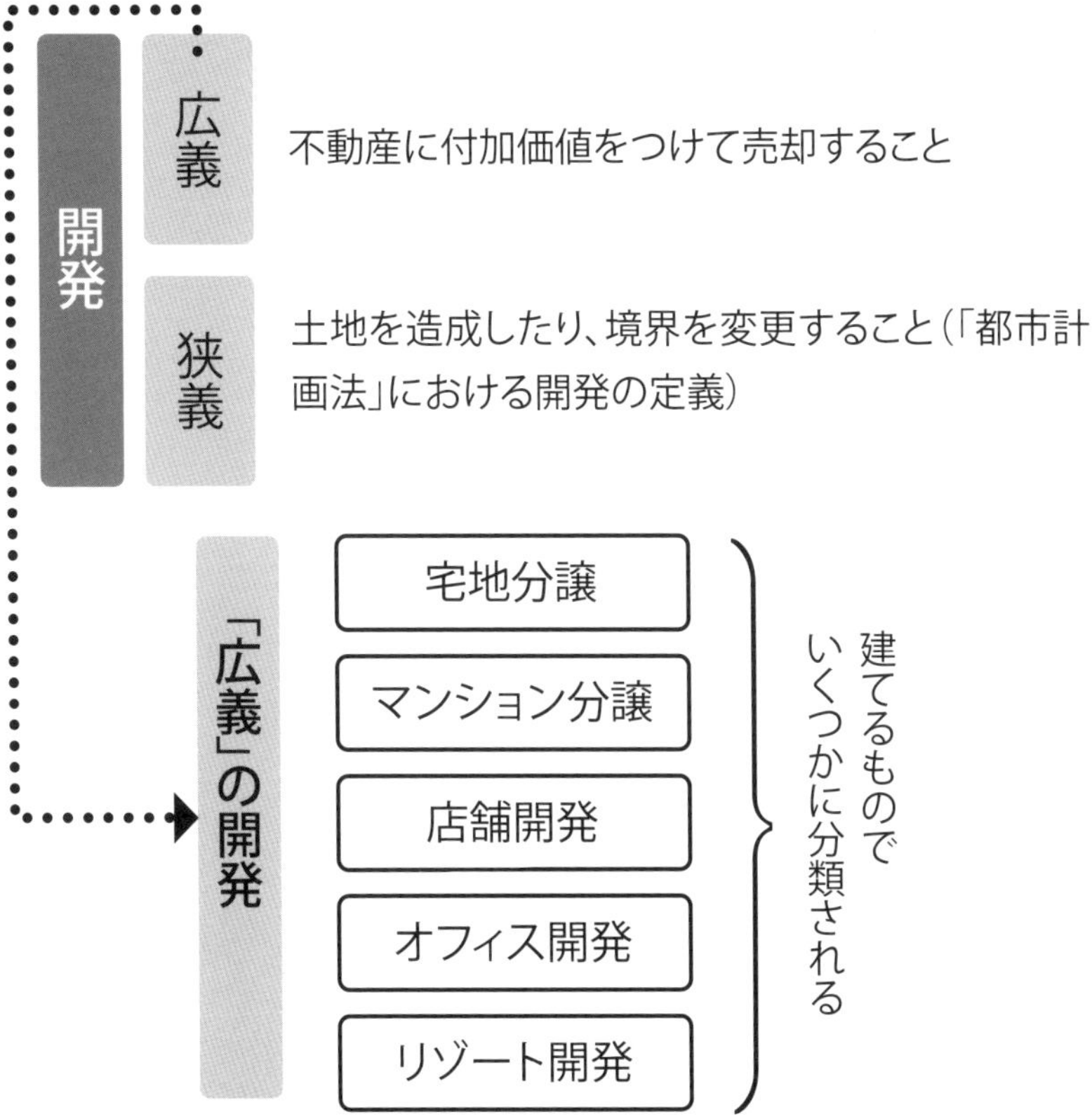
開発
広義
不動産に付加価値をつけて売却すること
狭義
土地を造成したり、境界を変更すること（「都市計画法」における開発の定義）
「広義」の開発
宅地分譲
マンション分譲
店舗開発
オフィス開発
リゾート開発
建てるものでいくつかに分類される

あわせて読みたい！ 関連項目　8章⑨ 不祥事から学ぶ ４（原野商法）

③いろいろある「分譲販売」の方法

●更地と建売住宅の分譲販売

①更地の販売と建売住宅

宅地分譲は更地の状態で販売する方法と、あらかじめ建物を建てた上で、建売住宅として販売する二つの方法に大別されます。建売住宅の広告には、必ず建築基準法上の建築確認番号が記載されているはずですので、注意して確認しましょう。マンションの分譲も、土地の上にマンションを建てて販売するわけですから、ここでは「建売住宅」の販売方法に含めることができます。

②建築条件付き宅地

ときどき「建築条件付き宅地」として販売されている土地があります。これは更地の状態で販売されますが、建物を建てる際の建築会社が指定されていることを条件に販売される分譲地を言います。

購入者のメリットとしては、建売住宅と違い、家族構成やライフスタイルに合わせた自由な設計ができること、建築会社を自分で探す必要がないこと、土地が割安で購入できることが多い、などがあります。また販売会社からすれば、建築も請け負うことで、売上の増加につながるというメリットがあります。いいことずくめのようですが、「建てる、建てない」や解除をめぐるトラブル、独占禁止法による制限もあるため、あらかじめいくつかの条件が付されて販売されます。

●「青田売り」とは?

本来、「青田売り」とは、稲がまだ実っていない時期に、収穫できることを見越して販売することを言います。

宅地分譲の青田売りとは、未完成の建物を、完成した値段で販売することを言います。完成想像図だけで何千万円もする買い物を決断すること自体、よく考えれば不思議なことですが、分譲販売ではこの青田売りが主流になっています。企業からすると、早く売ったほうが資金繰りが楽になるというメリットがあります。

重要なのは、青田売りを行なう時期ですが、建築基準法の建築確認を取得したあとに行なうことが法令（宅地建物取引業法）で決まっています。広告にも必ず建築確認番号が記載されているはずです。

分譲販売とは？

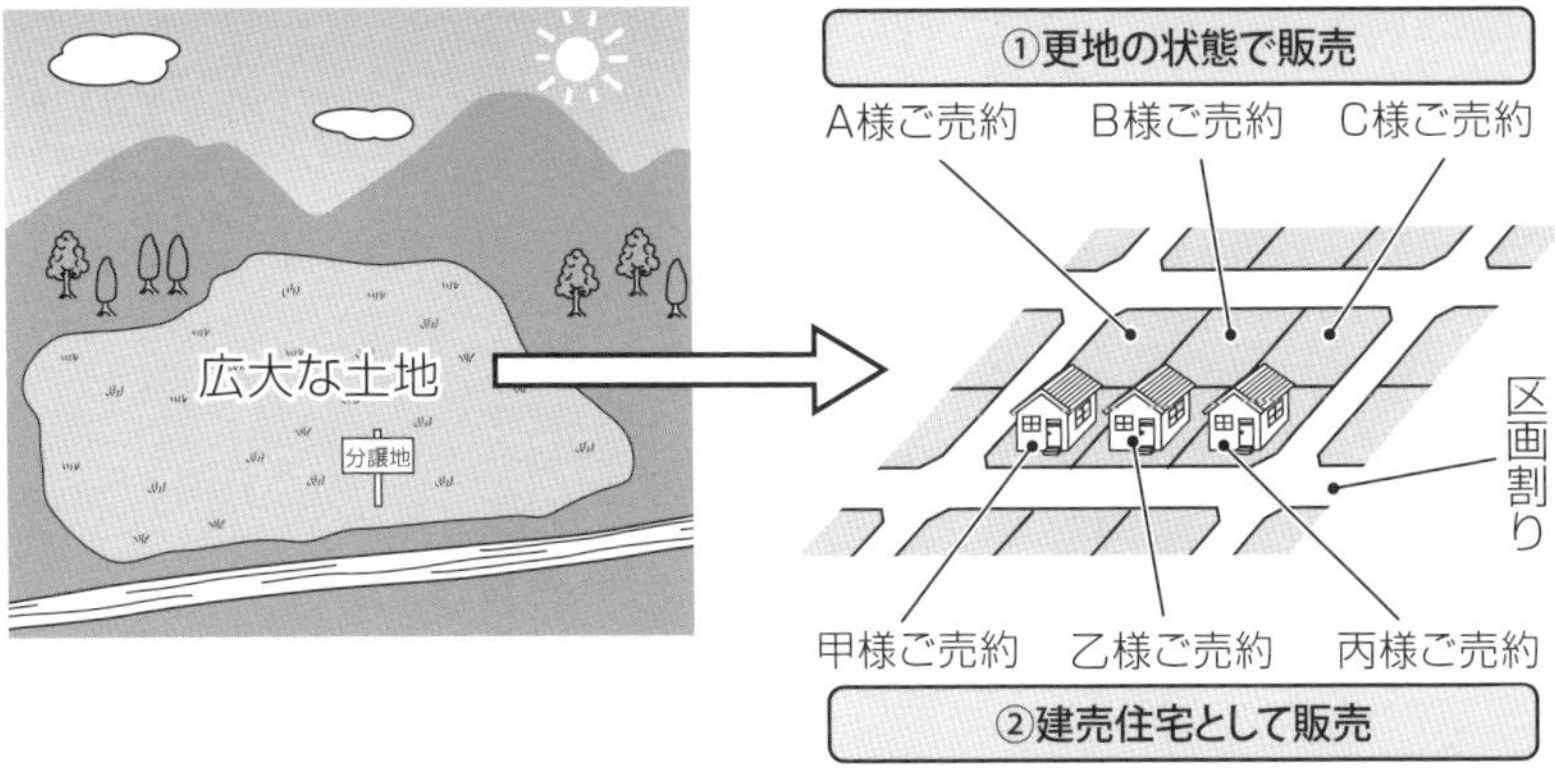

建築条件付き宅地とは？

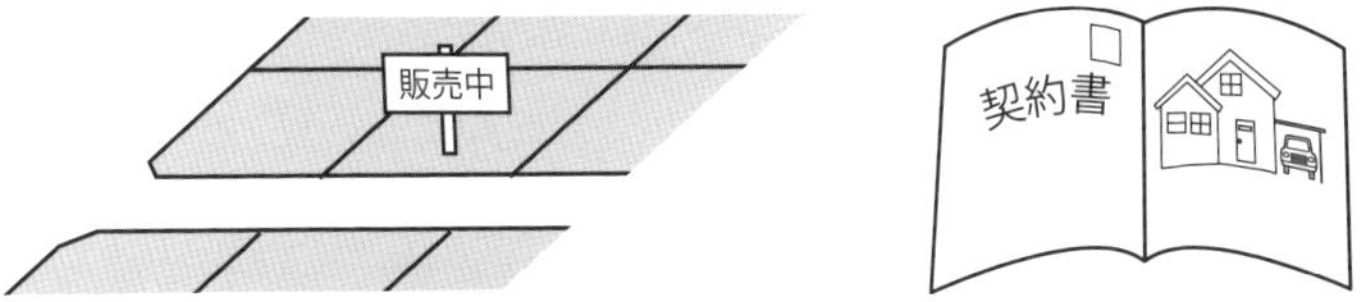

建物を建てる建築会社があらかじめ決まっている

「青田売り」とは？

まだできていないものを販売することを
「青田売り」と言う

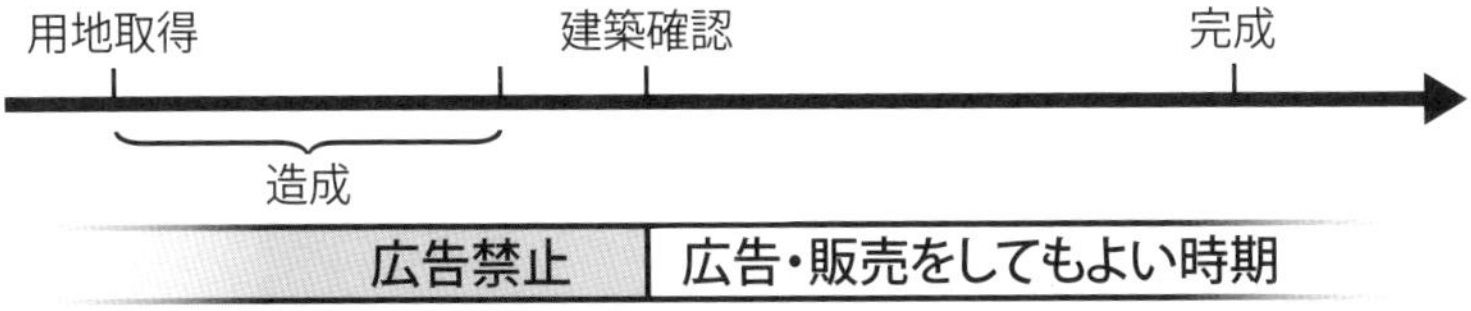

あわせて読みたい！ 関連項目　8章⑤ ハザードマップと昔の地図

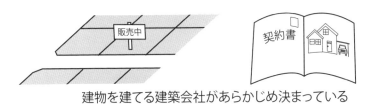

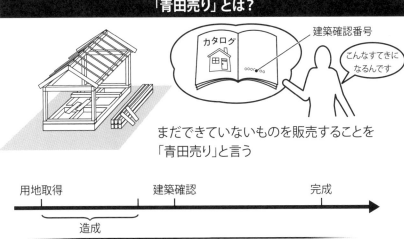

④「不動産賃貸業」のしくみとリスク回避の方法

●大家さんは気楽な商売？

不動産賃貸業とは、説明するまでもないかもしれませんが、不動産を所有して誰かに貸す事業です。不動産賃貸業の特徴は次のとおりです。

・仲介・管理などのしくみが確立しているので、持っていて貸すだけでよい

・継続的に家賃収入があるので、事業計画が立てやすい

・基本的に従業員がいらないので、給与、社会保険料などが必要ない

・家賃収入は居住用であれば非課税売上となるので、消費税の申告が不要

実際、貸家・貸間業の1事業所当たりの平均従業員数が、1.73人（平成18年事業所・企業統計調査）と少ないのもうなずけます。

大家の主なリスクとしては、「空室が発生した場合」「賃借人が賃料を支払わない場合」「大災害が発生した場合」など挙げられます。借主が特定の企業や地域に偏ると、企業のリストラや周辺地域の変化によって、一気にガラ空きになることもあり得ます。大地震で建物が壊れればなおさらです。また、賃料を払わないからといって、借主を追い出すわけにはいきません。日本では居住権は強く保護されています。自殺者が出れば風評被害もあり得ます。大家も決して楽なわけではないのです。

●サブリースとは？

大家の最大のリスク、「空室の発生」を何とかしたい、あるいは空室が発生しても賃料を保証してほしい……そんなニーズもあって生まれたのがサブリースです。

サブリースとは、いわゆる「又貸し」のことで、まず大家が賃貸経営管理のノウハウのある会社に一括して貸し付けます。そしてその会社が賃借人に転貸（又貸し）することになります。

入退去の事務管理、滞納やトラブルもサブリース会社が対処してくれる上、空室のリスクも負ってくれるので、大家は煩わしい手間や不安から解放され、毎月、定額の収入（ただし家賃から手数料・保証金などが差し引かれる）が確保されます。

大家さん(不動産賃貸業)のメリット

- 手間がかからない
- 毎月収入が入ってくるので、資金繰りの計画が立てやすい
- 従業員が不要で社会保険をかける必要がない
- 住居用の家賃収入なら、消費税の申告が不要

大家さんのリスク

- 空室の発生
- 築年数によって家賃が下落
- 資産価値の低下
- ローン金利の上昇

サブリース契約とは?

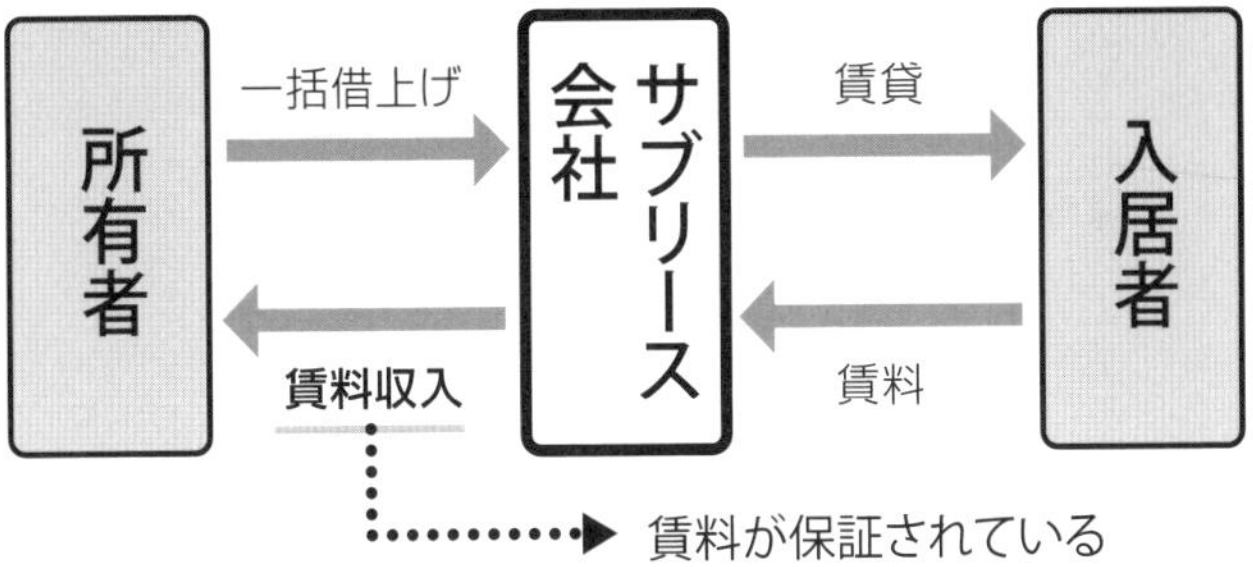

サブリースのメリット

・一括して貸すので、入居者への個別の対応が不要
・賃料が安定して入る
・サブリース会社がトラブルに対処してくれる

サブリースのデメリット

・サブリース会社の利益分、賃料収入が減る
・サブリース会社が倒産するリスクがある
・賃料保証の契約内容をよく吟味する必要がある

あわせて読みたい! 関連項目 8章⑩ 不祥事から学ぶ 5(サブリース問題)

⑤「不動産仲介業」の仕事と開業のしかた

●不動産仲介業の仕事

不動産仲介業の仕事は大きく二つあります。

ひとつは「仲介業務」で、売主（貸主）と買主（借主）の仲立ちをして取引を円滑に進める業務です。もうひとつは「代理業」で、売主の代理人となって契約を行なう、戸建・マンション分譲でよく見られる販売形態です。

●不動産仲介業をはじめるには

不動産仲介業は、重要な資産である不動産を取り扱うので、資格と許認可が必要となります。

では、資格から見てみましょう。

まず、「宅地建物取引士試験」に合格しなければなりません。試験は毎年1回、合格率は約15%です。200時間の勉強が必要と言われています。次に「取引士資格登録」を行なうのに、2年の実務経験か講習（1ヶ月の通信講座＋2日間の集合研修）が必要となります。ちなみに宅地建物取引士は、従業者数5人に1名以上必要となります。

次に「宅地建物取引業」の免許が必要になります。通常は都道府県知事に申請しますが、二つ以上の都道府県にまたがって事務所を構える場合には、国土交通大臣の免許が必要になります。申請の際に、意外と苦労するのが事務所の配置です。きちんと独立した事務所を構えて、ファックス、電話、応接室、執務室、看板や表札を整えて写真を添えて申請します。実際に担当の人が確認にやってくるので、間違いがないように慎重に行ないます。

数週間後、無事に免許が貰えたら、3ヶ月以内に営業保証金の供託を行なう必要があります。不動産会社には仲介責任があるので、取扱物件に瑕疵があった場合などに備えて保証金を積み立てます。その金額は主たる事務所で1000万円、従たる事務所ひとつにつき500万円となっています。ただし、業界団体の保証協会に入会すれば、それぞれ60万円と30万円の分担金の納入ですみます。

保証金か分担金のいずれかを支払えば（私の経験では、加えて業界団体所定の面接を受けることもある）、晴れて免許証が受け取れる、という手順になっています。

不動産仲介のしくみ

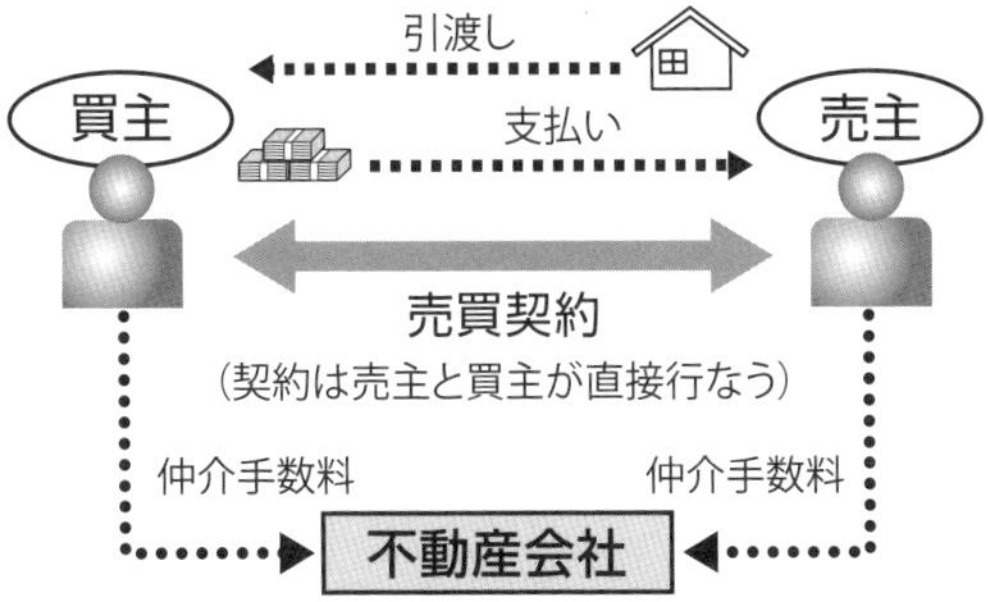

不動産会社の仕事

- 情報をつなぐ
- 重要事項の説明
- 売買のコーディネイト

販売代理のしくみ

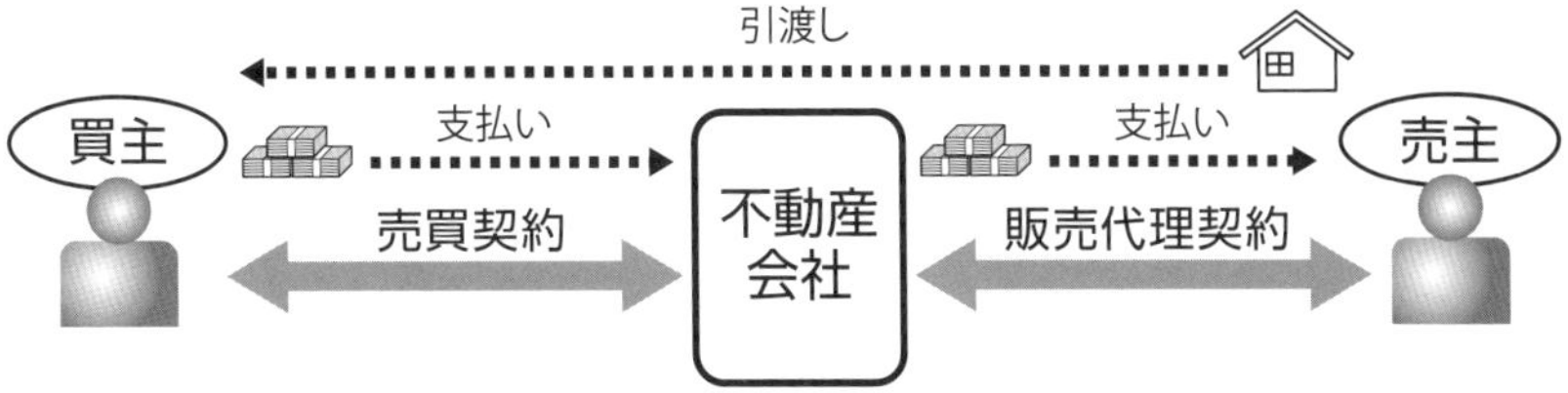

- 売主に代わって契約を行ない、代金も受け取る

不動産仲介業をはじめるには

1. 会社の設立　（個人事業でも可能）
2. 宅地建物取引業免許の申請　←　宅地建物取引士試験の合格〜登録
3. 免許通知
4. 保証金の供託※
5. 免許証の交付
6. 営業開始

※保証協会に入会することもできる

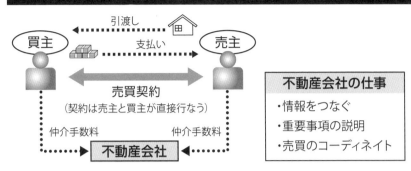

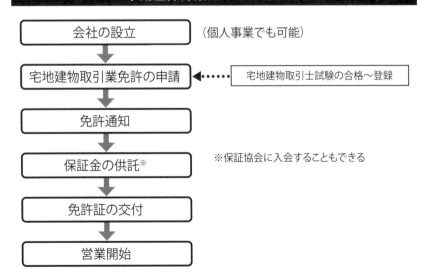

⑥ハイテク化された「不動産管理業」

●実は最先端を行くハイテク産業

一口に不動産管理業と言っても、様々な種類があります。「分譲マンションの管理」「アパートの管理」「ビル管理」「病院・公共用建物の管理」など範囲が広いのですが、ここでは、最新のハイテクと人間臭い仕事の二つに焦点を当てて説明しましょう。

不動産の管理は、長らくオーナーが直接雇った管理人が行なっていましたが、終戦後、規模の大きなビルディングが数多く建設されるとともに、建物管理を専門に行なう業者が誕生しました。

一般的に管理人は、暇そうなイメージがあるかもしれません。しかし実際は幅広い業務範囲があり、しかも近年の環境・エネルギーに配慮した設備やコンピュータ化にも対応するなど専門化が進み、ファシリティ・マネジメント（施設管理）という分野に生まれ変わりました。

近年のハイテクビルでは、空調・給排水・その他あらゆる設備を集中して管理するビル・マネジメントシステムが導入され、管理室はモニターがズラリと並ぶ司令室のような様相に変化しました。

このようなハイテクビルの管理を適切に行なうために様々な関連資格があります。一例を挙げると、「ビルクリーニング技能士」「ビル設備管理技能士」「清掃作業監督者」「病院清掃受託責任者」「建築物環境衛生管理技術者」「統括管理者」「電気主任技術者」といった資格です。

●泥臭い仕事もたくさんある

反対に賃貸アパートの管理は、とても人間臭い仕事です。また不動産管理は、「クレーム産業」とも言われます。実際、こんなクレームや要求が管理人（管理会社）に寄せられます。

「草が伸びたので刈ってほしい」「スズメバチが出た！」「タバコの投げ捨て、ルール違反のゴミ出しを注意して」「トイレが詰まった」……その他、不要物の撤去、自殺者、孤独死の対応や掃除などもあります。

賃料の回収も不動産管理の仕事です。口座振替や振込が多いとはいえ、なかなか払ってくれないテナントと、まず話をするのも不動産管理の担当です。

ファシリティ・マネジメントの領域

- ●設備管理（電気設備、空調、消防設備などの管理）
- ●警備
- ●清掃（日常清掃、定期清掃 etc.）
- ●環境衛生管理（防虫、防鼠、給排水設備管理、廃棄物管理）
- ●建物管理（建築物の補修、点検）

賃貸アパートの管理業務

●契約業務

- ・情報機関による審査
- ・条件交渉の代行
- ・賃貸契約書の作成
- ・入居者向け諸書類の作成
- ・賃貸借契約締結代行
- ・鍵の引渡し代行
- ・現況確認書の交付
- ・契約金受領、送金代行
- ・更新意思確認業務
- ・更新条件交渉代行
- ・更新契約書の作成
- ・更新契約締結代行

●解約業務

- ・解約通知受付、報告
- ・解約立会日の設定
- ・入居者との解約立会い、チェック業務
- ・原状回復工事見積書作成

●賃貸管理、建物管理

- ・賃料支払・入金管理
- ・未収者への書面催促、現地訪問
- ・入居者からの要望、苦情処理
- ・24時間緊急連絡サービス
- ・緊急時の現地出張
- ・業者への代金支払代行

●建物管理業務

- ・管理人派遣
- ・日常、定期清掃
- ・法定点検
- ・24時間管理
- ・破損箇所などの工事提案
- ・原状回復工事費負担割合折衝業務
- ・原状回復工事
- ・敷金精算業務
- ・公共料金精算
- ・内装工事履歴保管

⑦総合不動産会社の特徴とは？

●総合力で利益を求める

本章では、「仲介」「賃貸」「分譲」「開発」「管理」と、様々な不動産業について紹介してきました。それぞれ業務の専門性があって、それぞれの企業が得意分野を持っています。

こうした専門の会社がある一方で、これらの業種を1社ですべて賄う総合不動産会社があります。不動産開発を事業の中心に据え、あるときは分譲し、またあるときは自社で保有し、ときに証券化の手法を交えてより高い利益を求めるのが総合不動産会社です。彼らがプロデュースするのは、住宅、オフィスビル、遊園地やリゾートホテルなど多彩です。ときには海外の市場、海外の不動産も視野に入れてビジネスを行なっています。

不動産業はビッグビジネスです。高度成長やバブル経済で利益を得た企業が総合不動産業の道を歩み、さらに大きく成長することもあれば、倒産したマンション・デベロッパーのように、積極的な事業展開が経営のアダとなる場合もあります。

●成り立ちで分類できる総合不動産会社

総合不動産会社は、次のように分類できます。

①旧財閥系　②金融・商社系　③電鉄系
④建設系　⑤独立系

それぞれ特徴があるので、いくつか見てみましょう。

まず旧財閥系では、三井不動産は旧三井系、三菱地所は旧三菱系、住友不動産は旧住友系、そして東京建物は旧安田系で、資金の豊富さと、開発から分譲、販売、管理のすべてをグループ内で完結できるところが強みと言えるでしょう。

電鉄系は、都心と郊外を結ぶ鉄道の建設に合わせて駅周辺の土地を開発します。駅周辺には店舗・オフィス、その周囲に賃貸マンションを建設し、さらにその周辺を宅地開発します。

沿線で開発から賃貸仲介、宅地・マンションの分譲まで自社グループで囲い込み、同時に鉄道利用者も増加するという、盤石の収益体制を構築しているのが特色となっています。

総合不動産会社の分類

●旧財閥系

- 三井不動産 ………… 売上高1位の総合デベロッパー。日本橋の大家さんから、商業施設、オフィスビルなどの開発へ
- 三菱地所 ………… 売上高2位。丸の内の大家さんとも言われ、丸の内ビルなど多くのオフィスビルを保有
- 住友不動産 ………… 売上高3位。都心部に多くのオフィスビルを保有している
- 東京建物 ………… 旧安田系。日本でもっとも古い歴史を持つ総合不動産会社

●金融・商社系

- 野村不動産 ………… 野村証券の系列で、マンション分譲に強い
- 丸紅リアルエステートマネジメント ………… 総合商社の丸紅の系列。マンション分譲に強く、ホームセンター、ショッピングモール、レストランなどの商業施設まで展開している

●電鉄系

- 東急不動産 ………… 東急線沿線を中心にニュータウン開発、マンション開発を行なう
- 阪急不動産 ………… 阪急阪神東宝グループの中核不動産会社として、住宅開発を行なっている

●独立系

- 森ビル ………… 東京都心部の大規模なオフィスビルに強く、本社を六本木ヒルズに置くデベロッパー。創業者の死去により、森トラストが分離独立した

⑧物件タイプ別　不動産会社の選び方

●どんな不動産屋会社に頼めば仲介してくれる？

右のような質問をよくされます。駅前に行けば賃貸の不動産屋さんはたくさんあるのに、売買となると敷居が高いのがこの業界です。それは売買の仲介屋さんには、「店舗を持たない」「一匹狼の人」「ある特定の地域が得意な人」「任意売却専門の人」「リフォーム業の副業の人」など様々な個性があるためです。ここでは物件タイプ別に、どんな不動産会社に行けばいいか見てみましょう。

・**分譲マンション**……売れる可能性が高く物件調査も定型的で、売却後のトラブルも少ないため、だいたいどの不動産会社でも扱ってくれます。ネット査定サイトなども使って何社か査定を依頼して、査定金額の高い所より、実は、感じのいい所にお願いするのがポイントです。

・**既存市街地の一戸建て**……マンションよりも個別性が強く、その地域に強い不動産会社にお願いするのが普通です。建物の築年数が古いと、売買契約後に解体して更地として売る「更地渡し」をすすめられます（2章、7章参照）。解体する必要もないのに更地渡しを強くすすめる所は、避けたほうが無難でしょう。また、30代の若年者がひとりでやっているようなところは、知識と経験不足がトラブルの原因となることがあります。

・**一棟アパート**……その地域で売買、賃貸、アパート管理、リフォームなど幅広く営業している不動産会社に売却をお願いしましょう。買主は遠隔地の投資家のことがあるので、不動産会社が投資家に代わって購入後の賃付け（入居者を見つけること）、賃貸管理、リフォームなどをしてくれないと投資として成立しないためです。

・**バス便エリアの一戸建て&無価値の一戸建て**……査定価格が数百万円以下と低く、仲介手数料も僅少なので不動産会社はまず扱いません。そんな場合は、雑誌の「売ります買います」欄で直接、売買の相手を探したり、市町村の空き家バンクに登録したり、「家いちば」といった売買掲示板に自分で載せるような方法があります。

・**田畑**……農地法の規制があるので売れません。各市町村の農業委員会の許可がないと売ってはいけないのです。農業委員会の議事録はネットで公開されています。

不動産会社のタイプ分け

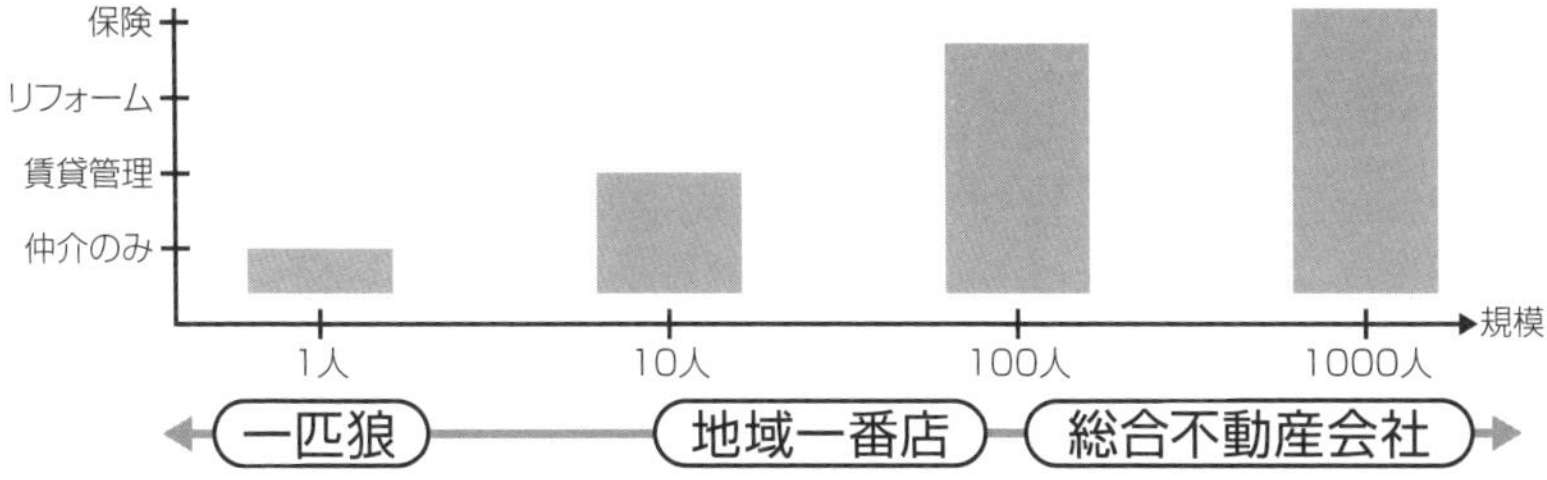

物件タイプ別おすすめ不動産会社のイメージ

種類	特徴	おすすめ
分譲マンション 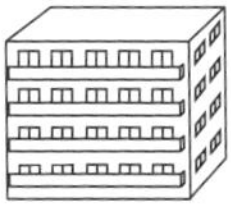	●規格化されている（3LDK、1Kなど） ●売りやすい	査定サイトで連絡を待つ
市街地の一戸建て 	●多様性がある ●比較的売りやすい	地域一番店から順に問い合わせる
一棟アパート 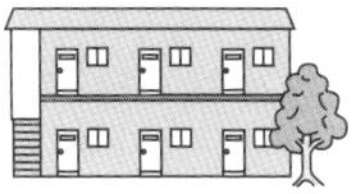	●購入者は遠隔地の投資家のことも ●賃貸募集・賃貸管理の実績が必要 ●できればリフォームもできるところが望ましい	幅広く営業している不動産会社（地方では県内1～2位程度）
地方の一戸建て 無価値の一戸建て 	●交通不便 ●築年数が古い ●田舎 ●空き家	●市町村の空き家バンク ●個人売買サイト（不動産会社では扱わない）
田や畑 	●売買は地域の農業委員会の許可制 ●購入者が限られる ◇資金がある ◇近所に住んでいる ◇農業ができる　など	●知り合いに尋ねる ●農地バンク（各都道府県に1つある）

あわせて読みたい！ 関連項目　2章② 不動産売買の依頼に必要な「媒介契約」の種類

⑨不動産にまつわる各種「士業」の仕事

●不動産に関連のある独占資格

不動産は同じものが二つとなく、法令に反しない限り想像力と創意工夫で様々な使い方が可能で、しかも多額の金銭が動くため、その取引には様々な資格を持つ人が関与します。ここでは、不動産の取引に関連する資格を中心に説明しましょう。

●不動産仲介に関連する主な資格

①宅地建物取引士

「宅建士」と略して呼ばれます。この資格者がいないと不動産仲介業が営めないため、業界では必須の資格です。合格率が15％程度と、かなり勉強しないと合格できない試験ですから、社内の処遇・給料にも影響します。

②司法書士

不動産仲介の場面では、不動産に関する所有権、抵当権などの権利の登記を当事者を代理して行なうことができる資格です。「契約→決済→引渡し」と同時に登記ができるよう、決済の場面に同席することがほとんどです。その他にも、法律に関する事項を取り扱うことができるため、試験科目は何と11科目もあり、合格率は2～3％と狭き門となっています。

③土地家屋調査士

依頼を受け、土地や建物がどこにあって、どのような形で、数量はどれだけかを調査、測量して図面を作成し、不動産の表示の登記の申請手続きを行ないます。測量と登記の専門家と言ってもいいでしょう。

司法書士が登記簿の「甲区」「乙区」を扱うのに対し、土地家屋調査士は「表題部」と公図、地積測量図、建物図面を扱います。

④不動産鑑定士

依頼を受け、土地・建物の価格を調査し、不動産鑑定評価書を作成することができます。この不動産の鑑定評価は、不動産鑑定士だけができる独占業務となっています。試験は短答式試験、論文式試験があり、合格率は2～3％です。試験に合格後、1年から2年の間、実務修習を受けて最終の終了考査に合格して、やっと不動産鑑定士として登録することができます。

不動産業界の主な資格

●独占資格……… これがないと法令違反になるもの

- 宅地建物取引士 ……… 仲介・代理を行なうのに必須。取得には500時間前後の勉強が必要
- 不動産鑑定士 ……… 不動産価格を鑑定するための資格。取得には3〜5年の期間と2000〜3000時間の勉強が必要
- 司法書士 ……… 登記の代理ができる。取得には1500〜2000時間の勉強が必要
- 土地家屋調査士 ……… 表題部の登記の代理ができる。取得には1500時間以上の勉強が必要
- 建築士 ……… 建築確認の代理が行なえる。取得には1500時間（1級建築士）以上の勉強が必要

●公的・民間資格………一定のアピールができるもの

- 公認不動産コンサルティングマスター
- ファイナンシャルプランナー
- 賃貸不動産経営管理士
- 競売不動産取扱主任者　　など

●登記簿

○○県○○市○○町○○○○−○　　全部事項証明書　　（土地）

【表　題　部】（土地の表示）		調製 平成○○年○月○日	地図番号	余白
【不動産番号】	1234567890123			
【所　在】	○○県○○市○○町○○	余白		
【①地番】	【②地目】	【③地　積】㎡	【原因及びその日付】	【登記の日付】
9999番3	宅地	100:00	9999番1から分筆	平成○○年○月○日

土地家屋調査士が扱う

【権　利　部　（甲区）】（所有権に関する事項）

【順位番号】	【登記の目的】	【受付年月日・受付番号】	【原　因】	【権利者その他の事項】
1	所有権移転	平成○○年○月○日 第○○○○号	平成○○年○月○日売買	所有者 ○○市○○丁目○番○号 ○○ ○○

【権　利　部　（乙区）】（所有権以外の権利に関する事項）

【順位番号】	【登記の目的】	【受付年月日・受付番号】	【原　因】	【権利者その他の事項】
1	抵当権設定	平成○○年○月○日 第○○○○号	平成○○年○月○日金銭消費貸借同日設定	債権額 金○○○○万円 利息 年○% 損害金 年○○% 年365日日割計算 債務者 ○○市○○丁目○番○号 ○○ ○○ 抵当権者 ○○県○○市○○○丁目○番○号 株式会社 ○○○○○○○

司法書士が扱う

あわせて読みたい！ 関連項目　2章② 不動産売買の依頼に必要な「媒介契約」の種類

⑩「相続」が不動産でももめるワケ

●理由は不動産の特徴にある

「相続」は誰にも訪れます。人口動態調査によれば毎年130万人が死亡し、死亡した人は「被相続人」、残された人は「相続人」と呼ばれます。相続はときに「争続」と呼ばれ、多くは不動産がその原因です。兄弟の仲がよいのはフリだけ、親戚や友人からの入れ知恵、そして結局争い、そんな結末が多いのです。

不動産が相続でももめる理由は次のとおりです。

・**分割がむずかしい**……1章⑨で説明した不動産の特徴に加え、不動産は預金や株式のように簡単に分けられません。相続不動産はひとつのものを全員で責任や果実（利益）を分担する「共有」となり、余ったおかずのように三つに分けて持ち帰ることができないのです。

・**評価額が大きいくせに換金しにくい**……一般に不動産は相続財産の大きな割合を占めます。しかしそれは計算上だけ、売却してお金に換えるには数ヶ月は必要です。最近は「売りたくても売れない」不動産も増えています。

・**維持費がかかる**……8章①で説明しますが、不動産は持っているだけで費用と責任が発生します。マンションなら管理費や修繕積立金も重い負担になるでしょう。

●もめないように死ぬ前に「遺言」を書こう

もめごとを防ぐためには「遺言」を書くことです。そのときには、次の点に注意しましょう。

・**相続人を指定する**……経験上、共有者が3人以上の不動産を処分するのは大変むずかしく、誰かひとりは連絡が取れなかったり、駄々をこねたりします。遺言で、ひとりに相続させるようにしましょう。

・**その人にお金も一緒につける**……平等にこだわり、不動産をもらったらその分現金を減らされて、相続人が泣きを見る話をよく聞きます。不動産と一緒にお金も多めに相続させなければ、不動産は維持できません。目安として35年に一度の瓦や外壁の交換費用（普通の住宅で150万円くらい）は一緒につけましょう。

・**民法改正で身近になった遺言**……近年の民法改正により遺言書はつくりやすくなり、法務局で保管してくれる制度も新設されました。

相続は不動産でもめる

相続財産の特徴

	現金･有価証券	不動産
	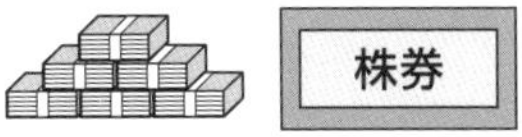	
分割	容易	困難※
換金性	高い	低い
維持費	不要	必要

※ 価値を共有することはできても、ケーキのように物理的には分割できない

相続でもめごとを残さないための遺言書

1. 不動産の相続はひとりに決める
2. その人にお金をつけて相続させる

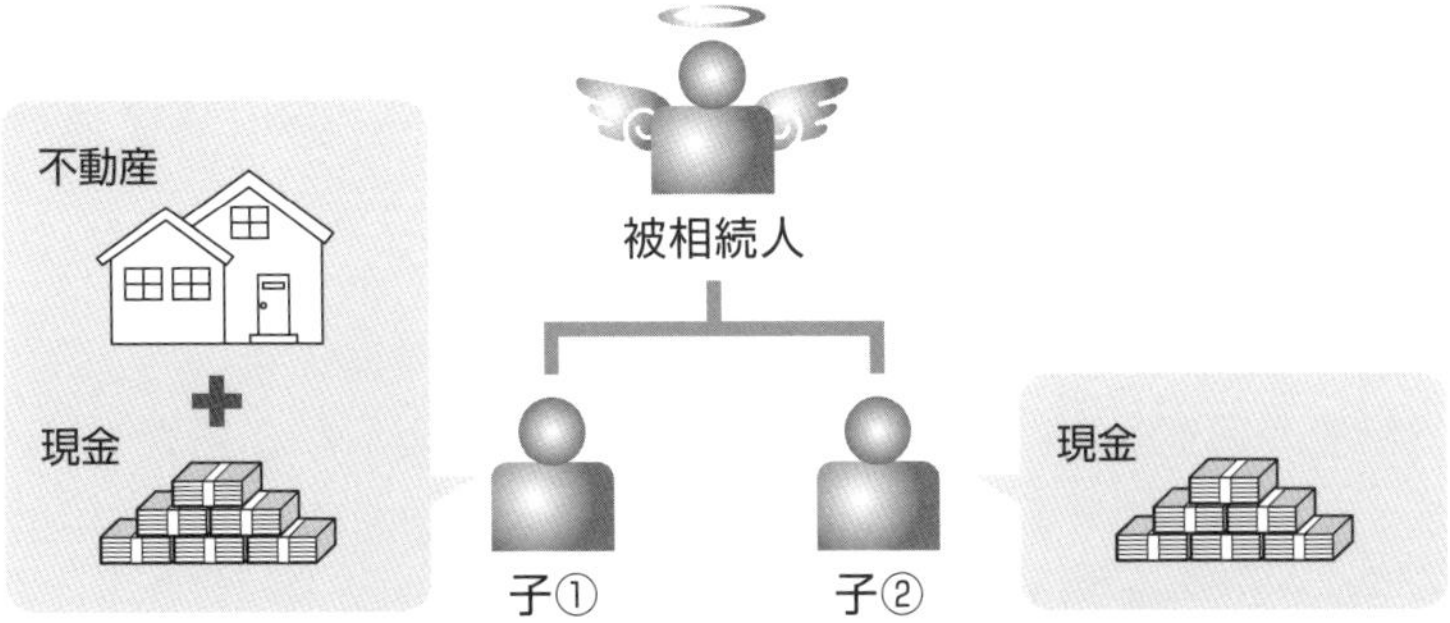

POINT
法務局が自筆証書遺言書を保管する制度が2020年7月10日からはじまった

あわせて読みたい！ 関連項目
1章⑨ 同じものが二つとない不動産の特徴
8章③ 民法改正！ 大きく変わる不動産相続

Column コラム⑤

●不動産鑑定士になるまで

不動産鑑定士とは、不動産の価格を求める専門家です。報酬を得て不動産の価格を評価することは、不動産の鑑定評価に関する法律により、不動産鑑定士の独占業務とされています(逆に、無料の査定は誰が行なってもよいことになります)。

以前は、弁護士、公認会計士、そして不動産鑑定士資格は３大国家資格と呼ばれ、試験制度も類似し、これら３つの試験で合格した科目は、他の試験では免除される制度もありました。

不動産鑑定士の試験は次の３段階で行なわれます。

①短答式試験

最初の関門です。年齢・学歴・性別・国籍を問わず誰でも受験できる試験で、例年５月に実施されます。

不動産に関する法律と不動産の鑑定評価理論に関する問題が出題される、４択式80問、４時間の試験です。

この試験で基礎的な(と言っても十分専門的ですが)知識が確認されます。合格率は約30%となっています。

②論文式試験

例年８月に３日間かけて、不動産の評価に必要な民法、経済学、会計学、不動産の鑑定評価に関する理論の試験が実施されます。記述式で、出題数はたったの11問ですが、計12時間の試験時間で記述量は各問2000字ほどとなっています。合格率は約15%と大変ハードな試験です。

③実務修習と終了考査

合格者は研修機関において、講義、基本演習、実地演習からなる実務修習を受けます。1年から２年のコースがあり、各自選択できます。その後、終了考査を経て、不動産鑑定士として登録ができるわけです。

6章

不動産業の花形「不動産開発」の実際とは

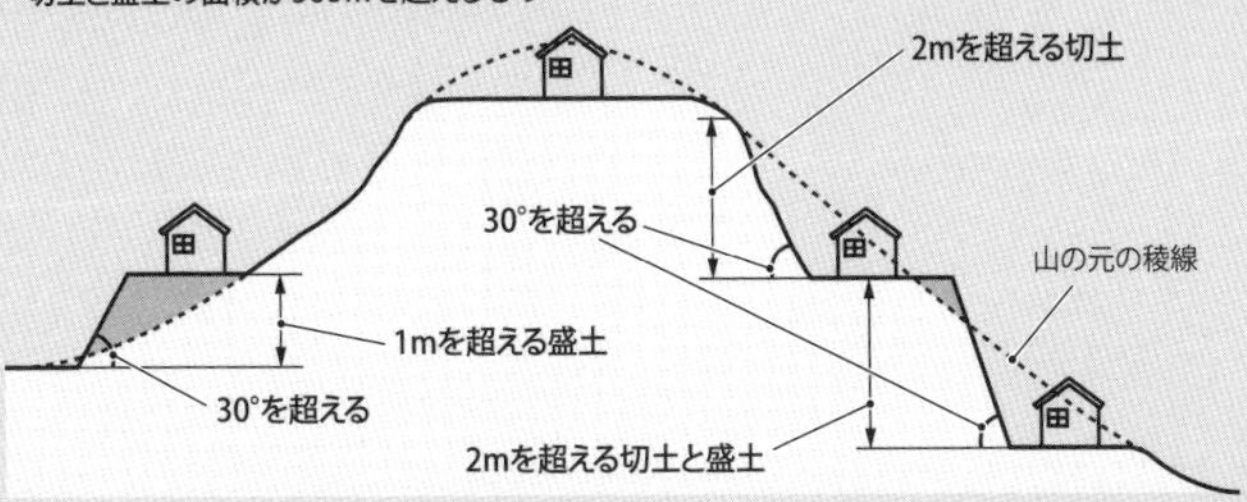

①「仕入れ→加工→販売」が基本

●不動産開発は不動産業の花形

土地活用のコンセプトを企画し、それにしたがって土地を仕入れ、新たな建物を作り、人の賑わいと価値を創り出し、その後の維持・発展もプロデュースする「不動産開発」は、不動産業の花形とも言えるでしょう。

例えば、東京ディズニーランドは、千葉・浦安の広大な埋立地を開発して、今や年間3000万人以上の人が訪れる、世界でも有数のテーマパークに成長しました。その開発の舞台裏には様々な苦労があったのではないでしょうか。

●不動産開発の実際の手順

では、実際に不動産開発をスタートさせてみましょう。

①仕入

単に土地を買うのではなく、不動産開発が成功して投資が回収できるように、どのような不動産開発をするのか、企画を慎重に練ります。戸建分譲、マンション分譲、オフィスビル開発……昼夜人口、交通の条件、立地の将来性などを詳細に検討してプロジェクトを立案します。

科学的・統計的な手法を用いることもありますが、動物的な「カン」と「想像力」も重要な場面です。

仕入に当たっては、土地の所有者と交渉することになります。地権者が複数いるような場合には、「地上げ」を行なうことも考えなければなりません。

②加工

加工には、①土地の加工（重機で整地したり、土地の境界を変更すること）、②建物の建築、の2段階があります。いずれも関連法令、とくに都市計画法、建築基準法、農地法などを順守しつつ、これらを運用する自治体などとの粘り強い折衝が必要です。

企画を実現する強い意志のもとで、開発の青写真を具体化していく段階です。

③販売

開発したものを売却して投資を回収します。企画時と販売時では市場が変化していることもあるので、販売先・販売数・価格などを考慮してプロモーションの方法、営業部隊の編成、契約まわりの事務を連携させます。

不動産開発の手順

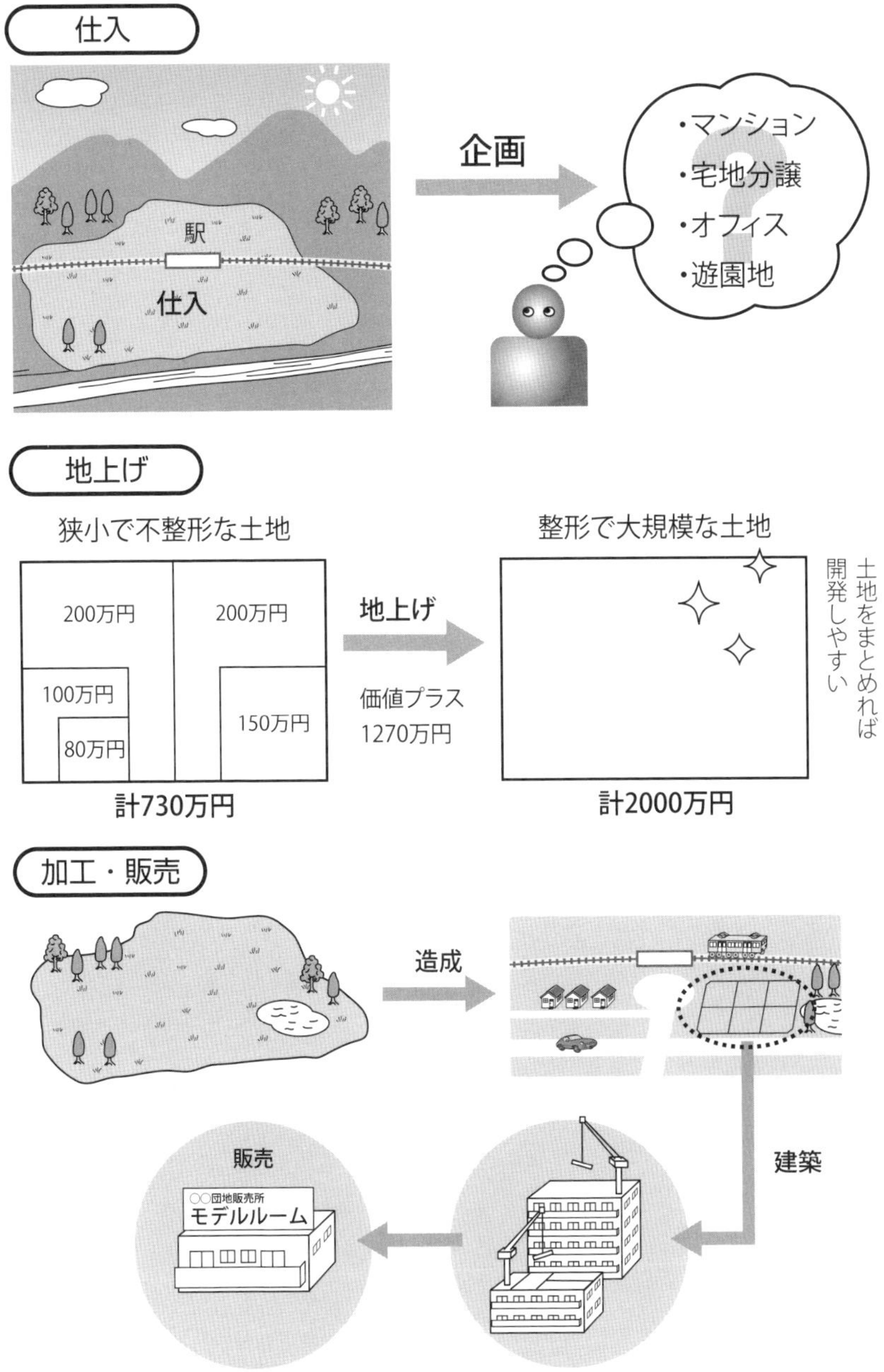
仕入
駅
仕入
企画
・マンション
・宅地分譲
・オフィス
・遊園地
地上げ
狭小で不整形な土地
200万円
200万円
100万円
80万円
150万円
計730万円
地上げ
価値プラス
1270万円
整形で大規模な土地
計2000万円
土地をまとめれば開発しやすい
加工・販売
造成
建築
販売
○○団地販売所
モデルルーム

②「開発」とは何を意味するのか

●狭義の意味は土地の「区画形質」の変更

5章でも「開発」の種類について、宅地分譲とオフィスビルに関して触れました。本来「開発」とは、土地の「区画形質」の変更を指します。田や山林を切り開いて宅地を造成し（形質の変更）、販売しやすいように境界を整形する（区画の変更）わけです。

●とくに重要な法律

その際、とくに重要な「都市計画法」「農地法」「宅地造成等規制法」について、以下の点に注意が必要です。

①都市計画法

都市計画区域の市街化区域（≒市街地）では、1000㎡以上（三大都市圏では500㎡の場合もある）の開発には、都道府県知事の許可が必要です。また、市街化調整区域（≒市街化を抑制し、農地を保全する地域）では、原則すべての開発行為に知事の許可が必要です。

知事の許可を得て土木工事を行ない、宅地として検査を受け、工事完了の公告がないと、建物を建てることができません。

②農地法

農地を宅地にする場合、あるいは農地を売却しようとする場合には、農地法をクリアすることが必要です。

都市計画区域の「市街化区域以外」の場合、面積に関係なく都道府県知事の許可が必要になります。この許可を得るには、地域によっては半年から1年かかる場合もあります。農地法の罰則は大変きびしく、罰金も高額で懲役刑も設けられているので、準備は用意周到に行なう必要があります。「市街化区域」において農地を転用する場合には、もともと市街地を作るための場所ですから、農業委員会（各市町村にある）に届出を行なうだけでよく、手続きが簡単です。

③宅地造成等規制法

一定の場所で宅地を造成する際に、盛土《もりど》（土を入れて整地する）・切土《きりど》（土を削って整地する）を行なう場合には、がけ崩れの防止のため、都道府県知事の許可が必要になります。その際、擁壁《ようへき》や、洪水防止のための調整池の設置など、様々な技術的な基準が設けられています。

開発許可について

	市街化区域	市街化調整区域
許可が必要な開発	1000 ㎡以上	原則すべて
許可不要	1000 ㎡未満	農林漁業のための建物、住宅を建てる場合

（国土交通省ホームページより）

開発と建築の関係

開発許可 → 造成工事 → 検査 → 完了の公告※ → 建築確認

→ 建物の建築 → 検査　（※完了の公告がないと建築確認申請ができない）

農地法

条文	内容	市街化区域以外の場合	市街化区域の場合
4条	農地の転用	都道府県知事の許可※	届出のみで OK
5条	転用目的の売買など		

※4haを超えるときは農林水産大臣の許可が必要

宅地造成等規制法

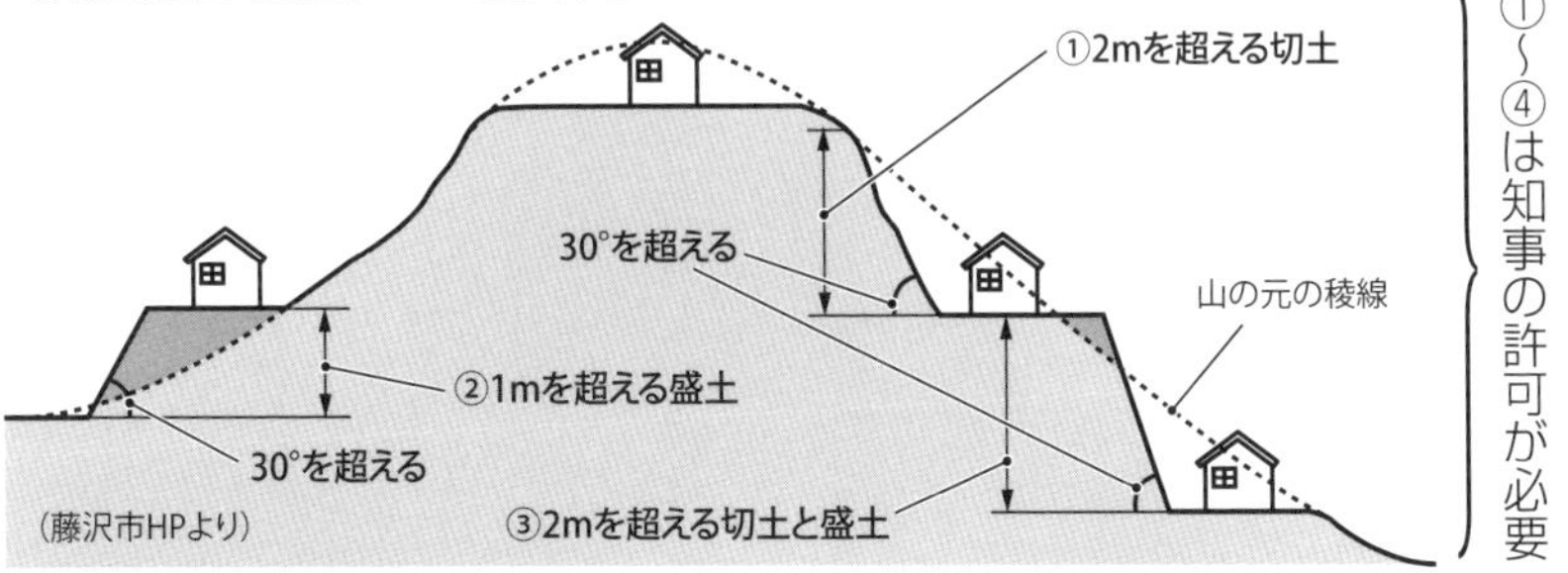

（藤沢市HPより）

あわせて読みたい！ 関連項目　８章⑤ ハザードマップと昔の地図

③不動産開発の「建設工事」の手順

●建築確認申請までの手順

この項では建設工事の手順について説明します。まず、開発（土地の区画形質の変更）の手順は次のとおりです。

①**開発許可の取得**　都道府県知事（または指定都市の長）に開発許可の申請を行ない、許可を得ます。その際、公共施設（電気、ガス、水道、鉄道、義務教育の提供者）と協議が必要な場合があります。

②**開発工事**　重機などを使用して工事を行ないます。

③**工事完了の届出**　途中変更がある場合、開発行為を中止した場合など、その都度、届出を行ないます。

④**検査**　許可申請時のとおりに工事ができているかどうか、検査を受けます。

⑤**検査済証の交付**　検査に合格した書面を受け取ります。

⑥**工事完了の公告**　工事が完了したことを広く周知します。

⑥が完了するまでは建築物の建築に着手できません。⑥を待ってから建築確認申請の手続きを行ないます。

●建設工事の完了まで

①**建築確認申請**　建築主事に建築確認申請を行ないます。

②**確認済証の取得**　特定行政庁から建築基準法に合致している旨の確認済証を取得し、工事に入ります。

③**中間検査**　特定の工事工程（鉄筋を組んでコンクリートを打設する前など）において、役所から人が訪れ、検査を受けます。

④**仮使用の承認**　完成前に建物を使用する場合などにおいて、仮使用の承認を受けます。

⑤**工事完了検査申請**　工事が終了し、工事完了の検査を受けるための申請を行ないます。

⑥**検査済証の交付**　建物の検査に合格した証明書を受け取り、ようやく建物が使用できるようになります。

これだけでもざっと半年から1年がかりの仕事になります。また、すでに説明しましたが、開発行為に入る前に、農地法の許可を得なければならないときには、さらに半年ほど工期が必要となる場合があります。

建築確認申請までの手順

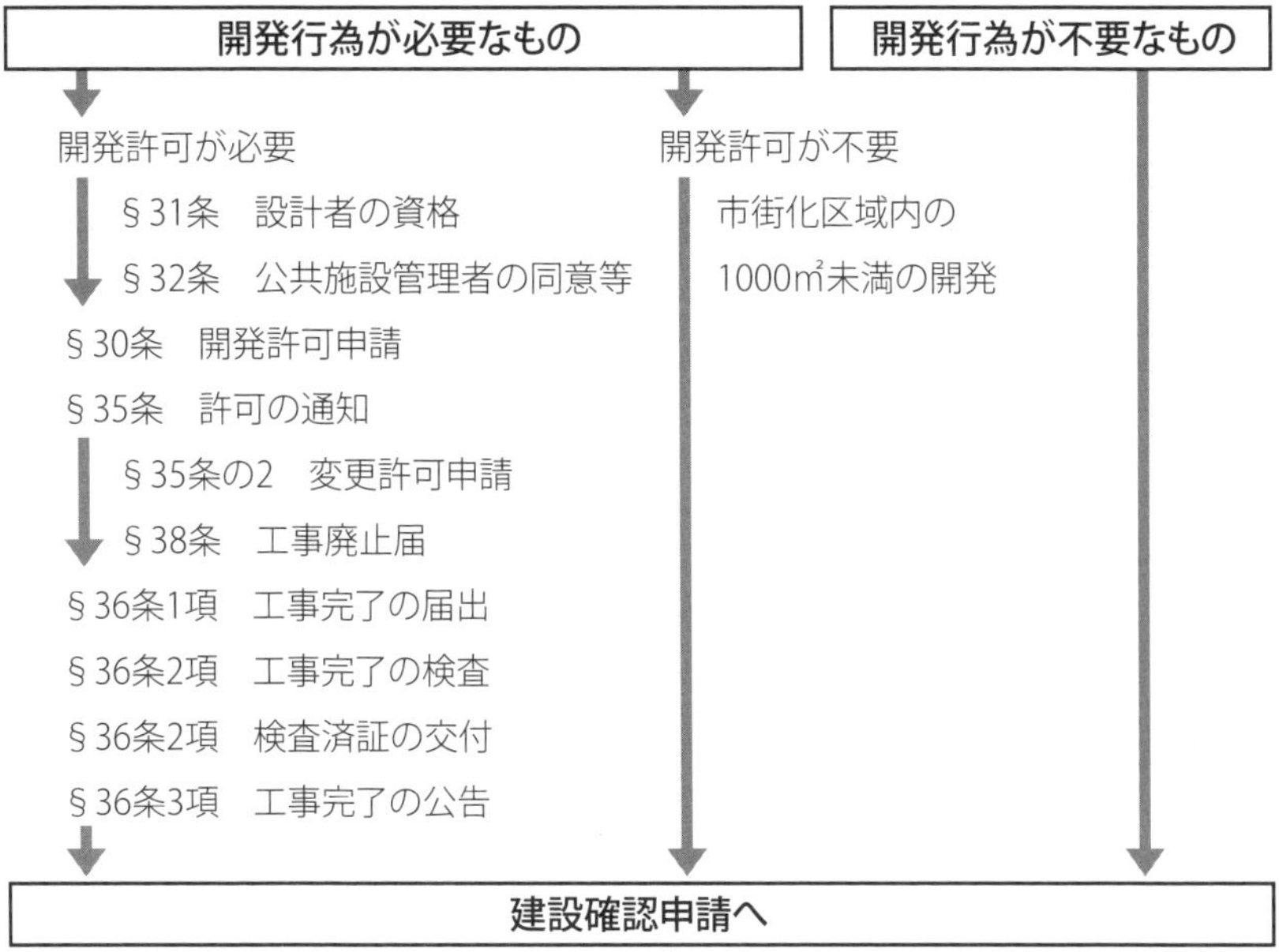

※条文は都市計画法のもの

建設工事の完了まで

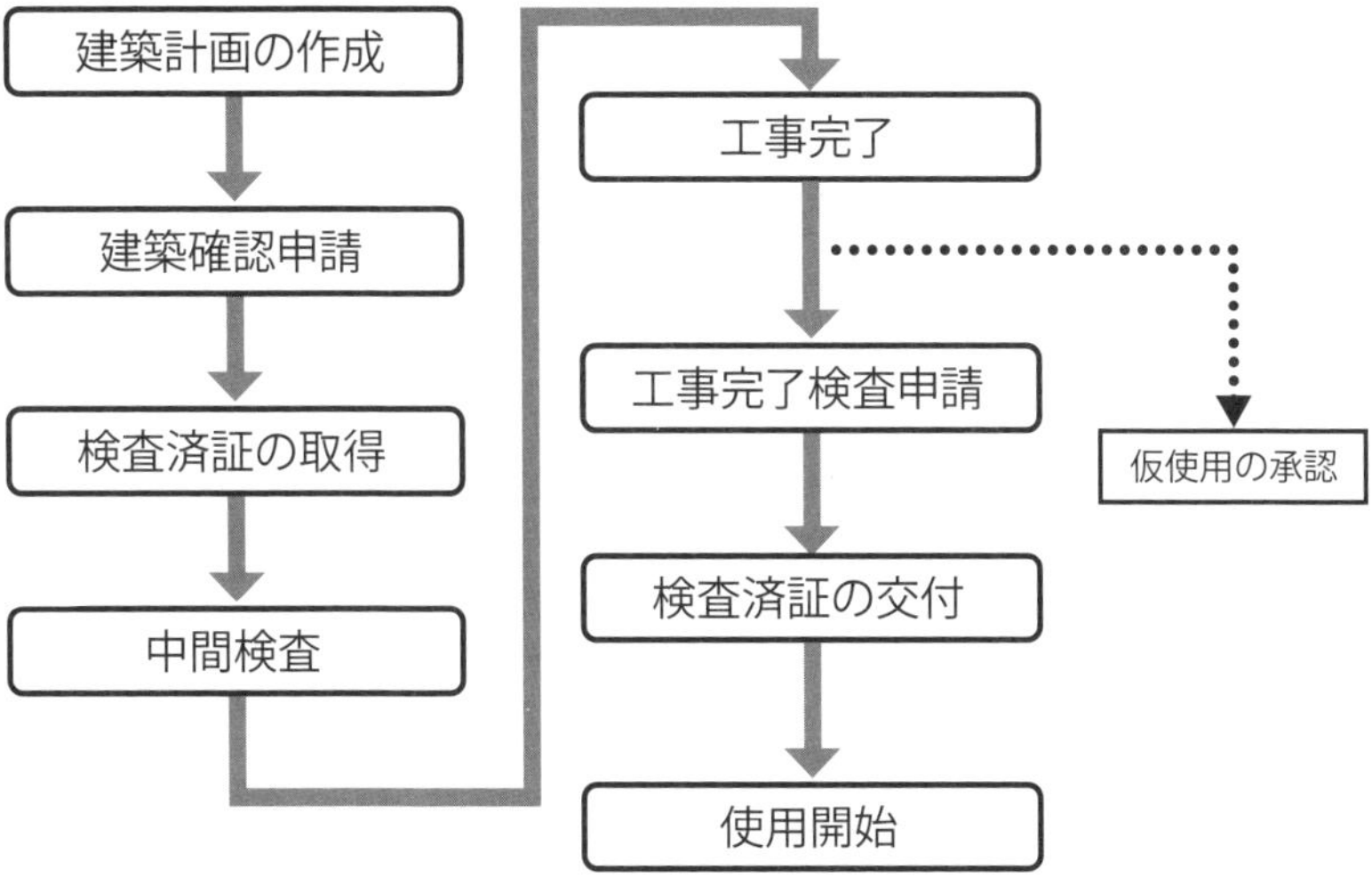

あわせて読みたい！関連項目　2章⑥ 住宅は南向きがいい？

④不動産に付加価値をつける「建設協力金」のしくみ

●建設協力金とは?

これまで不動産開発の、とくに土地の開発について説明してきました。ここからは、広い意味での「開発」、つまり不動産に付加価値をつけるための手法を説明します。

店舗の開発を行なう場合、「建設協力金」という名目の金銭が、オーナー（土地の所有者）とテナント（借主）の間でやり取りされることがあります。一見、土地の所有者が建物を建ててテナントに貸すか、あるいは土地をテナントに貸して、テナントが建物を建てるのが自然な流れのように思えます。しかし実際は、次のように行なうのが一般的です。

①テナントが、建設協力金という名目で、多額の資金（店舗の建設費と同程度の額）をオーナーに無利息で預ける。
②オーナーが建物を建て、テナントに貸す。
③預かっている建設協力金は、この時点で「保証金」と名称を変え、テナントに毎月一定額を返済する。
④テナントは毎月の賃料と、保証金の返済額を相殺し、その差額をオーナーに支払う。

なぜこのようなややこしいことをするのでしょうか。双方にとってのメリットを説明しましょう。

●建設協力金のメリット

①オーナーのメリット

・確実に建物の借り手が存在する
・建物の建設資金をテナントから無利息で借りることができる
・テナントの営業不振などにより途中解約した場合には、ペナルティとして保証金の返済義務が消滅する
・オーナーに債務が存在するので、相続税等の節税対策として有効である

②テナントのメリット

・テナント専用の店舗設計で建物を建ててもらえる
・毎月支払う家賃が保証金と相殺され少なくてすむので、資金繰りに好都合

一方、オーナーのデメリットとしては、実際の収入が保証金返済で相殺されていても、不動産所得を計算する場合には、これが考慮されない、というものがあります。

建設協力金のしくみ

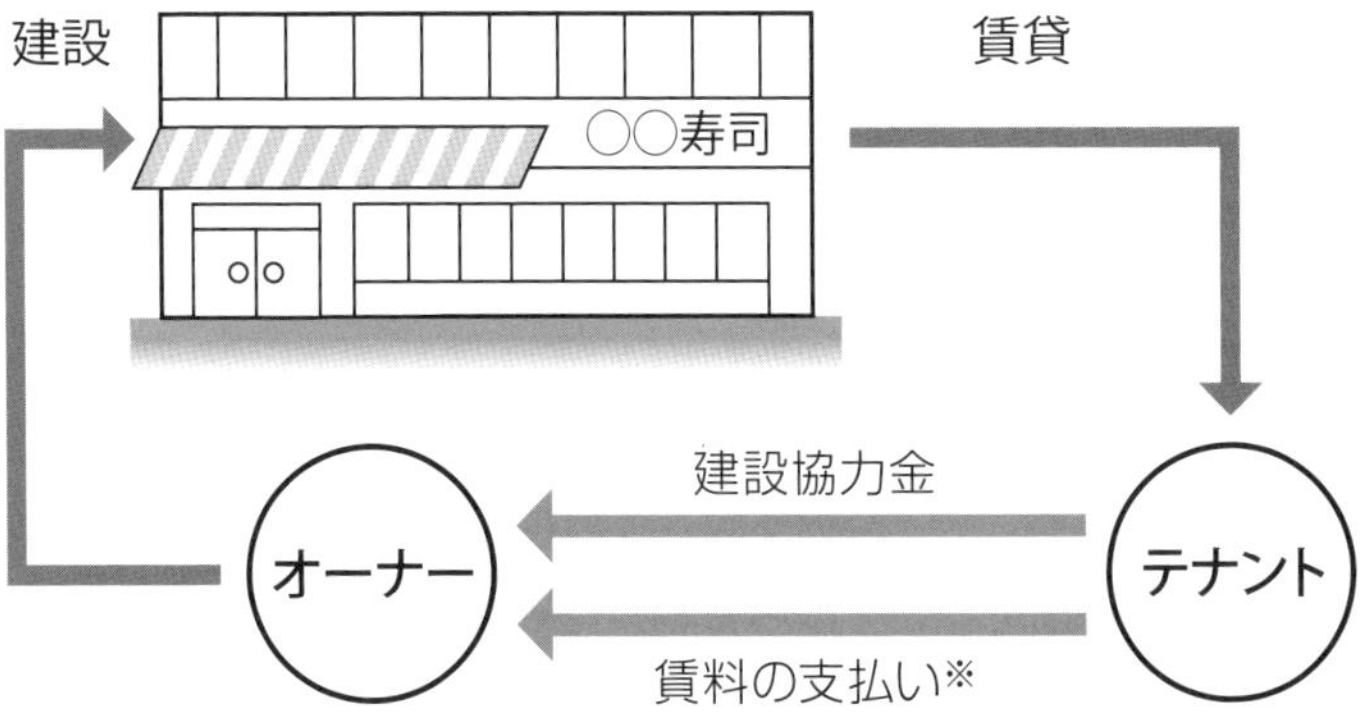

（※ただし賃料は建設協力金〈保証金〉の返済と相殺する）

建設協力金のメリット

●オーナーのメリット

・確実に借り手がいる

・建設に必要な資金が無利息で借りられる

・中途解約した場合、建設協力金（保証金）を没収できる

●テナントのメリット

・テナントの業態に合わせた店舗が建設され、利用できる

・（毎月の）支払額が少なくてすむ

⑤ロードサイド型店舗の開発の実際

●ロードサイド型店舗の開発の手法

ロードサイド型店舗とは、いわゆる幹線道路沿いにある、駐車場を広くとった店舗のことを指します。小規模なものは1000㎡程度から1万㎡程度のイメージです。これ以上になるとショッピングセンター、5万㎡以上になるとショッピングモールといった規模になります。

ロードサイド型の店舗の開発では、建設協力金を用いた開発を行なう以外に、「事業用定期借地権」を使った開発も多く行なわれるようになりました。

事業用定期借地権を使った店舗開発では、テナントは、オーナーと事業用定期借地契約を締結し、土地を一定の期間借りる契約をします。そこにテナント自身が店舗を建設し、店舗を運営します。「一定の期間」が終了した場合には、原則としてテナントが更地にしてから土地をオーナーに返却することになります。

オーナーのメリットとしては、借地借家法に基づいた契約なので、ルールが明確になっていること、比較的高い賃料で遊休地を貸すことができ、借地期間が終了すれば、契約にもとづいて更地の状態で土地が返ってくることなどが挙げられます。

●ロードサイド型店舗のオーナーのリスク

建設協力金方式でも、定期借地権の場合でも、借主のテナントは、競争の激しい業界にいることがほとんどであることから、オーナーにとってはいくつかのリスクがあります。

まず、撤退のリスクが挙げられます。パチンコ店など、業種によっては毎年10％以上の店舗が廃業・撤退します。建設協力金方式の場合には、次の店舗が決まる際、業種転換に要する費用をオーナーが追加で負担しなければならないことがあります。

また、撤退しなくても、賃料の値下げのリスクがあります。日本では「事情変更の原則」により、契約も事情によっては変更できる場合があり、これをもとにテナントがオーナーに交渉することがあります。中には賃料値下げのコンサルティング会社がバックにつく場合もあり、オーナーにとってはたまったものではありません。

ロードサイド店舗の例

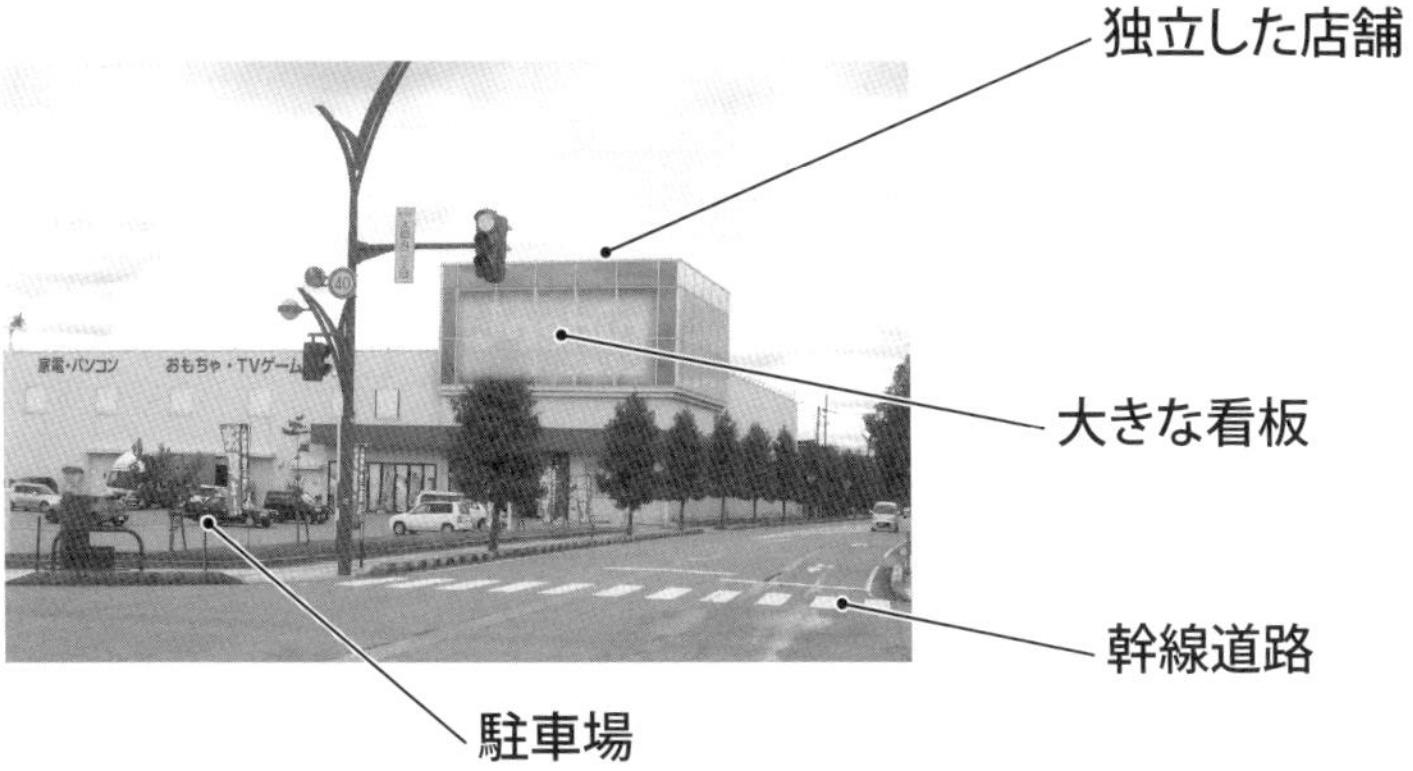

ロードサイド店舗の開発

ロードサイド店舗開発
→ 建設協力金方式
→ 事業用定期借地権方式

オーナーのデメリット

廃業した店舗の例

- 廃業のリスクが常にある
- 契約締結時と事情が変わってしまった場合、契約内容が修正されることがある

⑥民泊ビジネスのソロバン勘定

民泊は、宿泊を提供して対価を得る点で旅館、ホテルと同じです。私は相続した実家でゲストハウスを運営していますが、その経験上「民泊ビジネスは儲からない」という結論に達しています。理由は次のとおりです。

・**法律の規制が意外と厳しい**……民泊は旅館業法、住宅宿泊事業法の規制を受けます。ホテルで利益を出す客室稼働率は最低60%と言われますが、民泊には施設稼働率49%以下（180日）という制約があります。これに見合うよう運営コストを下げるか、追加投資して毎日営業できる簡易宿所、旅館を目指すかの判断が必要です。加えて自治体独自の条例、行政指導もあります。

次に建築基準法と消防法の規制を受けます。まず消防法からクリアしていくのがコツですが、同居型の民泊なら驚くほど簡単な一方、それ以外は複雑で消防設備士に頼むことになります。

・**設備にお金がかかる**……空室や空き家を転用する場合の最大の問題点です。布団、家電製品、家具を用意する必要があります。ゲストが出入りでき、ゲスト以外が入ってこないように鍵の工夫や屋外防犯カメラも必須です。

・**需要がない**……設備を整えても、需要がないという問題があります。観光庁から民泊稼働実績データが公表されているのでチェックしましょう。

・**競争がある**……日本語版もあるAirbnb.comというサイトでは、世界中で実に様々な民泊施設を選べます。その中から宿泊先として高評価を得て選ばれ続けるためには、価格を下げるか、施設の魅力を高める必要があります。インパクトがあって魅力的な空間を演出し、旅行者に喜んでもらえるよう突き詰めると、もはや賃貸物件に戻すことは不可能となります。

・**運営に手間がかかる**……賃貸管理でいえば、家賃回収と退去後の清掃業務が週に何度も発生します。加えてシーツ交換、ゴミ捨てやタオル、歯ブラシなどの補充なども発生し、もはや賃貸管理とは別個の業務となります。

・**ビジネス以外のメリットが見逃せない**

民泊のメリットは、ビジネス以外のところにあります。左ページに図示してあるので参考にしてください。

民泊が儲からない理由

①稼働日数の制限

ビジネスとして利益が出る水準 → 60%以上

民泊の上限稼働率 → 49%以下

→ 矛盾

②景気に左右される

- 9.11テロ
- COVID-19
（コロナウイルス感染症）

↓

旅行者激減

③設備にコストがかかる

- 申請料
- 消防設備
- スマートキー
- ふとん
- 家具・建具 etc.

④競争がある

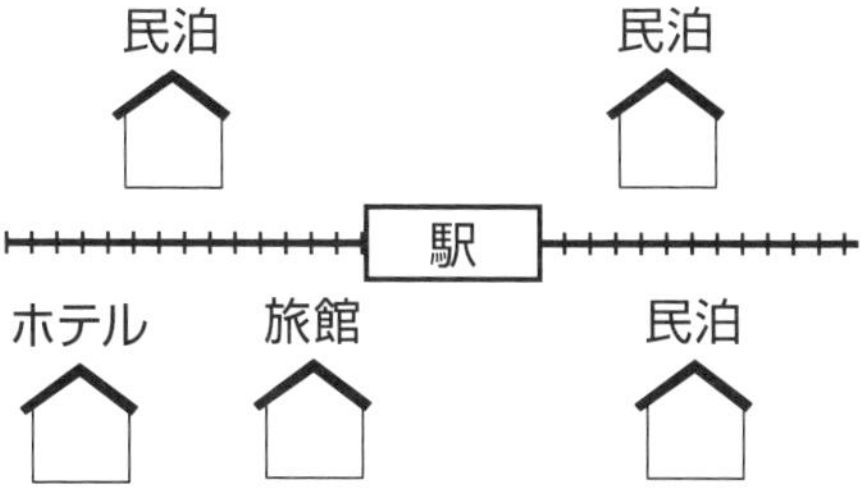

民泊の意外なメリット

①国際交流になる

②経費で落とせる

あわせて読みたい！ 関連項目 4章⑩「市場転換」すれば不動産が高く売れる

⑦中古住宅買取再販ビジネスのしくみ

●中古住宅買取再販ビジネスの3段階

古い住宅を買い取って、リフォームして再販するビジネスが注目されています。これは仕入・リフォーム・再販の3段階からなるシンプルなビジネスです。

◇**仕入**……主に築40年以上の古い木造住宅になります。2章⑧で説明したように、土地付き建物を土地値（＝土地の値段）以下で仕入れることができます。地方の農村などでは古い家は持て余していることも多く、簡単な交渉でタダ同然で購入することも可能です。

建物の経済価値はゼロでも、基礎、柱、梁などの構造部は利用可能です。トイレ、浴室などの水回りは古くても買取の対象となりますが、床が傾いていたり、屋根から雨漏りがある場合は敬遠される傾向にあります。

◇**リフォーム工事**……どこにどのくらいの費用をかければ顧客満足度が上がり、再販価格を高く設定できるかがビジネスの肝となります。通常、見栄えのするところ、毎日使う場所を中心にリフォーム工事に入ります。よくあるリフォームメニューは次のとおりです。

・トイレ、浴室、キッチンは全交換
・畳の部屋をフローリングにチェンジ
・家の外壁は「正面だけ」サイディングでカバー
・余裕があれば玄関ドアを交換

◇**再販**……販売は比較的容易です。自社の関連会社や、物件近くの不動産会社に仲介を依頼すればよく、値付けさえ間違えなければ比較的早く売却できます。

●中古住宅買取再販ビジネスのメリット・デメリット

新築住宅のコストが上昇した現在、このビジネスは新築以上のものを、新築より割安に仕上げることができるので人気が集まっています。参入は容易で、今後ますます伸びていく分野となるでしょう。

【メリット】 参入が容易／昭和の味が残っている／建築確認が不要／再販後の固定資産税が新築より安い

【デメリット】 住宅ローンが使いにくい／資金回収まで1年近くかかる／不動産取得税、登録免許税が必要（減免措置あり）／工事が遅く年をまたぐと固定資産税が必要／どこをリフォームするかにノウハウが必要

中古住宅買取再販ビジネスのしくみ

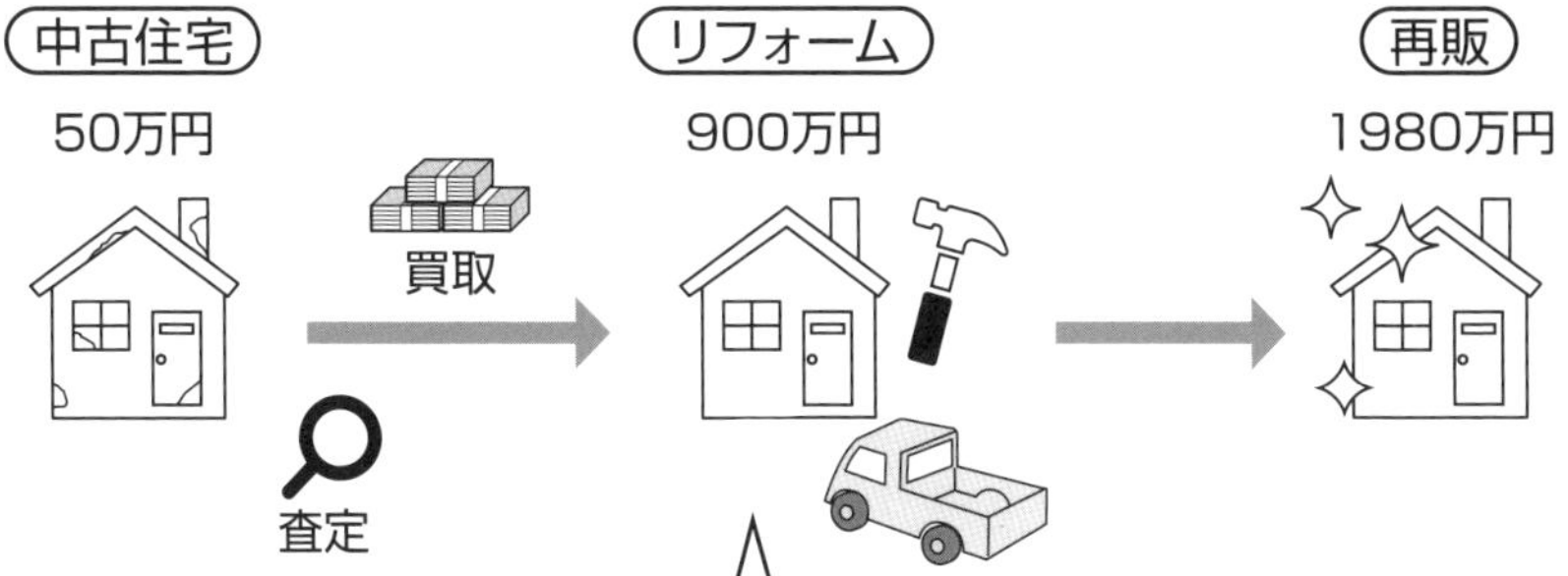

リフォームメニュー

①水回り交換

収入	1980万円
工事	△900万円
仕入	△50万円
利益	1030万円

②畳からフローリングへ

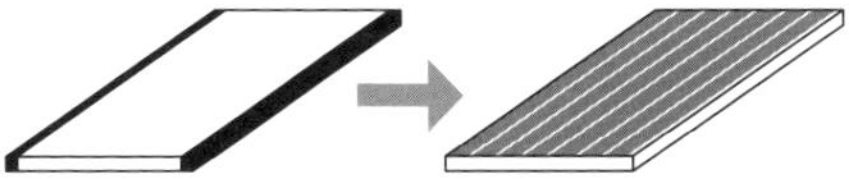

③目に見えるところ
（玄関ドア・外壁 etc.）

④毎日使うところ
（蛇口、カーテン etc.）

メリット
- 参入が容易
- 古い味がある家になる
- 建築確認不要 など

デメリット
- 住宅ローンが使いにくい
- 資金回収期間が長い
- リフォームのノウハウが必要 など

あわせて読みたい！ 関連項目 2章⑧ 中古住宅が安く買えるしくみ

⑧アパート建設は相続税対策になるか？

●アパート建設の三つのメリット

「相続税対策にアパート投資を！」。不動産に興味のある人は聞いたことがあるでしょう。

それには三つ理由があります。

・**財産を約4割圧縮**……1億円の現金や預金は、相続税の計算では1億円と評価されます。しかし1億円をアパート建設に使うと、相続税の計算ルールでは6000万円ほどになります。相続税の計算において建物は固定資産税の評価額で計算され、その評価額は実額の6割くらいになるようにしてあるからです。

・**借入で財産を減らす**……不動産は通常、借金して購入します。借金は相続税の計算ではマイナスの評価となるので、借金が多いほど相続税の負担は小さくなります。

・**経費で落とす**……適切な範囲でアパートに関係するものは経費として収入から差し引くことができます。建物も減価償却費として経費計上できます。経費を多く計上すれば所得税は安くなりますし、連動して年金掛金や健康保険料も安くなると結局、相続税もお得です。

●でも、結局は建設会社の丸儲け!?

アパート建設をすれば、アパート建設会社は儲かります。リフォームなどでも、やはり建設会社が儲かります。新しい入居者が入ってオーナーが仲介手数料を費用計上すれば、それは傘下の賃貸管理会社の売上となり、毎月の賃貸管理料も賃貸管理会社の安定的な収入になるわけです。こうして結局、アパート建設は建設会社を利するだけ、それが世の中の現実です。

●負担を子孫に残すだけ？

人口減少で空室率が増加している時代において、子供にアパートを相続させても、持て余してしまう例が見受けられます。子供は仕事で忙しく、アパート経営する暇はありませんし、バス便エリアで空室率50％といったアパートは、売りたいと思っても売れません。

さて現在、贈与税の特例が充実しています。相続時精算課税制度や住宅取得資金の贈与税非課税制度などが充実しているので、アパート建設の代わりにそちらを使うことも考えてみましょう。

アパート建設の「3つのメリット」

テクニック①財産を約4割圧縮

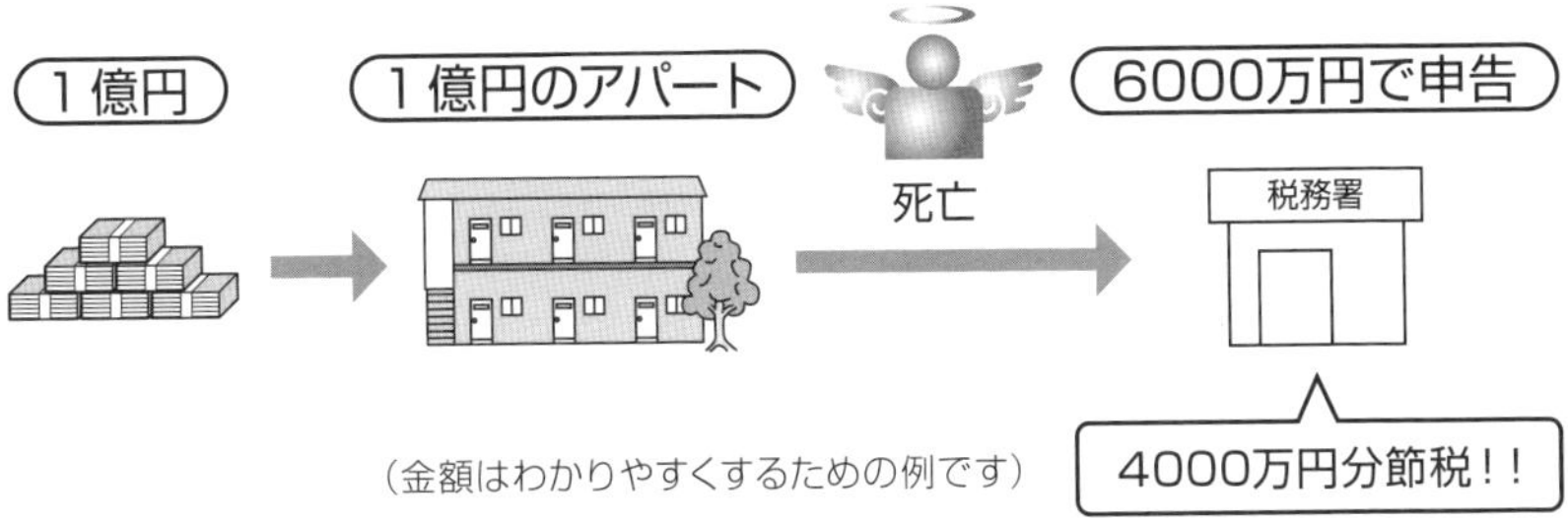

（金額はわかりやすくするための例です）

テクニック②借入金は控除して申告

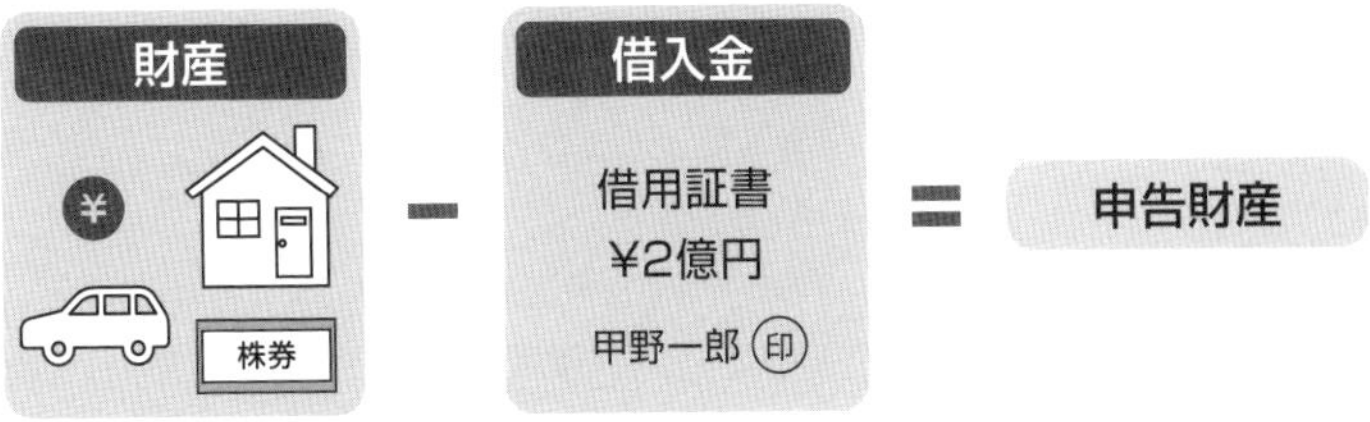

テクニック③経費を計上する

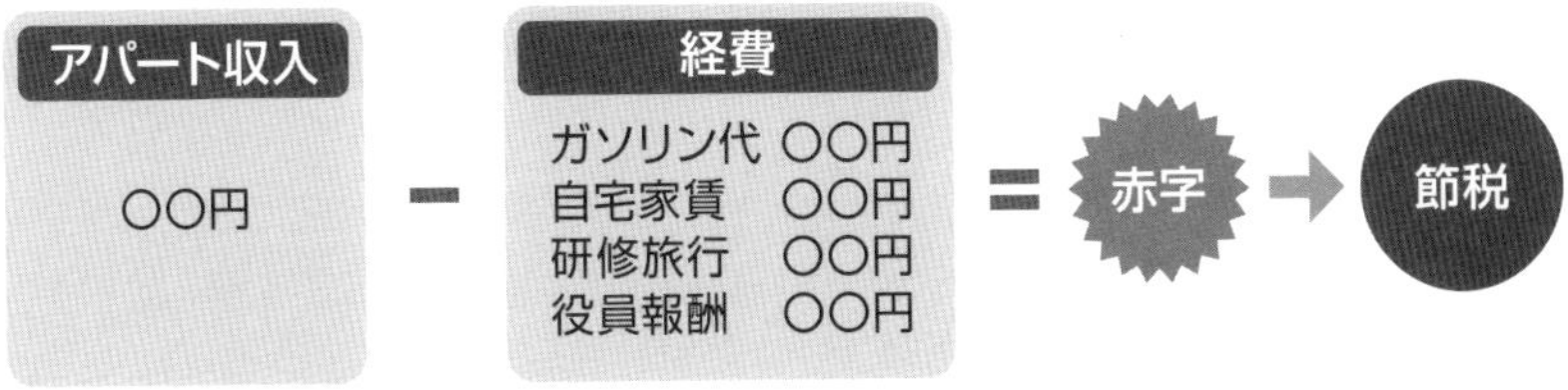

あわせて読みたい！ 関連項目 3章⑨ 資金効率を上げる「不動産レバレッジ」のしくみ

⑨宅地分譲のソロバン勘定

●宅地分譲のシミュレーション

不動産業界を俯瞰しつつ、不動産開発について説明してきました。ここで具体的にどのように開発するのか、まとめてみましょう。規模としては1500㎡程度の素地（宅地になる前の土地）を例にとってみましょう。

ざっと必要な項目は次のとおりです。

①企画、②素地の購入、③造成工事、④販売

①の企画は規模が小さいので、6から8区画程度の宅地分譲が妥当でしょう。注意しないといけないのは、例えば1区画150㎡の宅地を開発するとして、1500㎡すべてを宅地として販売できるわけではないことです。道路、ゴミ集積場といった共益施設が必要となります。これらにおよそ3割から4割の面積が必要なので、実際に宅地として販売できる面積は、1050〜900㎡程度になってしまいます。

②については、この程度の規模だと土地の所有者から話が舞い込むことが多く、交渉は1ヶ月程度でまとめられるとしましょう。③については、すでに更地であったとしても、画地ごとに最低限の整地と、上下水道工事、雨水の排水工事が必要です。④は、チラシの作成、現地事務所、営業マンの配置などが必要です。この規模では、販売期間だけで半年から1年程度必要になります。

●宅地分譲の利益率は？

販売価格を坪16・5万円（1㎡当たり5万円）として、収支について見ていきましょう。素地の取得は、同業との競争もありますから、およそ坪8万円（1㎡当たり2万5000円）が妥当でしょう。造成費用は、造成業者によっても価格差が大きいのですが、600万円ほどかかるとしましょう。坪当たり約1万3000円です。販売費用は、販売総額の10%として525万円としておきます。収支は全部売れたとして、売上が5250万円、費用が合計して4875万円、収支は375万円となりました。実際は金利の負担などでもう少し少なく、250万円程度でしょう。

宅地造成は、動くお金は大きいのですが、1区画売れ残るだけで赤字になる、薄利多売の商売なのです。

宅地分譲のイメージ

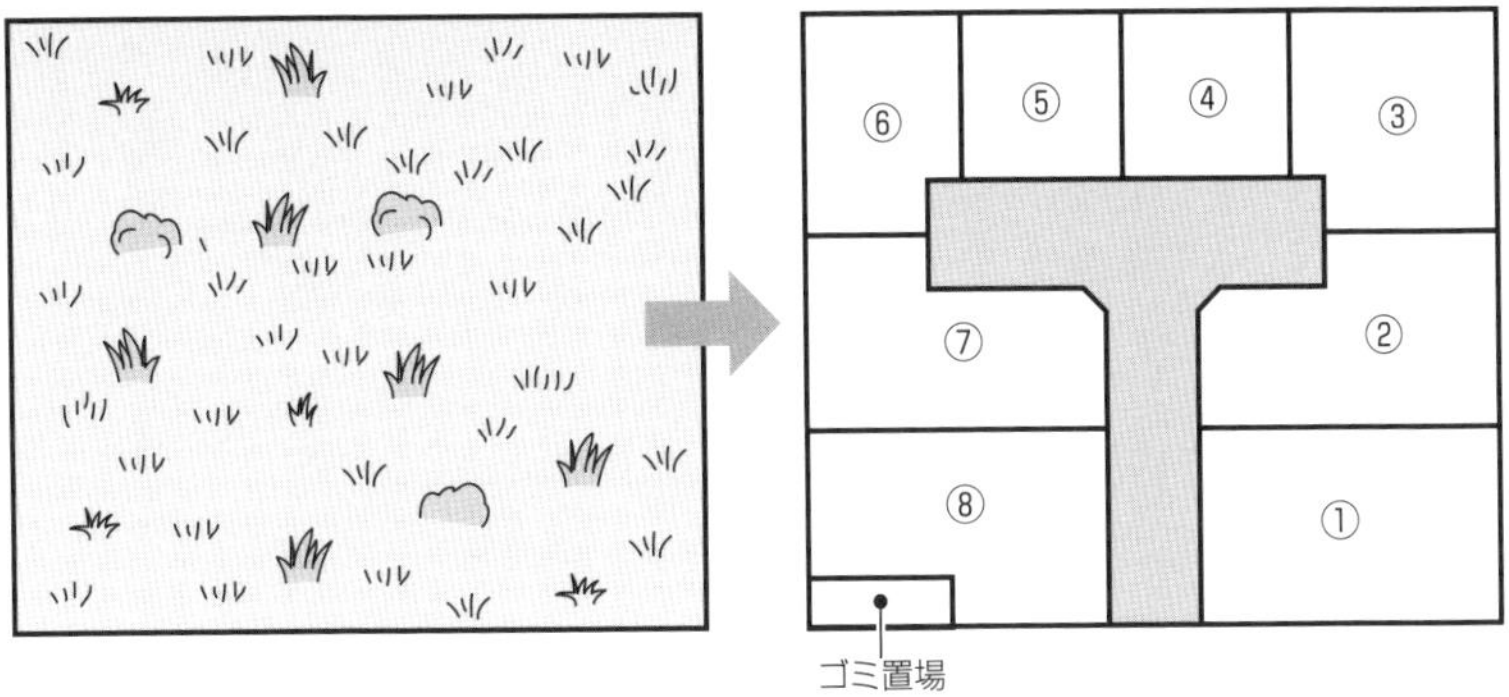

素地

有効宅地化率=60〜70%となる

宅地	1,050㎡	計 1,500㎡
道路	400㎡	
ゴミ置場	50㎡	

宅地分譲のソロバン勘定

収入

- **販売価格**　5万円／㎡×1,050㎡=5,250万円　……①

支出

- **土地取得**　2.5万円／㎡×1,500㎡=3,750万円
- **造成費用**　0.4万円／㎡×1,500㎡=　600万円
- **販売費用**　販売総額の10%　525万円

支出計　4,875万円　……②

利益①−②=375万円

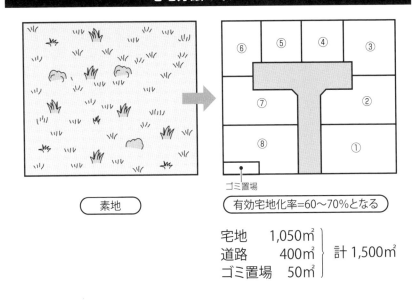

⑩マンション開発のソロバン勘定

●マンション開発のスケジュール

本項ではマンション開発について解説しましょう。マンションは高層の建物なので、宅地分譲とはソロバン勘定も少し異なります。マンション開発のスケジュール例は左表のとおりで、およそ2年がかりのプロジェクトになります。その中で特徴的なことを三つ説明しましょう。

まず、「近隣対策」とは、マンション予定地周辺の住民や自治会に、マンション建設について説明会などを開催して理解を求め、日照権侵害や電波障害などについて必要があれば補償します。これがうまくいかないと、大幅に工期が遅れたり、マンション建設反対の声があがったり、完成後の住民の生活に支障が出るので、慎重に行ないます。近隣対策費として、マンション販売総額の数%をあらかじめ見込んでおきます。

二番目に、建築確認を取得するためには、6ヶ月から10ヶ月程度必要です。2005年に表面化した耐震強度偽装事件もあり、マンション建設に関する建築確認を取得する期間は長くなる傾向にあります。埋蔵文化財が発見された場合には、文化財の歴史的な重要性により、さらに3ヶ月から1年以上、期間が長くなります。

三番目にモデルルームがあります。建築確認取得後に販売活動ができるので、工事の着工とともに販売できるようにスケジュールを組む必要があります。モデルルームの用地を取得するには、さらに費用と時間が必要です。

●マンション販売のソロバン勘定

マンション販売も宅地分譲と同様、薄利な事業です。左表のように販売収入を100として、用地取得費用に30、工事費用に50、モデルルームを含めた販売費用に10、近隣対策費に数%かかるとすれば、プロジェクトの収益は4%程度となってしまいます。

40戸のマンションを販売しても、利益として考えられるのは2戸程度なので、売れ残りは何としても避けなければなりません。そのため、あまり知られていませんが、売れ残ったマンションは、投資用として関連会社に売却したり、大幅な販売奨励金をつけて、マンション再販売専門会社に売却したりします。

マンション開発のスケジュールの例

期間	内容
1〜3ヶ月目	土地売買→モデルルーム用地交渉→測量→設計
4〜6ヶ月目	近隣対策→建築確認→モデルルーム建築
7〜9ヶ月目	工事着工
10〜15ヶ月目	販売開始→販売活動
16〜18ヶ月目	モデルルーム撤去→内覧→竣工→引渡し
19〜21ヶ月目	第２期販売
24ヶ月目	販売完了→売却代金の回収

マンション開発のソロバン勘定

収入

●販売収入	14億円（3,500万円×40戸）	100%	……①

支出

●素地購入	4億2,000万円	30%	
●近隣対策費	4,200万円	3%	
●モデルルーム費用	4,200万円	3%	
●建設費	7億円	50%	
●販売費	1億4,000万円	10%	
支出計	13億4,400万円	96%	……②

利益①－②=5,600万円　**たった1.6戸分**

あわせて読みたい！ 関連項目　8章⑥ 不祥事から学ぶ ①（耐震強度偽装事件）

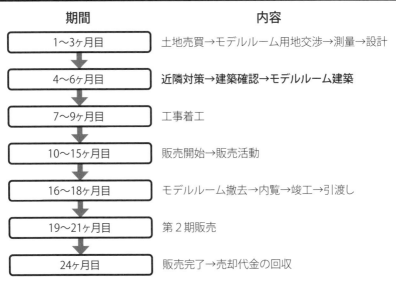

Column コラム⑥

●不動産取引に必要な尺貫法

尺貫法は、古く中国を起源とする数量の単位に、日本独自のアレンジを加えたものです。尺貫法の考え方はアジア各地で広く使われていましたが、日本では計量法の採用により、国際単位系に移行しました。

尺貫法を使って(具体的には「坪」や「寸」を使って)土地や建物の取引をすることは、1966年から法令上禁止されています(違反すると50万円以下の罰金に処せられます)。

とはいえ、長年の慣習を変えるのは容易ではなく、不動産の世界でも原則はメートル法で、補助的に尺貫法が使われています(黙認されている?)。ここでは現代でも見かける尺貫法について、換算の方法を中心に説明したいと思います。

一般には1坪=3.3㎡と言われていますが、不動産業の仕事をしているとき、この換算式を使ってはなりません。意外と知られていませんが、仕事として不動産を扱うなら、換算式は[1㎡=0.3025坪]を使用します。つまり、[1坪=1÷0.3025=3.3057…㎡]が正確な数字ですが、丸めて3.3㎡と言っているに過ぎません。逆の換算では、[30㎡=30×0.3025=9.075坪]といった具合に計算します。

田・畑・山林では、「町(ちょう)・反(たん)・歩(ぶ・ぽ)」が使われます。たまたま、1町(60間×60間)≒1ヘクタール(1万㎡)だったので、農地の国際単位への移行は比較的スムーズにできました。

長さの単位では、間(けん)をよく使います。1間≒1.82mで、だいたい両手を広げた長さですから、今でも家の大きさを概算で測定するときは、そんなイメージで計測する人も多いでしょう。

最後に、江戸間と京間の違いも説明すると、江戸間は柱と柱の中心間の長さを1間(1.82m)と数え、畳はそれに合うように柱の太さ分、少し小さめに作るのに対し、京間では畳の1辺を1間として、柱はその外側に立てたので、少し京間のほうが大きいことになります。

7章
不動産の「価格」と「評価」のしくみ

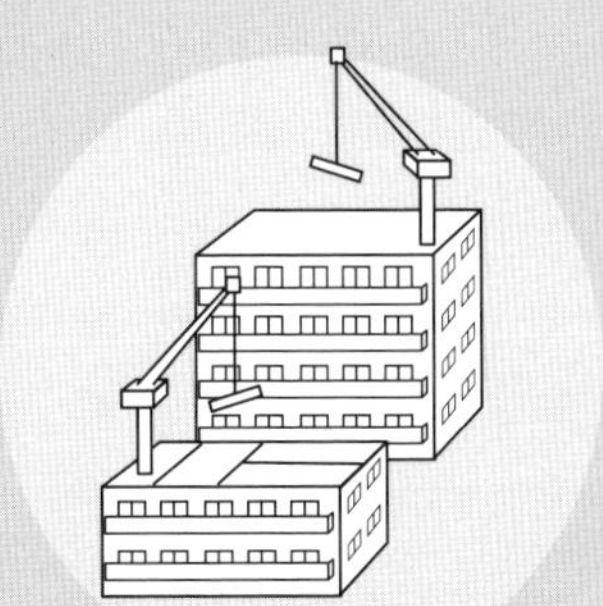

①土地の価格を求める理論とは？

●この土地の値段はいくら？

突然ですが、「この場所の30坪の土地の価格を知りたい」としたら、どうすればいいのでしょう。

ある人は、不動産会社を訪ねるでしょう。不動産会社では無料で査定してくれます。「相場は坪30万円、30坪なら900万円くらいですね」と即答してくれますが、これは経験にもとづいた「カン」でしかありません。

ある人は、毎年、市役所から送られてくる「固定資産税納税通知書」に評価額が書いてあることを知っています。そこには600万円と書いてありました。

またある人は、「相続税路線価」というものを知っています。道路の前に価格が記されていて、これは国税庁のホームページでも公開されています。そこには71千円と書いてありました。これに面積99㎡を掛けると、約700万円です。

「公示地価」を知っている人もいます。そこで公示地価が記載されている新聞を取り出しましたが、参考になりそうな近くの場所はありませんでした。

●土地の価格を求める理論

土地の価格を求めるには、次の三つの方法があります。

①その土地を新たに造ったら、いくらになるか？
②周辺の取引価格から求めると、いくらか？
③土地の運用益から求めると、いくらか？

①は、海や川を埋め立てて造成する場合や、田畑山林を切り開いて宅地を造成する場合をイメージして、かかった費用から、土地の価格を出そうとするものです。

②は、隣の土地が100万円で売れたことがわかれば、この場所も100万円で売れるだろうと想像できます。少し離れたところなら、駅までの距離などを考慮して修正して求められそうです。

③は、土地を貸したとして得られる収益から、その土地の価格を知ろうとするものです。ちょうど定期預金の利息と金利から元本を求める感じと似ています。

これらは、方法は異なっていても、出てくる結果は理論的に同じになるはずです。①を「原価方式」、②を「比較方式」、③を「収益方式」と言います。

いろいろある土地評価額

①
不動産会社の評価額
総額900万円
（坪30万円）

②
固定資産税の評価額
総額600万円
（単価表示なし）

③
路線価による評価額
総額700万円
（1㎡当たり71千円）

④
公示価格の評価額
近くにないのでわからない

土地の価格の考え方

①造ったら？（原価方式）

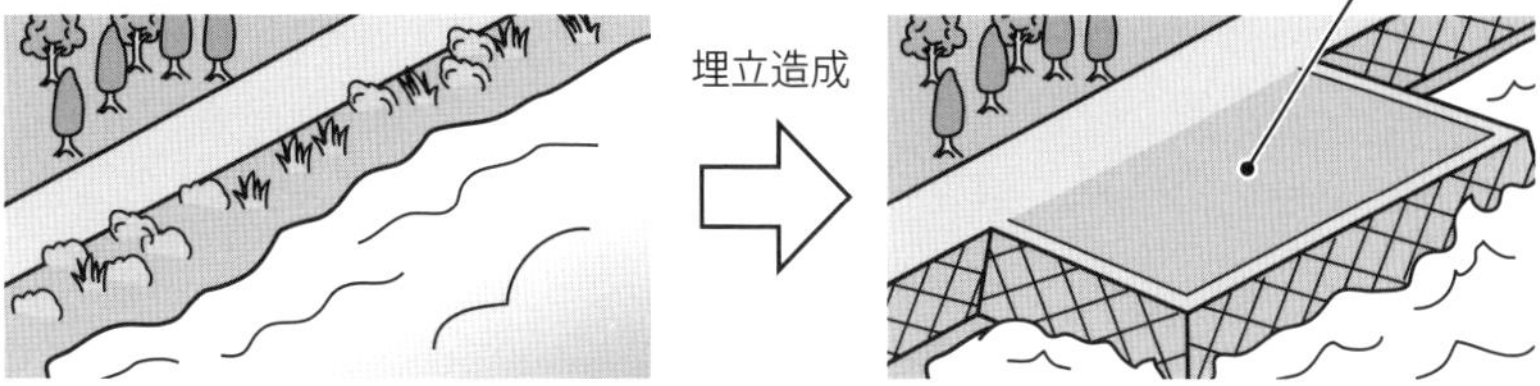

②周辺の土地の価格から求める（比較方式）

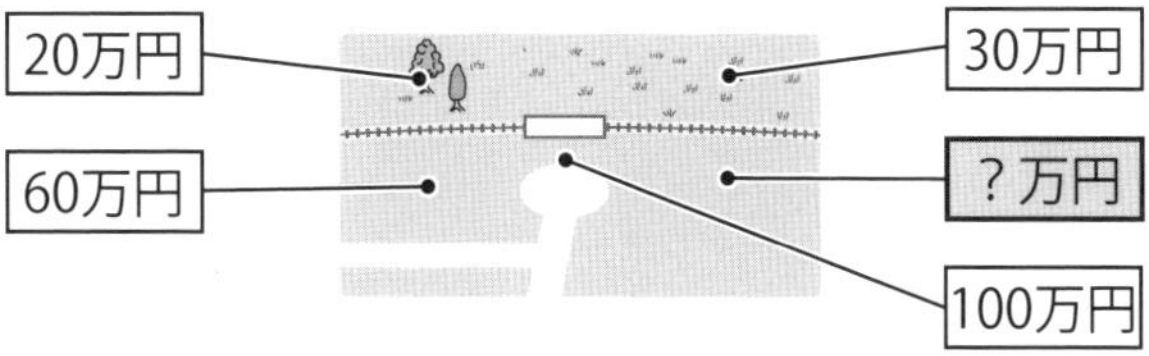

③運用益から求める（収益方式）

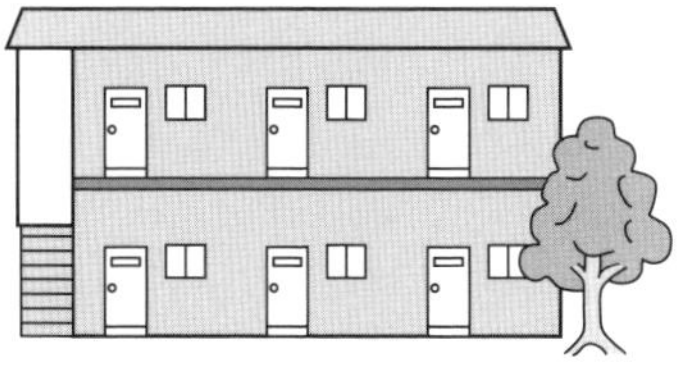

＜毎月の家賃収入＞

	1年目	2年目	… 20年目
1月	30万円	31万円	25万円
2月	28万円	30万円	26万円
3月	32万円	29万円	24万円
⋮	⋮	⋮	⋮
12月	29万円	32万円	23万円

収入を全部合計する

あわせて読みたい！ 関連項目
1章② 「土地」とはどういうところを指すか
4章⑩ 「市場転換」すれば不動産が高く売れる

②土地の「一物三価」「一物四価」とは？

●同じ土地でなぜ価格が違うのか？

前項の例では、土地の価格はこんな結果でした。

①不動産会社に聞くと900万円
②固定資産税の評価額は600万円
③相続税路線価では700万円

不動産会社は、主に「比較方式」の考え方を使って査定します。②③は公平な課税をするために、広い意味で原価方式、比較方式、収益方式の三つすべての考え方を用いて算出しているので、①より公正で正確な価格であるはずですが、この例では100万円も違います。

では、なぜ価格がそれぞれ違うのでしょうか。

●価格を出す目的が違う

もう一度まとめると、不動産の価格には次の四つがあります。①相場・時価・実勢価格、②固定資産税の評価額、③相続税路線価の価格、④公示地価、です。

実は、①の価格を100％とすると、②は70％、③は80％、④は90％の水準となっていて、これは全国的にほぼ共通する傾向となっています。

なぜこのようなことになっているかと言うと、そもそも価格を求める目的が違うためです。

②は固定資産税を課税するために土地の価格を決めているので、評価額を低くしておいたほうが、納税者の理解を得やすく、税金を払ってもらいやすいから、と言われています。

③も同様ですが、固定資産税が毎年徴収されるのに対して、相続税を支払う場面は人生でもそう多くないので、少し高めになっていると言われます。

④は、地価公示法に基づいた定点観測で土地の価格を調べています。土地取引はこの価格を指標として取引することになっていますから、実勢価格と大きく違わない水準（実勢価格の90％程度）となっています。

ですから、例えば固定資産税の評価額で600万円と書いてあったとしても、実勢価格は900万円近くなります。それぞれの価格と、実勢価格の水準の違いについてよく知っておかないと、思わぬところで損をする可能性があります。

なぜ土地の価格はばらばらなのか？

	価格	原価方式	比較方式	収益方式
①不動産会社の相場	900万円	—	○	—
②固定資産税評価額	600万円	○	○	○
③相続税路線価	700万円	○	○	○
④公示価格	？	○	○	○

異なるのはなぜか？

求める理由が違うから

①実勢価格（相場）――不動産会社が不動産仲介をしたいため

②固定資産税評価額
③相続税路線価
――役所がそれぞれの課税をするため

④公示価格――国が取引価格を適正にしたいため

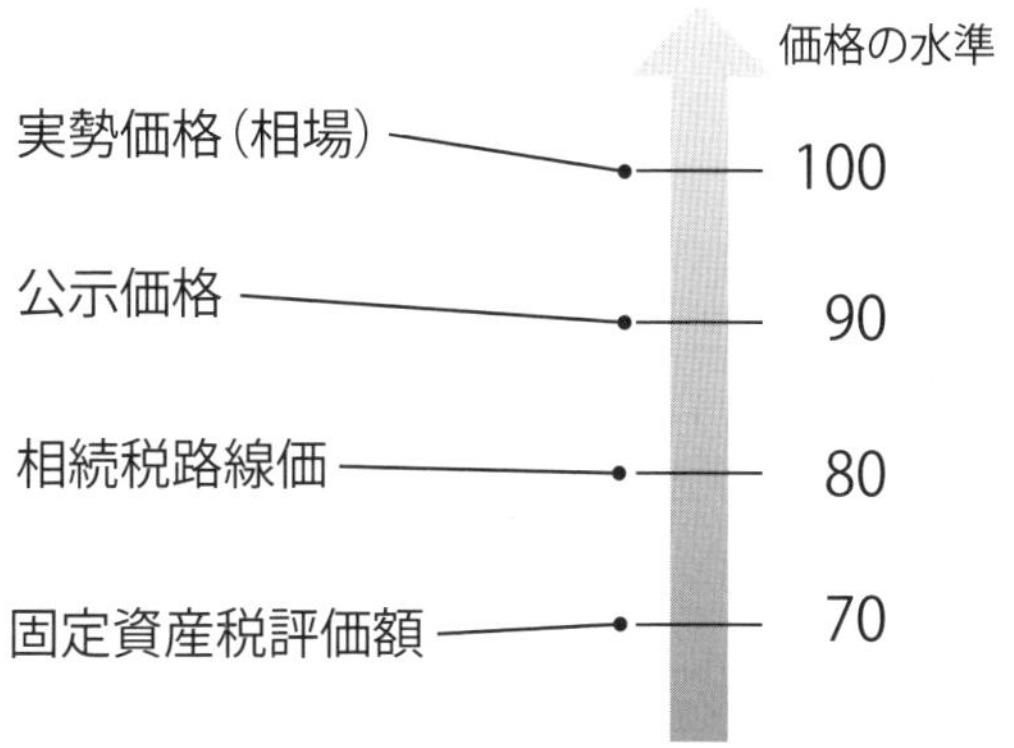

これはあくまでも目安で、バブル期には実勢価格が相続税路線価の2倍以上になったこともあるし、バブル崩壊時には実勢価格が相続税路線価を下回ることもあった

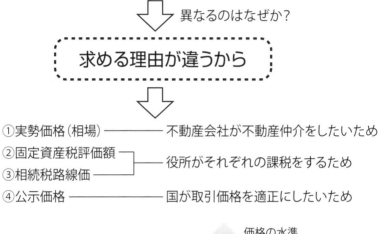

③建物の価格はどう決まるか

●建物の価格の求め方

建物の評価については、2章⑦で木造の建物を例にとって説明しました。建物の価格（価値）は、次のような式で示すことができます。

（建物の価格）＝（再調達価格）×〔｛（耐用年数）－（経過年数）｝÷耐用年数）〕

では、木造以外の建物についてはどうでしょうか。

この場合、耐用年数と再調達価格を置き換えることで対応できます。例えば、鉄骨造であれば、再調達価格を1㎡15万円、耐用年数を35年とすると、鉄骨造の建物の価格を求めることができます。

左にそれぞれの構造でよく使われる、再調達価格と耐用年数を掲載したので参考にしてください。

●土地と建物の価格の求め方

次に、土地と建物が一体の不動産として見たときの価格の求め方はどうでしょうか。土地と建物の価格を別々に求めて、合計するだけでよいでしょうか。答えはＮＯで、次のような場合には少々、工夫が必要になります。

①建物が耐用年数を過ぎている場合

取り壊して更地にしたほうが高く売れるような場合には、前述したように更地の価格から建物の取壊し費用を引いた値段が一体不動産の価格となります。

②広い土地に小さな建物が建っている場合

住宅地であれば、30坪の土地に30坪ぎりぎりの2階建ての建物が並んでいるのが一般的な光景ですが、その中に10坪の小さな家が建っているような場合があります。この場合には、「土地を十分に利用していない」として、土地と建物の合計額からペナルティが割引かれます。これを「建付減価」と言います。およそ3％から10％程度の範囲に収まることが多いようです。

③既存不適格建築物が建っている場合

「既存不適格建築物」とは、建物を建てた当時の法律ではＯＫだったが、現在の法規制ではＮＧとなっている建物のことを指します。今の法規制で建物の床面積が容積率をオーバーしている場合には、「建付増価」が発生していることもあります。

建物の価格の決まり方

$$建物の価格 = 再調達価格 \times \frac{耐用年数 - 経過年数}{耐用年数}$$

●入れるべき数値の例

	再調達価格	耐用年数
木造	130,000円／㎡	20年or25年
鉄骨造	150,000円／㎡	35年
鉄筋コンクリート造	200,000円／㎡	45年
鉄骨鉄筋コンクリート造	250,000円／㎡	50年

土地と建物が一体の不動産価格

建物が耐用年数を過ぎている

＝土地の価格 － 建物の取壊し費用

建付減価があるケース

＝（土地の価格 ＋ 建物の価格）×建付減価
（3～10％程度）

建付増価があるケース

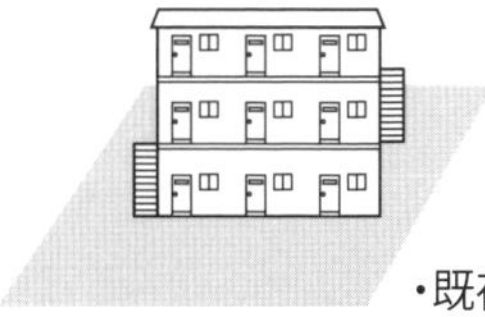

＝（土地の価格 ＋ 建物の価格）×建付増価
（5～50％程度）

・既存不適格建築物　・用途地域が複数ある場合など

あわせて読みたい！ 関連項目　1章③「建物」と認められる条件は？

④公開されている「路線価図」の読み方

●相続税路線価とは？

土地の価格の概算を手っ取り早く知りたければ、相続税路線価（単に「路線価」と言えば、この相続税路線価を指すことが多い）を見るのが一番です。業界人も土地の概算価格を、「路線価の1・2倍が実勢相場」などと説明したりします。

この相続税路線価は、相続税を課税するための基礎となる土地の価格をわかりやすく求められるように、税務署（国税局）が毎年作成して公開しているものです。作成に当たっては不動産鑑定士による評価、土地の価格に精通している人の意見が反映されています。相続税路線価は1月1日の価格が記載され、その年の6月ごろに公表され、誰でも冊子として購入できるほか、直近3年分の路線価が国税庁のサイトで公開されています。

●路線価図を読んでみよう

では実際に、ある場所の路線価を調べて土地の価格を概算で求めてみましょう。

この場所は、「東京都中央区銀座2丁目15番」です。

国税庁のサイトから、「平成25年分」「東京」「路線価図」「中央区」とクリックしていくと、「銀座2」に「18004」「18008」の2つのリンクがあるところまでたどり着くことができます。

ここから先は「ヤマ勘」で探します。地図の模様と路線価図の道路模様をよく見比べて、路線価図での場所を特定していきます。慣れればすぐにできるようになりますが、人によって得意不得意があるようです。

場所が特定できれば、対象となる土地の前の道路に記してある数字を読みます。南側（下側）が740B、西側（左側）が740Bとなっています。数字を囲っている◯やアルファベットは気にせずに、数字だけを読みます。740というのは1㎡当たりの土地の値段で、千円単位なので、この場合、1㎡当たり740千円（＝74万円）となります。「路線価は実勢価格の8掛けが目安」なので、実際の相場は74万円÷0・8＝92万5000円となります。二つの道路に面している路線価が異なるときには、高いほうの価格を読みます。

国税庁の路線価のサイト（http://www.rosenka.nta.go.jp）

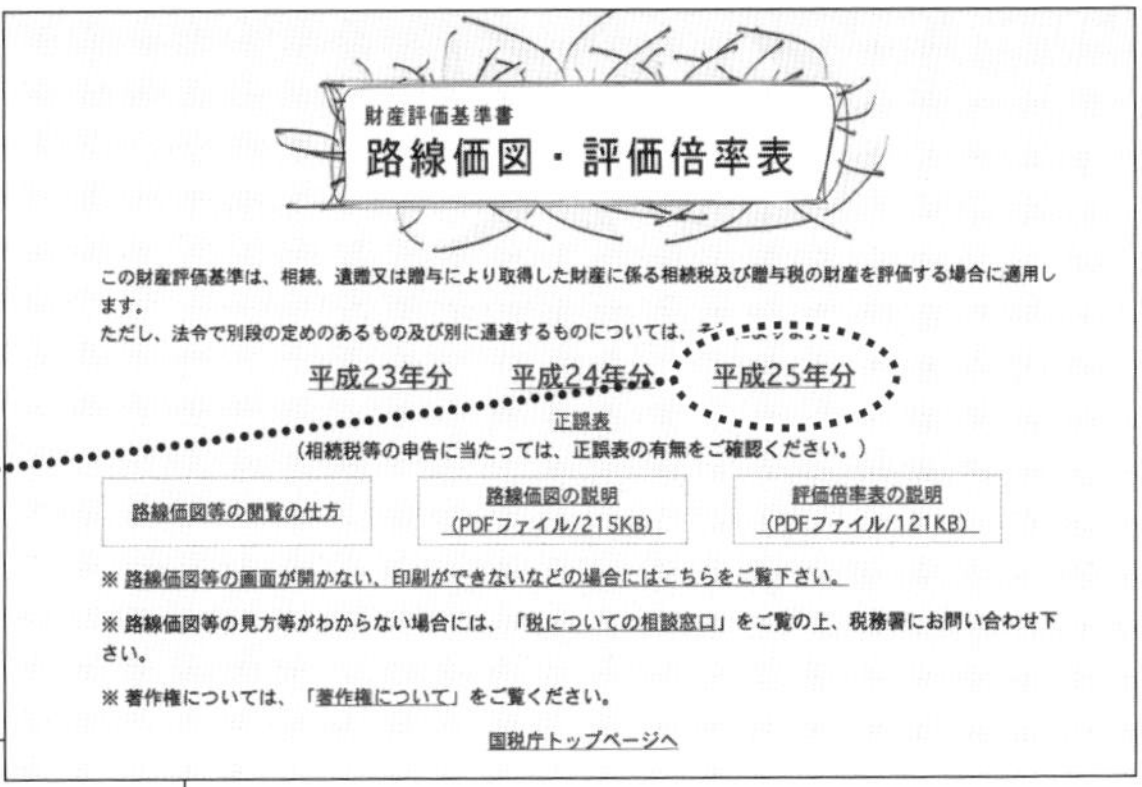

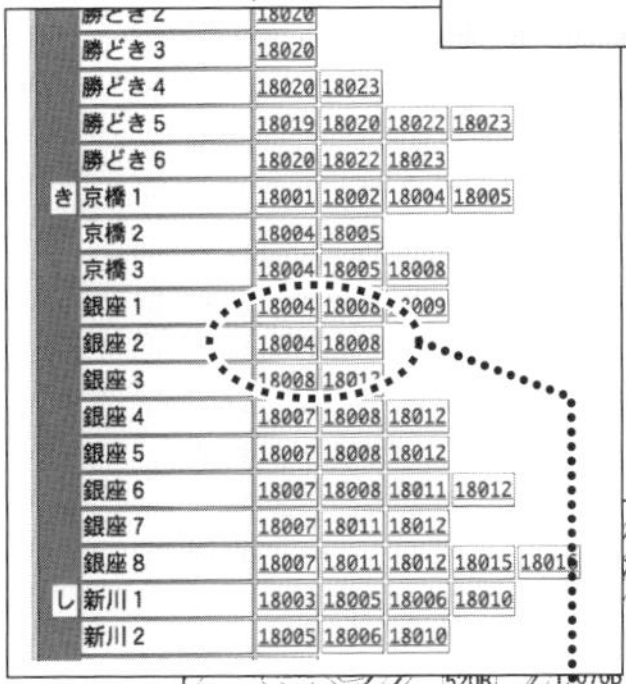

財産評価基準書
路線価図・評価倍率表
この財産評価基準は、相続、遺贈又は贈与により取得した財産に係る相続税及び贈与税の財産を評価する場合に適用します。
ただし、法令で別段の定めのあるもの及び別に通達するものについては、
平成23年分　平成24年分　平成25年分

（相続税等の申告に当たっては、正誤表の有無をご確認ください。）
路線価図等の閲覧の仕方
路線価図の説明（PDFファイル/215KB）
評価倍率表の説明（PDFファイル/121KB）
※ 路線価図等の画面が開かない、印刷ができないなどの場合にはこちらをご覧下さい。
※ 路線価図等の見方等がわからない場合には、「税についての相談窓口」をご覧の上、税務署にお問い合わせ下さい。
※ 著作権については、「著作権について」をご覧ください。
国税庁トップページへ

勝どき 2	18020			
勝どき 3	18020			
勝どき 4	18020	18023		
勝どき 5	18019	18020	18022	18023
勝どき 6	18020	18022	18023	
き 京橋 1	18001	18002	18004	18005
京橋 2	18004	18005		
京橋 3	18004	18005	18008	
銀座 1	18004	18008	18009	
銀座 2	18004	18008		
銀座 3	18008	18011		
銀座 4	18007	18008	18012	
銀座 5	18007	18008	18012	
銀座 6	18007	18008	18011	18012
銀座 7	18007	18011	18012	
銀座 8	18007	18011	18012	18015 18016
し 新川 1	18003	18005	18006	18010
新川 2	18005	18006	18010	

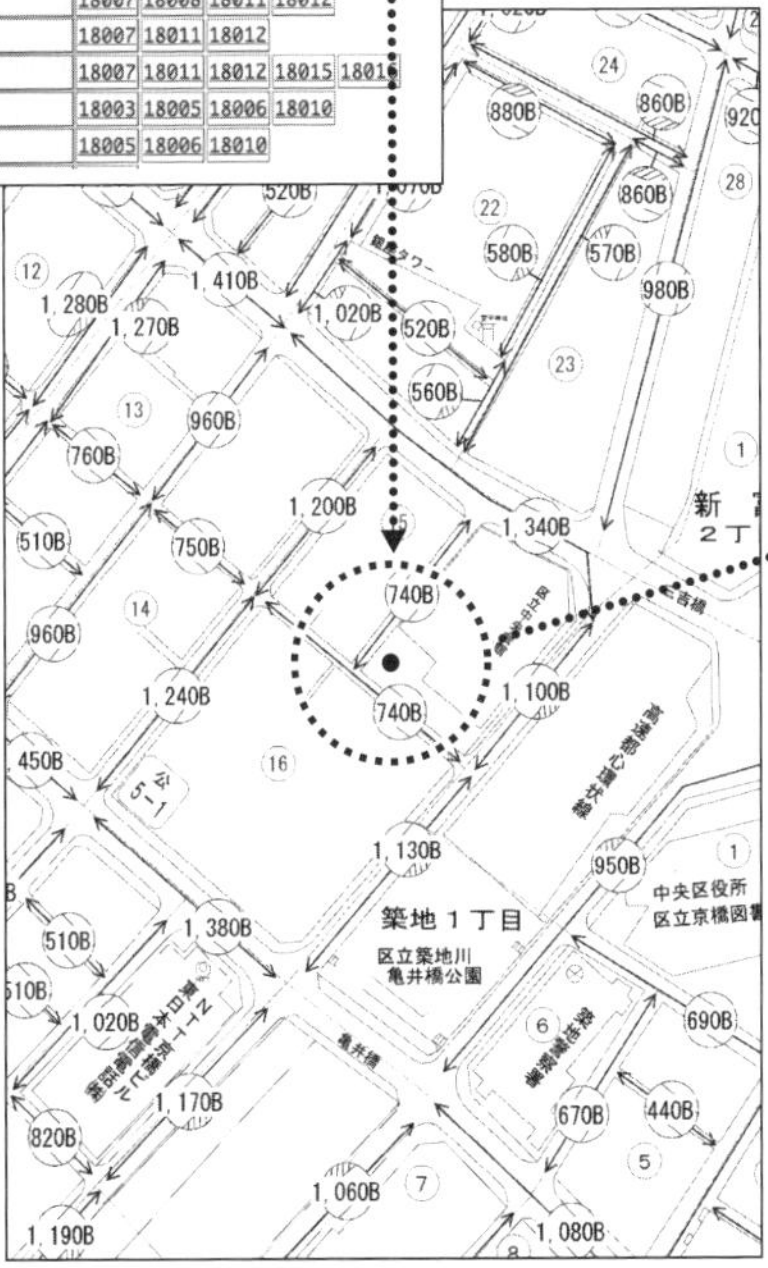

1㎡当たり路線価740千円
(=74万円)と読む

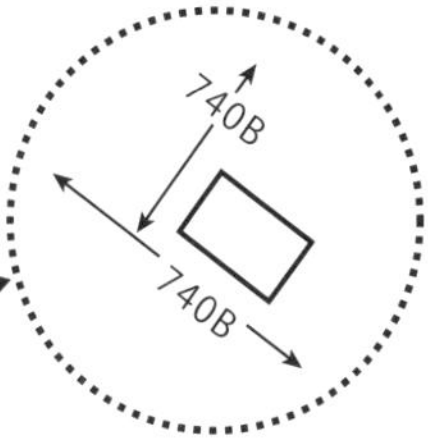

●実勢価格の目安

74万円÷0.8=925,000円
92万5000円×面積=価格
となる

⑤「公示地価」から土地価格を求める

●いわば土地価格の定点観測制度

新聞に半年に一度（3月と9月）、全国の土地1㎡の価格が掲載されます。

「地価公示」は「地価公示法」という法律にもとづいて実施される国の事業で、毎年1月1日の時点の土地の価格が3月に公表され、土地取引の指標となっています。ほぼ似た制度に「地価調査」というものがあり、これは国土利用計画法施行令にもとづいて、毎年7月1日時点の価格が9月に公表されます。一部の地点は、地価公示と地価調査で重なっています。このようなところは、1月と7月の半年ごとに土地の価格がより精密にわかります。

これらは新聞以外でも、国土交通省の土地総合情報ライブラリー（http://tochi.mlit.go.jp/）でいつでも見ることができます。

●公示地価を使った土地価格の求め方

前項で相続税路線価を使って、特定の場所の土地の価格を算出してみました。ここでは、公示地価を用いてさらに精度よく土地価格を求めてみましょう。これは銀行の簡易な担保評価などでも用いられる方法です。

左の路線価図を見ると、近くに四角で囲まれた「公5−1」と書かれた場所があります。これが公示地です。この番号を覚えて先の土地総合情報ライブラリーから「地価公示・都道府県地価調査」のリンクをクリックして、県、市を選びすべてにチェックを入れて検索すると、左❶のような表示を探すことができます。これで価格が181万円（1㎡当たり）とわかります。次にもう一度、路線価図に戻って、公示地の前面道路に書いてある価格を見てみましょう。「1380B」とあるので、1㎡当たり1380千円（＝138万円）です。

整理すると、求める土地の価格は次のように計算できることになります。

181万円×（74万円÷138万円）≒97万円

掛け算と割り算だけの簡易な方法ですが、比較的精度よく、その場所の土地の価格を求めることができます。「路線価比較法」と呼ばれたりしているので、覚えておくと役に立つこと請け合いです。

公示地価から土地価格を算出する

公示地の概要

❶

国土交通省地価公示

標準地番号	中央5-1	調査基準日	平成25年1月1日
所在及び地番	東京都中央区銀座2丁目2 3番14　地図で確認する		
住居表示	銀座２－１６－１２		
価格(円/m²)	1,810,000(円/m²)	交通施設、距離	東銀座、230m
地積(m²)	340(m²)	形状(間口：奥行き)	(1.0:2.0)
利用区分、構造	建物などの敷地、SRC(鉄骨鉄筋 コンクリート造) 8F B1		

(国土交通省HPより)

対象地と公示地の確認

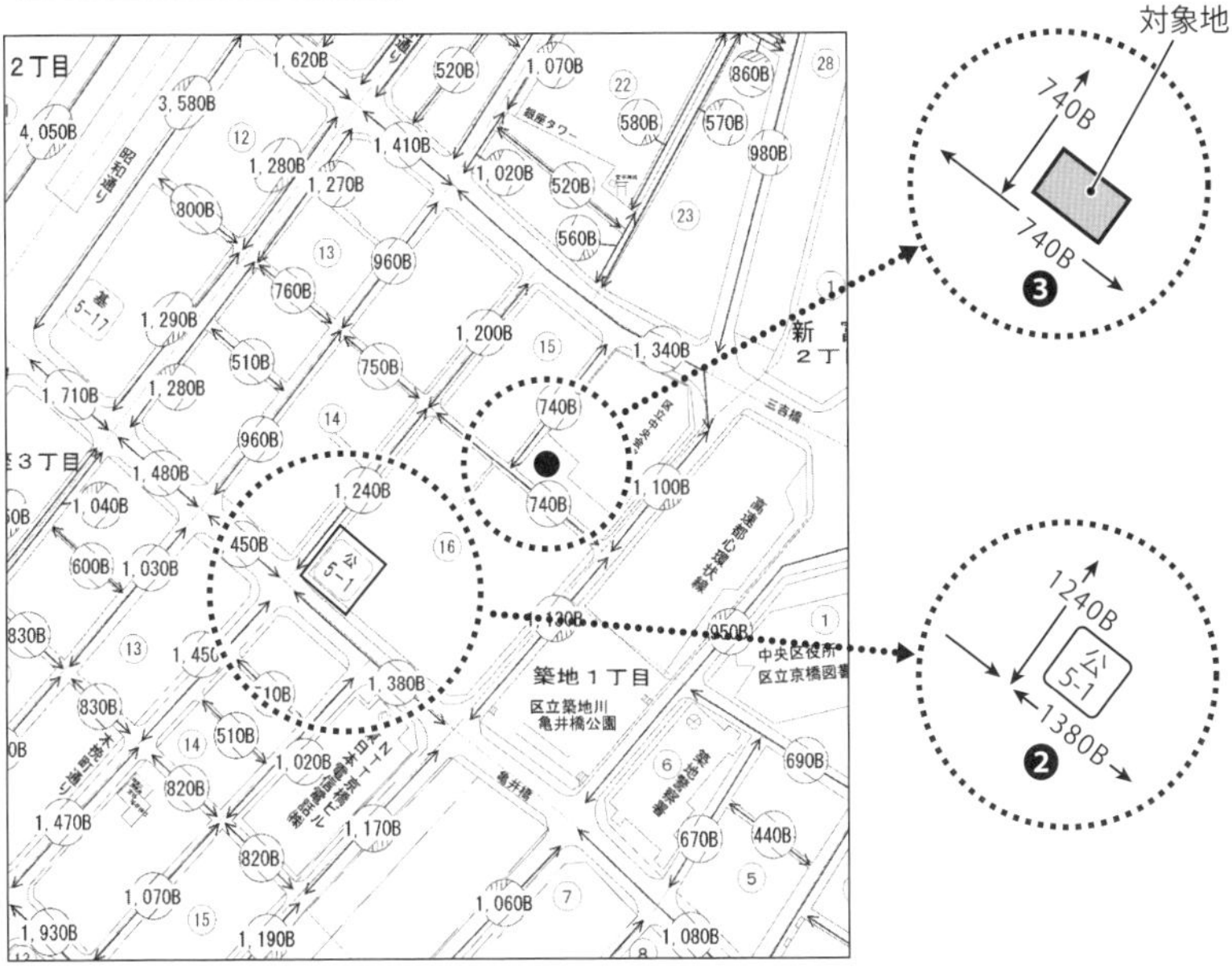

価格の概算

$$❶\text{公示地価} \times \frac{❸\text{対象地の路線価}}{❷\text{公示地の路線価}} = \text{求める土地の価格}$$

$$181\text{万円} \times \frac{74\text{万円}}{138\text{万円}} \fallingdotseq 97\text{万円}/\text{m}^2$$

あわせて読みたい！ 関連項目　拙著『空き家管理ビジネスがわかる本』
(７章① 辺鄙な場所の土地価格の求め方)

⑥「固定資産税評価」のしくみと税額の計算

●固定資産税の税額のしくみ

固定資産税は、土地・建物その他の資産に課税される市町村税（地方税）で、総務省の「平成23年度地方税に関する参考計数資料」によれば、市町村の税収の約40％を占めている重要な税金です。

その税額は次のように定められています（市町村により税率が異なる場合がある）。

税額＝（土地・建物の評価額）×（1・4％）

ここで問題になるのは評価額です。土地の評価額は、3年ごとに固定資産税評価員が評価します。その結果は集計され、「全国地価マップ（http://www.chikamap.jp/）」で公開されています。

トップページから、必要な事項に同意して、都道府県、市区町村、大字名、そして番地まで選択すると、該当する地図が示され、価格が表示されています。中には固定資産税路線価（相続税路線価とは異なる）が敷設され、道路ごとに評価額を出しているところもあります。

ここでもっとも重要なのは、表示されている固定資産税の評価額は、実勢価格のおよそ6割から7割の水準であること、しかも市町村によって、その割合が異なる場合があることです。固定資産税の評価額は、あくまでも課税目的であるため、実勢価格とは乖離があります。

固定資産税の評価は3年に1度ですが、相続税路線価が市街地だけなのと異なり、こちらは全国隅々まで評価されているので、とくに郡部などで参考になります。

●建物はどのように評価されるのか

建物の評価は通常、新築時に1度だけ行なわれます。竣工時に役所から担当の人が訪れ、建物の構造から内外装の素材に至るまでくまなく観察し、点数をつけ、合計して評価額とします。例えば、ある部屋で床が畳で100点、壁はクロス貼りで70点……と点数をつけるのです。この点数付けは固定資産税評価基準にしたがって行なわれます。これに、建物の経年減価率を掛けて、その年の建物の評価額を算出します。

なお、都市計画法の市街化区域では、固定資産税に加え、都市計画税（評価額の0・3％）が課税されています。

固定資産税のしくみ

税額 ＝土地・建物の評価額×税率（通常1.4%※）

※この他に都市計画税（0.3%）が課されることがある

土地・建物の評価額はこう求める

● 土地………3年ごとに評価員が評価

↓

実勢価格の 6〜7 割を目安に決定

● 建物………新築時に1度だけ行なわれる

	床	壁	天井	…
居間	○点	○点	○点	…
ダイニング	○点	○点	○点	…
床の間	○点	○点	○点	…
⋮	⋮	⋮	⋮	⋮
			合計　○○○点	

評価額○○○円 ←…… 1点○円と換算

別表第８　木造家屋再建築費評点基準表
１　専用住宅用建物

部分別	評点項目及び標準評点数				標準量	補正項		
						補正項目		増点補
屋根	陸屋根	シート防水		6,550	[illegible]	施工の程度		1.1 程度の良 もの
		FRP防水		11,810				
	勾	瓦	上	16,110	建床面積一・〇平	項目別	屋根の形式	1.5 腰折れ屋 もの
			中	12,250				
		化粧スレート		9,170			勾配の大小	1.1 7/10 程度
			鋼板波板	4,540				

（総務省HPより）

⑦ファッションと同じ!? 不動産投資の成功法則

●それは、ファッションの流行と同じ

東京は文化やファッションの発信地です。東京で流行れば、大阪、名古屋といった大都市に波及して、次に政令指定都市、さらに地方都市に流れます。そのころには、東京ではすでにブームが終わっていたりします。

不動産市場も同じです。地価の上昇・下落・暴落もまず東京からはじまり、次に三大都市圏→政令指定都市→地方の県庁所在地へとウェーブを描くように広がります。

それは2～3年かけて波及するので、東京の地価動向をウォッチしながら地方でゆっくり投資すれば、不動産投資の成功法則となります。

●それは、人間の心理や習性に基づく

世界中の投資マネーの行き先は主に三つしかありません。株式、債券、不動産です。どこの不動産に投資するかを考えると、まずニューヨーク、ロンドン、東京が思い浮かびます。

東京の不動産が割安だとなれば、世界のお金は東京に向かい、日本で最初に東京が値上がりするのです。東京が上がりだすと、投資専門誌で「東京の不動産が世界から注目！」と取り上げられ、それが一般メディアまで広がると、東京が人気化します。こうして投資に火がついて地価が上昇していきます。

しばらくすると「ちょっと東京は高いなぁ」となって、次に大阪、京都、名古屋……と国際的に有名な都市の名前が出てきます。こうして東京のあとは三大都市圏に投資マネーが流れます。その後は政令指定都市。このあたりになると「聞いたことがある」くらいですから投資家も勉強します。すると「意外といい」となって、政令指定都市の地価が上昇するわけです。

そんな感じで、東京→三大都市圏→政令指定都市→地方都市と価格上昇の波が広がるのですが、地方の県庁所在地に回ってくるころには、すでに東京はピークを過ぎ、今度は下落傾向に入るのです。

東京の市場を察知して地方で投資する。地方に波及するころに売り抜ける。この法則を知れば、ファッションも不動産投資も間違えないワケです。

不動産価格の推移のしかた

主な都市における商業地の「最高」価格の推移

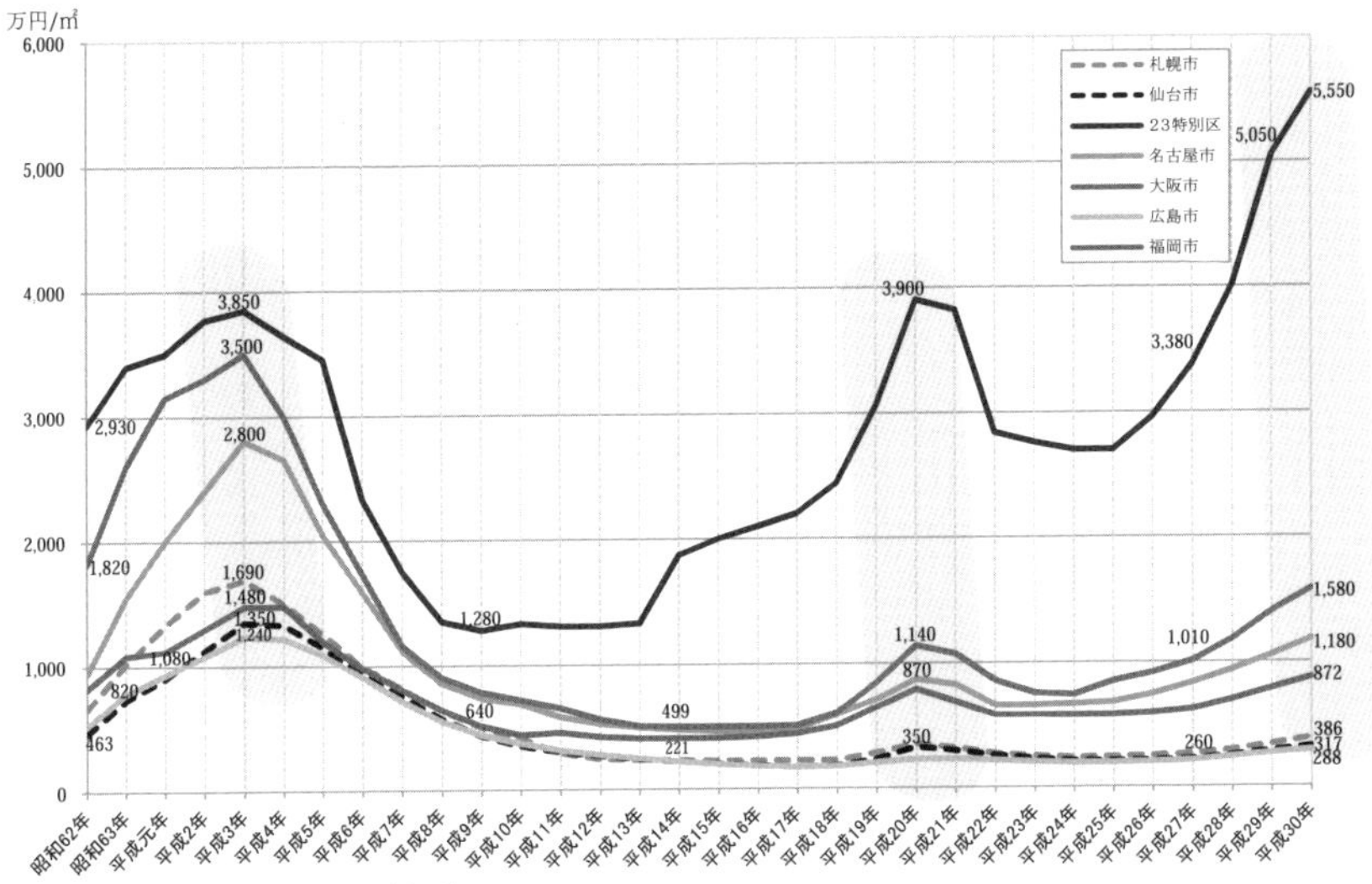

（国土交通省ホームページより）

投資マネーの行き先は

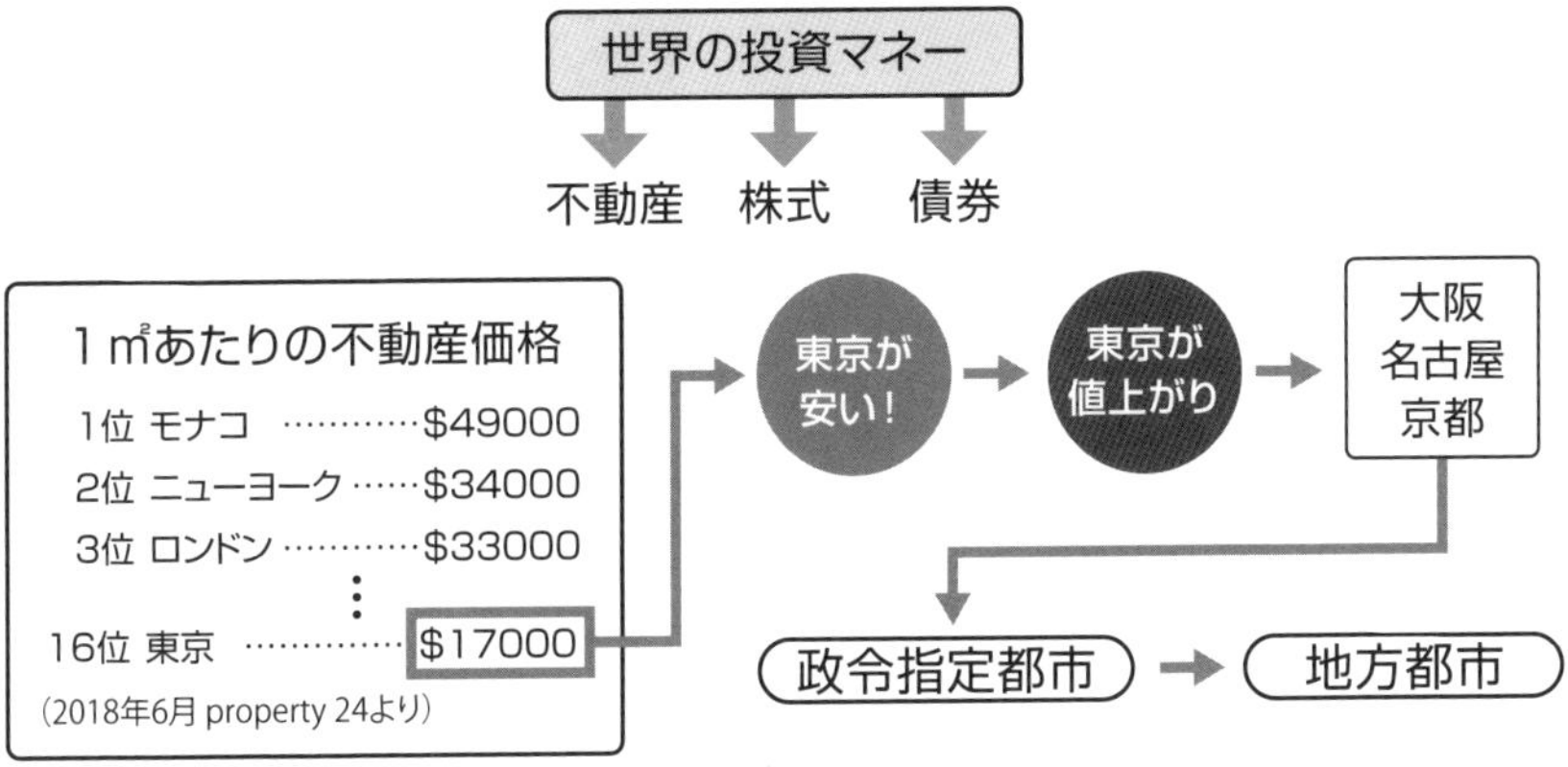

⑧「土地は隣の人に売れ」の意味とは？

●近くの人はよく知っている

このタイトルのような格言があります。土地を売るときには、あるいはテナントが退去して空室になったときには、まず隣の人、同じビルの別のテナントに声をかけると、あっさりと決まることがある、という経験則です。不動産の広告でも、必ず近所にチラシをまくのは、近所の人が買ってくれる確率が高いし、買ってくれなくても口コミで広めてくれるからです。

買う側としても隣、あるいは近くの地域だと、よく知っていることから安心して買えるメリットがあります。

また、同じ駅でも駅周辺は賃貸物件が多く、高台の丘陵地には分譲宅地が多いのも同じ理由です。賃貸マンションに住んでいる人が、駅に降りたときに高台に小綺麗な住宅地があると、「あぁ、あんなところに住みたいなぁ」と無意識に考えるのです。そのことを開発業者も知っているので、大規模な開発では最初に鉄道や幹線道路を低地に計画し、次に駅周辺に賃貸住宅を建てて人口を増やし、その後、少し離れた高台に分譲住宅を開発して賃貸住宅の住人をターゲットに販売すると言われています。

●隣に売ると高く売れることもある

このことは、不動産の価格においても明らかになっています。例として、左図Ⓐのような土地があったとしましょう。このような土地を、旗竿《はたざお》のような形であることから「旗竿敷地」と呼んでいます。

この場所の土地は、標準的な価格で坪10万円とすると、旗竿敷地は使い勝手が悪く、周囲が家に囲まれていることも多く、日当たり、風通しも悪いので、坪5万円程度の価格で取引されるとしましょう。周囲の土地の半額です。このとき、Ⓑの部分の土地30坪は、坪10万円、総額300万円ですが、Ⓐの所有者にとっては特別な意味を持ちます。ここも購入すれば旗竿敷地が整形な敷地となり、日照・通風の問題も解決でき、災害時の避難にも有利になります。そうすると、この人にとってのⒷの土地の価値は、450万円になるのです。

（購入後の整形な土地の価格）－（旗竿敷地の価格）
＝10万円×60坪－5万円×30坪＝450万円

大規模土地開発のイメージ

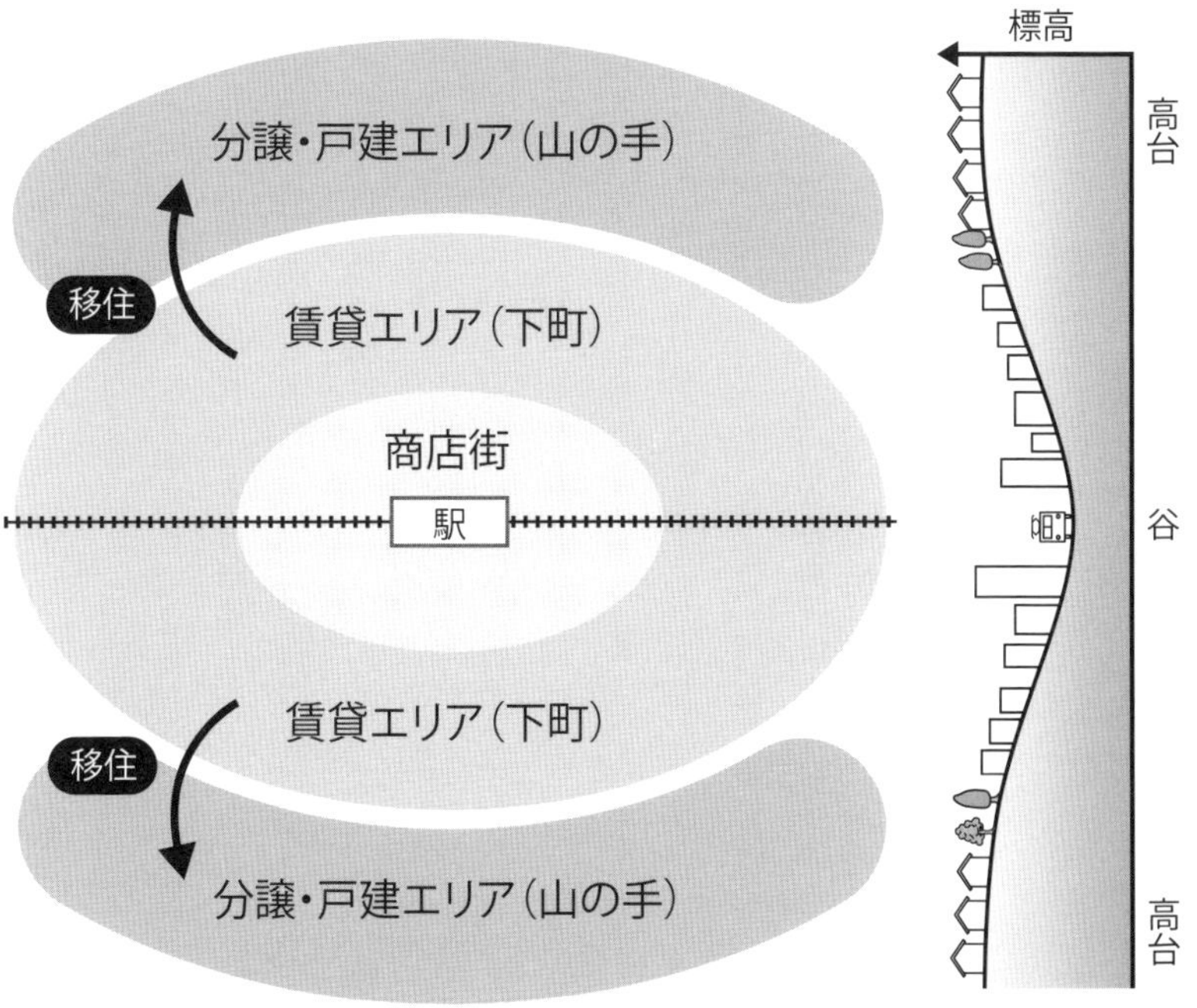

駅周辺の賃貸住宅に住む人は、同じ駅の分譲地を買うことがある

旗竿敷地の隣の特別な価値

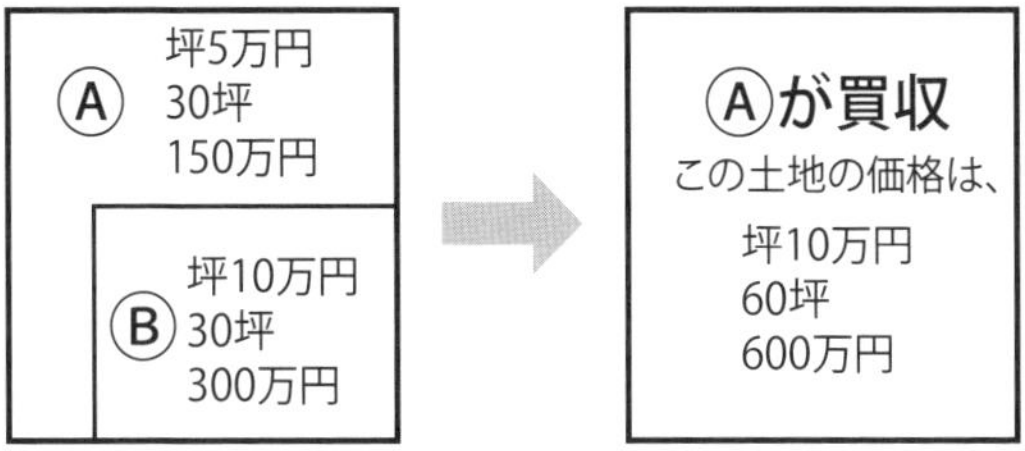

150万円
高い価値が
ある

- Ⓐの所有者にとってのⒷの価値は、

買収後の土地　　買収前の旗竿敷地

600万円　－　150万円　＝　450万円

- 一般の人にとってのⒷの価値は300万円

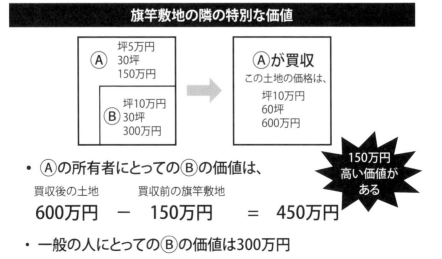

⑨「特殊物件」の価格はどうなっているのか

●特殊物件とは?

特殊物件とは、次のようなものを言います。

①事故、自殺、事件の現場となった物件

②嫌悪施設(と殺場、下水処理場、高圧線、飛行場、墓地など)が近くにある物件

このような不動産の価格、賃料をどのように求めるべきか、言い換えれば人間の心理的影響をどのように金銭に換算するかは、大変むずかしい問題です。

最近、少し変わった不動産広告がありました。「一人暮らしなのに一人暮らしでないような……人気の事故物件♪ 初期費用が少額♪ TDL近い♪ バストイレ付き♪」。実際、このアパートは、賃料が周辺相場の半分程度となっています。

通常であれば、事故物件であることは隠したがるものですが、宅地建物取引業法では、事実の不告知は法令違反としてきびしく規制されています。

事件性が高いものについては報道等で知ることができ、訪問すれば雰囲気でわかることもありますが、これも数年経過すると判然としなくなります。

「大島てる(http://www.oshimaland.co.jp/)」というサイトでは、このような事故物件の情報を集めて公開しているので、参考になることもあります。

●価格にどう反映されるのか?

事故物件について、「まったく気にしない」という人もいれば、「怖くて近づけない」という人もいるでしょうが、一般的には次のような傾向が見られます。

①自殺物件、事故物件などは、その内容に応じて価格・賃料が10%から30%程度割り引かれることが多い。

②嫌悪施設は、その距離、騒音、振動、臭気などの程度に応じて10%から30%程度割り引かれることが多い。

ただ、これも一例で、一筋縄でいかないのが実情です。例えば、道路建設などで土地を購入する場合、「墓地」そのものの価格は、「宅地」と同じにするというルールがあったり、高圧線については、建物の制限(あまり高い建物は建てられない)のある場合に、制限される空間の割合に応じて割り引くなどの考え方もあります。

特殊物件とは?

特殊物件

- 事件、事故の現場であった
- と殺場、下水処理場、火葬場などの近く

嫌悪施設

↓

心理的な要因による減価が発生

→ 仲介時には事実の告知義務

→ 価格・賃料の減額

価格：10～30%程度

賃料：50%程度

特殊物件を表示するサイト「大島てる」

大島てる http://www.oshimaland.com
日本語版 http://www.oshimaland.co.jp より

あわせて読みたい！ 関連項目　2章⑨ いろいろある不動産の瑕疵

⑩不動産相場下落のサインとは？

●使う人がいなければ不動産価格は下がる

不動産は、人がいて価値が生まれ、値段がつきます。人が少ない場所の不動産は安く、大都市の真ん中の不動産が天文学的な価格になるのは、人が多ければ、そこを買いたい人も増えるからです。

また、経済はときにバブルを生み、はじけると暴落していきます。不動産バブルの崩壊には兆候があり、暴落は予測できます。バブル崩壊とリーマンショックを参考に、バブル崩壊の兆候を見てみましょう。

●不動産価格の暴落サインを見逃すな！

・まず金融政策が変化する……不動産は借金をして購入します。マイホーム、投資用マンション、大規模なオフィスビルでも銀行から融資を受けないと買えません。

貸すときは銀行もニコニコ顔ですが、ある日「返済してくれ」と言い出すことがあります。それは借りているあなたの問題かもしれませんが、金融政策が変化したときにも起きます。銀行は金融庁の監督下で営業していきます。国の金融政策が変われば、銀行は貸し渋り、貸し剥がしをするのです。お金が借りられなければ不動産を買う人は減り、売って借金を返済しようとする人が増えます。１９９０年に行なわれた総量規制政策（金融機関の過剰な不動産融資に対する規制）はその例です。新聞を読んだり、金融庁や日銀の公開レポートをチェックすれば、この変化は数年前から知ることができます。

・次に株式市場が急落する……不動産市場が暴落する前に、必ず株式市場が暴落します。借金を返せと迫られ、当座の資金繰りのために、まず株式を現金化するからです。株式を売ってもダメなら次に不動産を売ります。

株式市場を見ていれば、必ず不動産市場の暴落の兆候をつかめるはずです。

・不動産価格がどんどん下落する……株式市場が暴落しているときには、資金繰りに行き詰まる投資家がすでにたくさん出ています。売りたい人は「安くしてでもすぐに売って現金がほしい」となるでしょうし、買いたい人は「待てばもっと安く買える」と思えば、不動産価格は底なし沼のように下落していくことになるのです。

不動産市場下落のサイン

①人が減る

東京・渋谷駅前 ＞ 子飼交差点（熊本市） ＞ 田園風景

（Wikipediaより©chensiyuan）

（Wikipediaより）

地価 2600万円/㎡ ＞ 地価 15万円/㎡ ＞ 地価 4000円/㎡

②不動産市場暴落の３ステップ

STEP 1 金融政策の変化

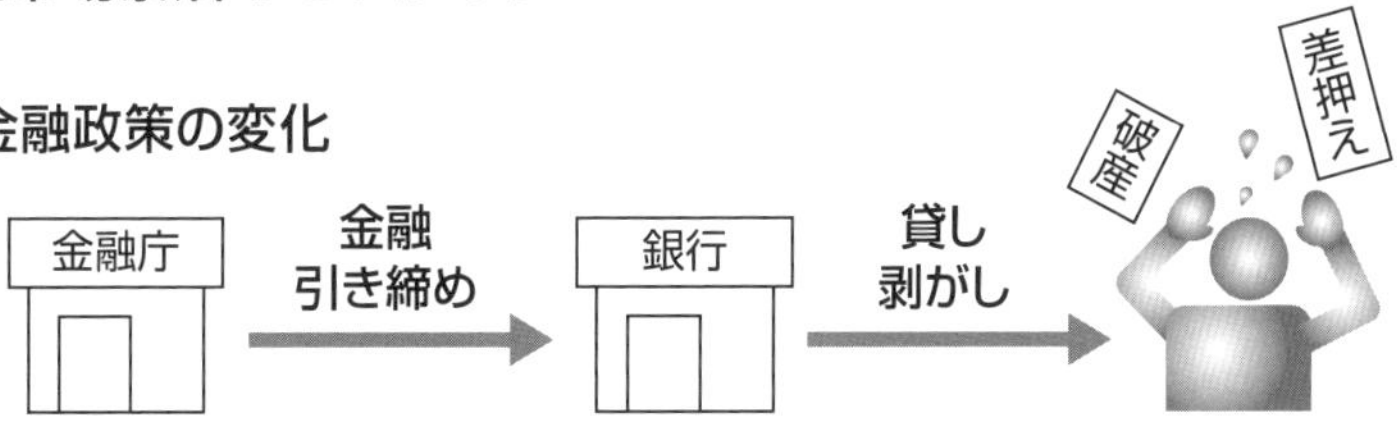

STEP 2 株式市場の急落

ブラックマンデー

ダウ平均株価の推移
（1987年7月19日～1988年1月19日）

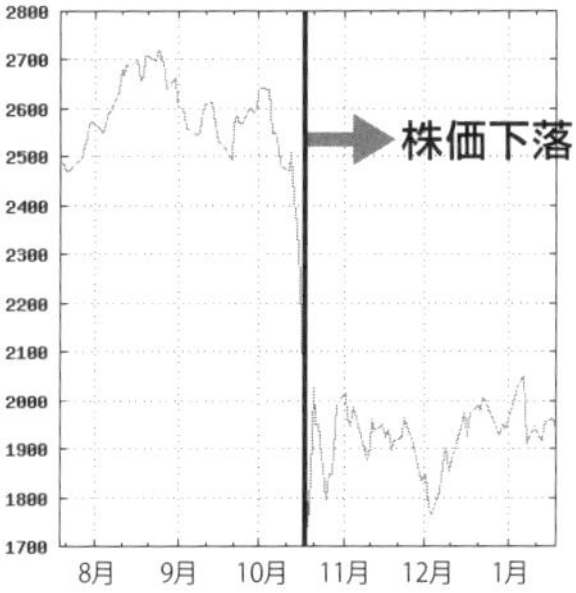

（Wikipediaより）

バブル崩壊

日本のGDP成長率の推移
（1956年～2006年）

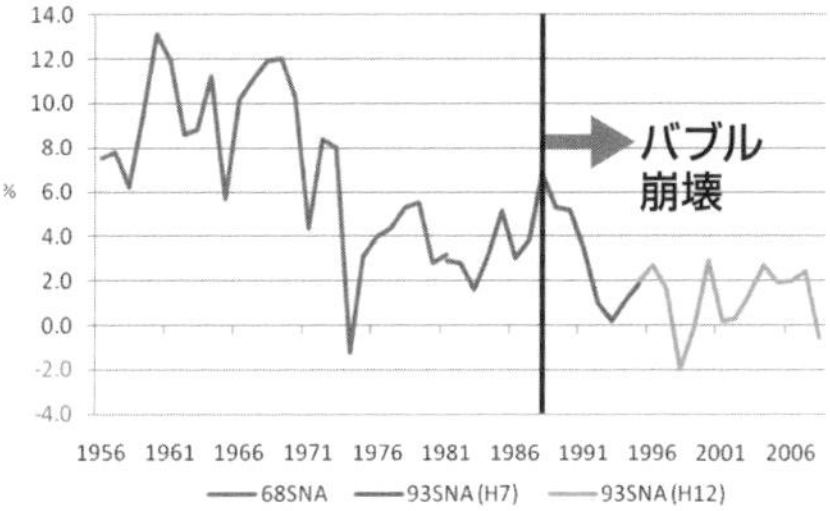

（内閣府資料より）

STEP 3 不動産価格の下落

※2020年のコロナショックでは
STEP1 が起きなかった

Column コラム⑦

●不動産広告のイロハ

不動産業では広告は生命線です。不動産業をはじめるときにかかる経費で大きなものは、「人件費」「店舗の家賃」「広告宣伝費」の３つです。

新聞の折込広告やインターネットで、新築マンションや分譲住宅などの不動産広告を見ない日はないと言ってもいいでしょう。

この広告では、様々なキャッチコピーや魅力的な表現が使われていますが、大変きびしいルールの中で、消費者の購入意欲をいかにそそるか、各社、日々、知恵を絞って作っています。

そのルールとは、「宅地建物取引業法」「景品表示法」、そして業界のルールである「公正競争規約」です。

不動産広告ルールには次のものがあります。

①欠点がないことを伝える、「完全」「絶対」「万全」などの表現は使用不可
②他より優位に立つような言葉である、「日本一」「業界一」「当社だけ」は使用不可
③最高を表わす、「最高の○○」「最高級」「一級品」は使用不可
④選ばれていることを意味する、「特級品」「特選品」は使用不可
⑤価格が著しく安いことを表わす、「格安」「激安」「掘り出し物」「お買い得」は使用不可
⑥人気があることを表わす、「完売」「超人気」は使用不可

どれも広告の効果を高めるために使いたい言葉ばかりですが、不動産はとくに高額である上、商品を見ただけでは判断できない部分もあるので、このようなルールが設けられています。ただし、客観的な根拠を示すことを条件に使用してよい言葉もあります（例えば、「第三者調査機関○○調べ」など）。

そんなことに気を留めながら、あらためて不動産広告を見ると、今までと違った読み方ができるかもしれません。

8章

これからの不動産業界はどうなるか

①不動産は捨てられない
②空き家問題「ただひとつ」の解決法
③民法改正！ 大きく変わる不動産相続
④不動産の「ジェントリフィケーション」とは？
⑤ハザードマップと昔の地図
⑥不祥事から学ぶ1（耐震強度偽装事件）
⑦不祥事から学ぶ2（抵当証券事件）
⑧不祥事から学ぶ3（不動産架空増資事件）
⑨不祥事から学ぶ4（原野商法）
⑩不祥事から学ぶ5（サブリース問題）

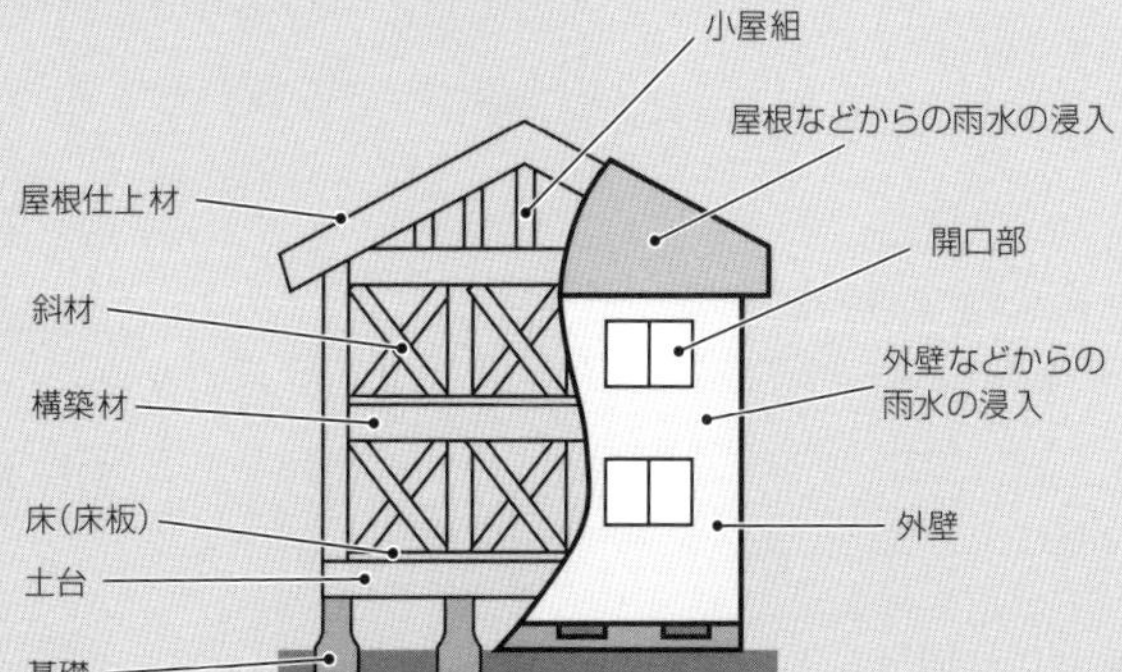

①不動産は捨てられない

●不動産を持っているだけでかかる費用

不動産は、有効に活用しないとお金だけが出ていくお荷物です。不動産にかかる費用をここで説明しましょう。

・**固定資産税**……標準税率は1・4％で、評価額に掛けて計算しますが、少し高い税率になっている市町村もあります。都市部ではこれに加えて0・3％の都市計画税も加算されます。毎年3月に納付書が送られてきて、払わないと毎年9％ほどの延滞税が加算されます。納税は国民の義務ですから、預金や給料などが差し押さえられることもあります。逃れる方法は基本的にありません。

・**電気、水道、ガス、電話料金、NHK受信料**……これらは契約に基づいて支払うもので、止めてしまえばかかりません。

・**自治会費**……戦後、自治会は「任意団体」とされ、自治会費を払う払わないは自由なはずですが、その地域でずっと育ってきた人は払うのが当然と思い込んでいるので、移住してきた人とのトラブルが多いのも事実です。

一度払ってしまうとお祭りやお祝いなどことあるごとに寄付を求められ、払わないと「ゴミ出しできないゾ」とか、子供が仲間外れにされるといった話も聞きます。

・**土地改良区**……近年、最高裁まで争われました。田畑の場合には土地改良法に従って賦課金の支払義務がありますが、宅地の場合には支払義務はありません。しかし、登記情報が都道府県等に提供されている場合、住所氏名が印字された納付書のようなものが送られ、しつこく支払いを求められる場合があります。

・**修繕費**……建物は年月の経過や、地震、台風などで偶発的に損傷を受けます。外壁や瓦の交換で100万円単位の出費もありますが、平均すれば建築価格の5％くらいとなります。

●不動産は捨てられない

不動産売買で儲かる時代ならともかく、現代は人口減少や高齢化などで、不便な土地は無価値になろうとしています。相続などで一度不動産を所有してしまうと、捨てることはできません。持っている限り、これらの費用が発生し続け、世に言う「負」動産となってしまいます。

不動産を持っているだけで必要な年間費用の例

	郊外	都市	大都市	あなた
固定資産税	3万円	10万円	20万円	円
電気・水道・ガス 電話・NHK ケーブルTV	1万5000円 電気 …… 1500円　電話 …………… 5000円 水道 …… 2500円　NHK …………… 1300円 ガス……… 1000円　ケーブルTV …… 3000円			円
自治会費	5万円	8000円	2500円	円
土地改良区 賦課金	2万円	3000円	なし	円
修繕費	10万円	8万円	15万円	円
合計	21.5万円	20.6万円	36.8万円	円

記入してみよう

不動産を捨てる方法はない

	考えられる方法	結果
建物	解体する	● 住宅用地の特例がなくなり、固定資産税が上がる
	放置する	● 特定空家に認定され固定資産税が上がる ● 近所や自治会から文句がくる
土地	相続放棄する	● 管理責任は引き続き存続する ※民法 940 条
	市町村に行って寄付を申し出る	● 市町村に断られる

あわせて読みたい！ 関連項目　2章① 不動産の仲介手数料のしくみ
2章⑦ 木造の建物は 25 年で価値がゼロになる？

②空き家問題「ただひとつ」の解決法

●日本は人口減少国家の最先端

最近、「出生数が90万人を切った」「少子高齢化が日本経済を蝕む」など人口減少について話題が増えました。

左上のグラフを見てください。鎌倉時代からのわが国の人口推移と西暦2100年までの動向です。これによると日本の人口が突如増加したのは、明治時代の日本の産業革命のころから。当時の3000万人から一挙に4倍になりました。そして日本の工業化が1980年代で終了すると、人口減少時代が到来します。

この「工業化とともに人口が増加し、工業化の終了後は人口が減少する」現象は、隣の韓国、中国、台湾をはじめ、遠くインドに至るまですでに予測されています。

日本は世界の人口減少時代のトップランナーなのです。日本の長い歴史を見れば「今までの人口増加が異常だった」とも言えるかもしれません。

●唯一の解決方法は「そのまま売る」

少子高齢化とともに「空き家」が社会問題化しています。私に寄せられる相談も空き家の対処法がもっとも多く、そのためその対応について著書を出すほどになりました。そこで、空き家への対処の方法を説明します。

空き家問題の解決方法はただひとつ、「売る」しかありません。そもそも土地は「売る（買う）・貸す（借りる）・建てる・壊す・耕す」しか使い道がありません。あなたの実家の空き家対策だったら、この選択肢の中で対処することになります。左下の表をご覧ください。空き家の対処方法が類型化されています。この中で唯一の解決策は「そのまま売る」しかありません。

価格についてはとやかく言ってはいけません。すでに私の周りでは、300坪の宅地&1000坪の田畑と中古車が同じ土俵で比較されています。どれも売れたとしてせいぜい100万円程度なのです。この価格になると不動産屋さんは仲介できません。費用倒れになります。

しかし、世の中には都会での生活に疲れた人が多いのか、昭和の「ほっとした雰囲気」を求める人も大勢います。それら人に向けてなるべく安い価格で「売って差し上げる」のが最善なのです。

これから起こる日本の人口変化

● 日本の人口の推移と予測

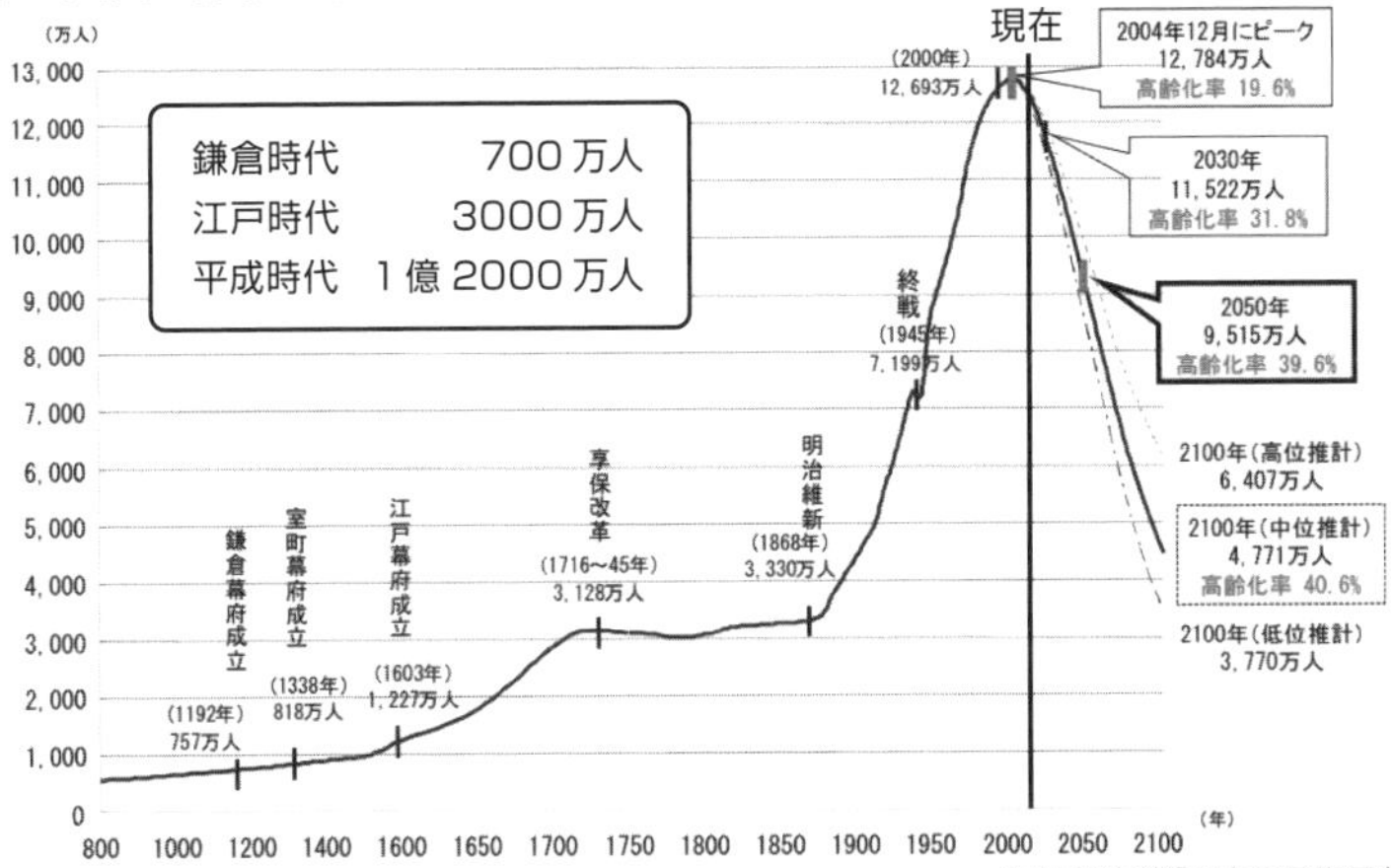

(国土交通省「日本の長期展望」より)

空き家の対処方法

空き家が発生!!

対処法	維持する	壊して売る	建物付きで売る	貸す
メリット	思い出が残る	隣人が駐車場として使ってくれる	昭和の雰囲気が若者に好まれる	思い出を残しながらも収益を得られる
ポイント	維持費がかかる	売れなければ固定資産税6倍のダメージ	中途半端なリフォームではレトロ感が台無しに	・賃料が低い割に修繕費が多発し、大赤字 ・賃借人が合法的に居座るかも
リスク	平均3年でお金もエネルギーも底をつく	・不便な土地だけが残る ・解体費がかかる	空き家状態が続く	泣きっ面に蜂状態に
アドバイス	・維持コスト削減 ・売却への心の整理と踏ん切りを!	・古い商店街で有効	・農村集落で有効 ・1円でも100円でもいいので早く売却を!!	メリットなし
おすすめ度	×	△	○	×

③民法改正！　大きく変わる不動産相続

平成末期から令和2年にかけて民法が大改正されています。民法は私たちが生活する上でのルールを定めたものなので、明治29年制定、1000条以上の条文からなる法律です。改正ではとくに「共同相続した不動産」の扱いが今までと逆になったので注意しなければなりません。

●相談事例で理解する相続不動産

遺言を残さず夫が死亡しました。財産は妻と別居の子供とで半分ずつ相続します。しかし子供がお金ほしさに全部自分のものと偽って不動産を第三者に売却して登記もされてしまいました。妻は不動産を取り返すことができるでしょうか？

以前の民法では、勝手に売却された相続不動産の持分は、登記がなくても妻が取り返すことができました。うその登記は最初から無効とされていたからです（最高裁昭和38年2月22日判例）。

しかし新しい民法では、妻は取り返すことができなくなりました。この場合、妻の相続分については「二重売買」と同様の扱いに変わったのです。二重売買とは、ひとつのものを2人に売ってしまうことです。2人に売ればば2人からお金が入るので丸儲けですが、どちらかひとりしか所有できません。不動産ではこの場合「先に所有権登記をしたほうが勝ち」となっています。このルールが共同相続した不動産でも適用になるのです。

この事例では先に登記を備えた第三者が所有権を主張し、子供はお金を儲け、妻は不動産を失う結果になります。「そりゃおかしい」と思って当然ですが、民法改正でそうなったのです。

●相続登記はいつする？　今でしょ！

これを防ぐには、相続不動産は一刻も早く相続登記をしなければいけません。これまでは相続登記は任意で、しなくても法律上の問題はありませんでしたが、その結果、所有者不明の土地が日本中で増えてしまいました。これが社会問題化したため、今後、相続登記は義務化され、罰則も設けられると見込まれています。

重要な場面でトラブルが起きないよう、改正民法についても知っておきたいものです。

民法のしくみ

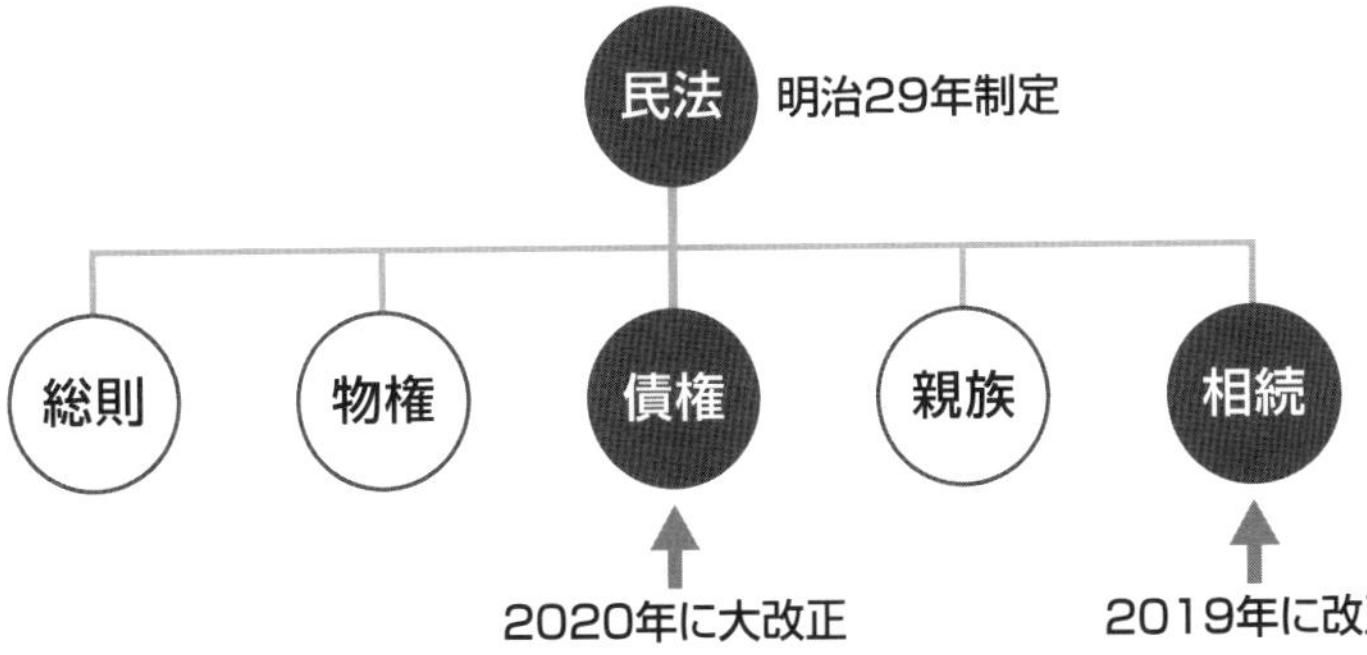

事例で見る民法改正の例

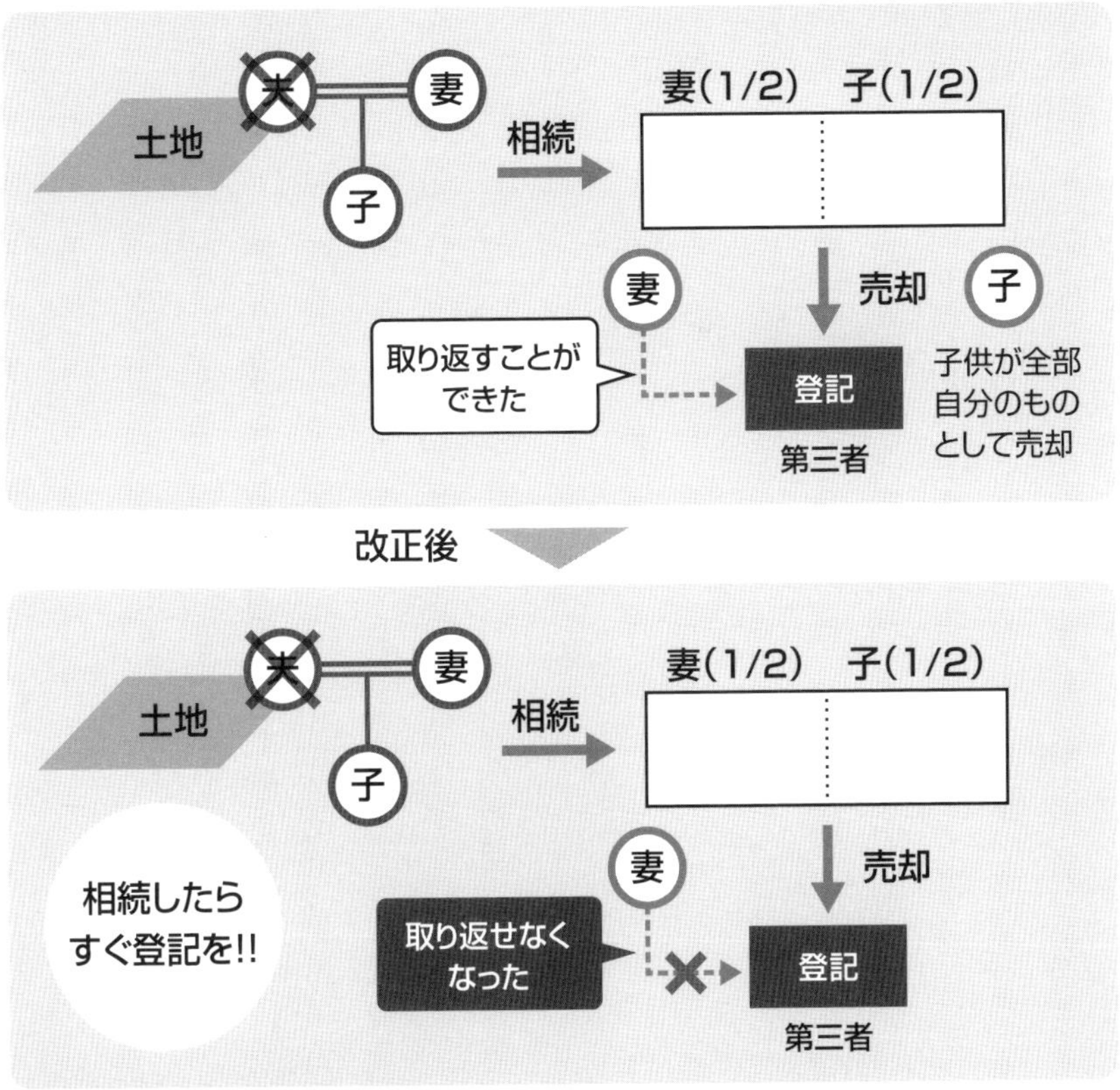

あわせて読みたい！ 関連項目　5章⑩「相続」が不動産でもめるワケ

④不動産の「ジェントリフィケーション」とは？

●それは「街の逆転ゲーム」？

1964年にイギリスの社会学者ルース・グラスによってつくられたこの言葉は、最近になって都市を語るうえで重要なキーワードとなりました。日本語訳すると「都市再開発」「都市再編」ですが、ぴったりと当てはまりません。私なりに解釈すれば「街の逆転ゲーム」とか、「負け犬は追い出せ」というような意味です。

この言葉は、もともとロンドンの中心街の変化を表わしたものです。それは次のようなプロセスでした。

①家賃も安くボロアパートの建ち並ぶ地区があって、低賃金の労働者階級が多く住んでいた。

②そこに再開発の計画が持ち上がり、おしゃれな高級住宅地となった。

③労働者は別の地域に引っ越さざるを得なくなった。

街自体は「ボロアパート地域からおしゃれな高級住宅地」に変化したわけですが、住んでいる人にとっては「再開発によって家賃が上昇し、下層階級が住めなくなった」ことになります。街の視点と人の視点が入り混じったこの現象は専門家によって多様に解釈され、様々なジェントリフィケーション論が生まれているのです。

●ニューヨークで起きた例も知っておこう

ニューヨークで起きたことも有名です。それはマンハッタン島の北、ブロンクスで起きた次のような話です。

①ブロンクスは治安も悪く、家賃が安かった。

②そこにニューヨークを目指した芸術家や音楽家が数多く住むようになった。

③すると様々な文化の発信が起き、街として魅力が増し、人気の地区となった。

④家賃が高騰して芸術家や音楽家は別のところに住むことになった。

●日本でも当てはまるか

不動産には地域性があり、その地域が変化することで相対的位置が変化していきます。「ジェントリフィケーション」は、これを貧富の差や社会階級と関連づけて表現したものと言えます。工業化が終わり、格差社会となった日本でも、似たことが起きているかもしれません。

「ジェントリフィケーション」のプロセス

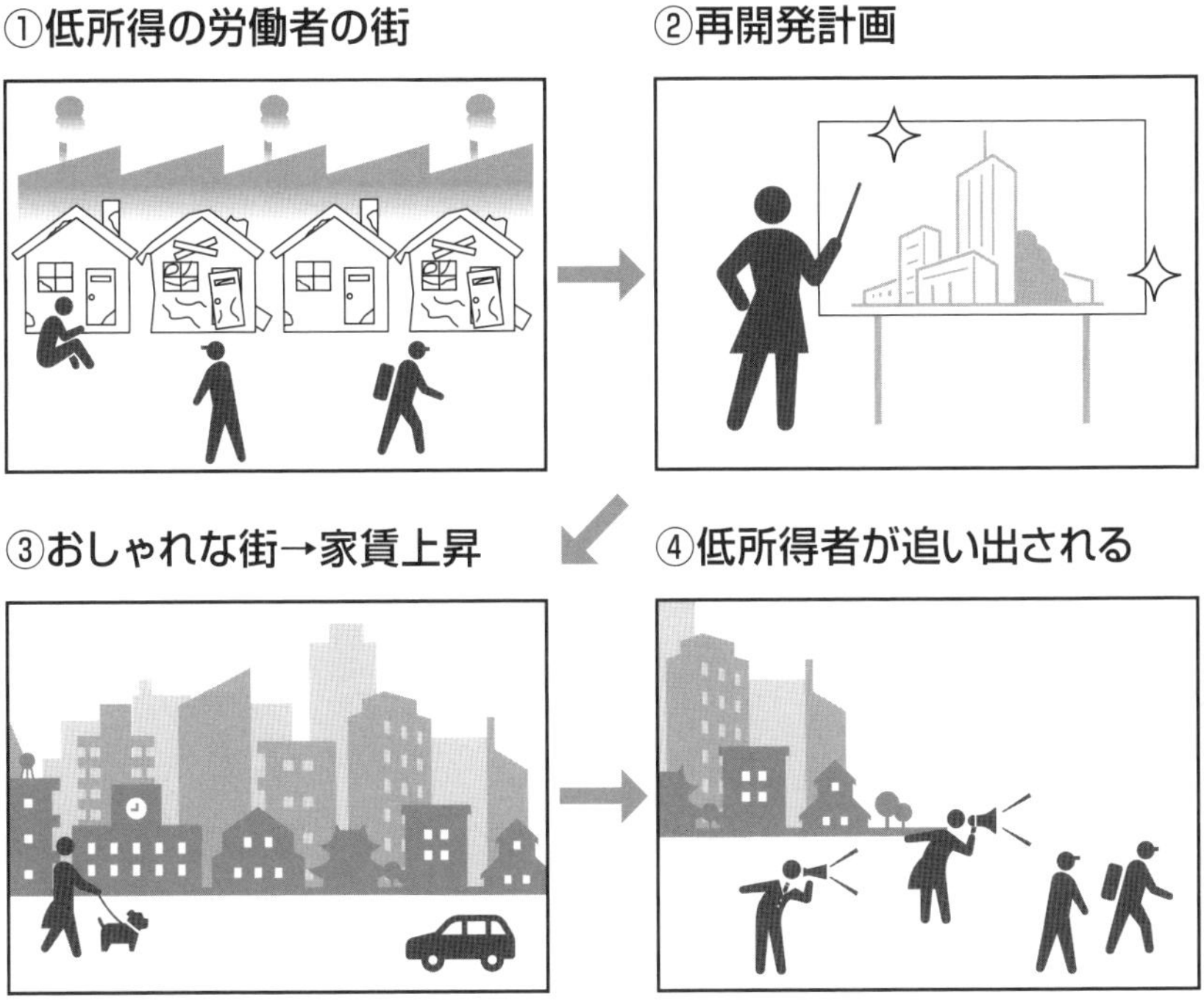
①低所得の労働者の街
②再開発計画
③おしゃれな街→家賃上昇
④低所得者が追い出される

「ジェントリフィケーション」の例

(1)イギリスの労働者階級の街(上の例)

(2)ニューヨーク周辺のブロンクス、ブルックリン

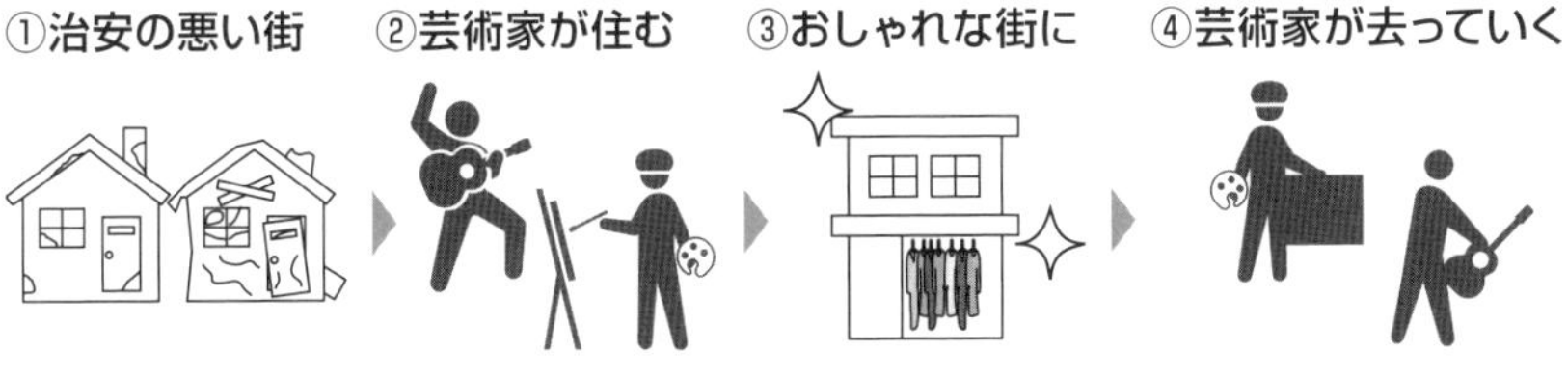
①治安の悪い街
②芸術家が住む
③おしゃれな街に
④芸術家が去っていく

(3)千代田区富士見2丁目再開発事業

①千代田区に残る風呂なしアパート → ②再開発ビル → ③住人が去る

⑤ハザードマップと昔の地図

●まずはネットでチェック!

近年、災害が増えています。宅地建物取引士の試験科目「土地」では、災害が少ない土地の選び方が毎年出題されています。それによれば、丘陵地では土砂崩れの起きやすい急斜面を避け、平野部では水害が起きやすい低地や川の周囲を避けるのが適切とされています。

具体的な場所でどんな災害の可能性があるか、ネットを使えばハザードマップを簡単に見ることができます。

災害には、火山、地震（断層）のようにいつ起きるかわからないものと、洪水、高潮、津波、土砂災害のようにある程度予測できるものがあります。

●さらに過去の地図、閉鎖登記簿謄本もチェック!

しかしハザードマップは図面上の計算で仮定の話に過ぎません。そこで、昔はどうだったのかを知ることで災害予測ができることがあります。

・**過去の住宅地図**……図書館で「一番古い住宅地図を見せてください!」と言えば、昭和30年代のものが見られます。その場所が昔、田畑だった、沼地だった、重金属を扱う工場だったなどということもわかります。

・**過去の航空写真**……国土地理院のサイトで公表されています。地図上で住所を入力すれば、戦前のもの、戦後アメリカ軍が撮影したもの、最近のもの、と年代を変えて見ることができます。

・**閉鎖登記簿謄本**……法務局でコンピュータ化される前のものが書庫に保管されているので閲覧することができます。紙に墨で書いてあり、明治時代から江戸時代後期まで遡って見ることができます。現在「○が丘1丁目」とさわやかな名前であっても、昔は「蛇悪谷」だったとか、火葬場だったなんて話もあります。

・**埋蔵文化財包蔵地分布図**……市役所の学校教育の係で見ることができます。縄文・弥生時代の集落のようすを眺めると、災害との関連を推測することができます。

●建物の工夫も!

最後に、建物の工夫で特定の災害を回避することが可能です。太陽光パネルと充電設備があれば、災害時でも電源が使えるなどがその例です。

宅建士試験にも出る「宅地に適した場所」とは？

	宅地適性	主な災害	ポイント
山地	×	がけ崩れ	自給自足しやすい
丘陵・台地	○	―	もっとも適する
平野	△	洪水	川の近くは避ける
埋立地・干拓地	×	液状化･高潮･洪水	地震被害が大きい

災害リスクを知る方法

①閉鎖登記簿謄本

法務局で閲覧

②過去の住宅地図

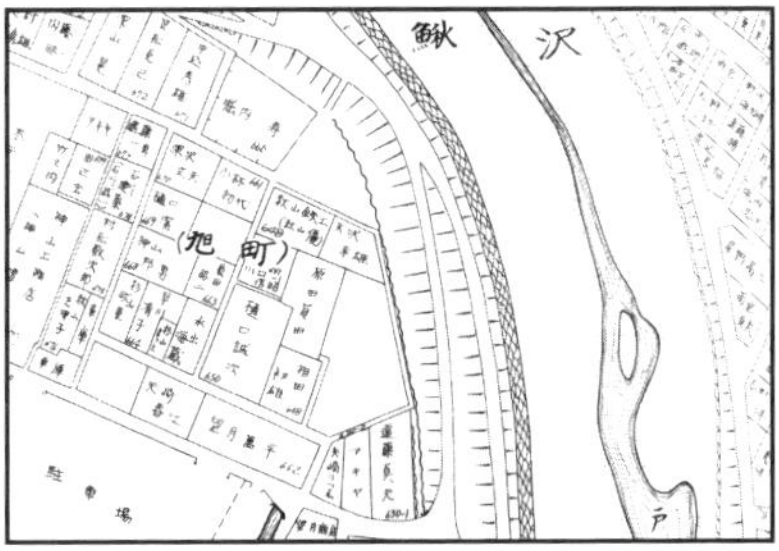

図書館で閲覧

③過去の航空写真をネットでチェック

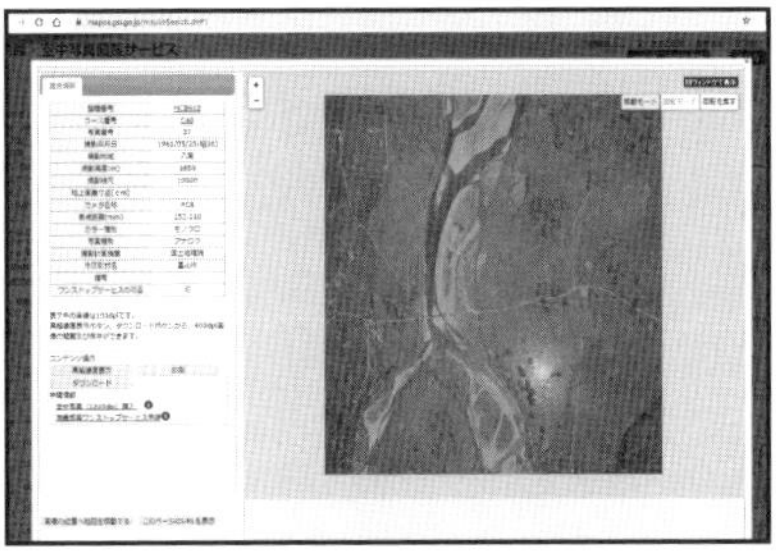

国土地理院サイト
地理院地図（電子国土 Web）など

あわせて読みたい！ 関連項目
5章③ いろいろある「分譲販売」の方法
6章② 「開発」とは何を意味するのか

⑥不祥事から学ぶ1（耐震強度偽装事件）

●「殺人マンション」

２００５年11月、建築確認申請に必要な構造計算書が、ある建築士により継続的に多数偽造され、その設計図をもとにマンションが何棟も建てられていた事実が判明しました。記憶に新しい「耐震強度偽装事件」です。

その数は50棟以上。平均の強度は基準の半分未満で、震度５弱程度の地震で倒壊するというものでした。

国会の証人喚問や刑事裁判、民事裁判が続きましたが、原因としては、建築士のモラル以外にも、耐震データの偽装を見抜けなかった当時の制度にも問題があったとされました。

●災害・事件と建築基準法の改正

この耐震偽装事件を契機に建築基準法が改正され、偽造防止のプログラムが導入され、以後このような問題はなくなりました。

日本の建築基準法は、火事や地震などの災害があっても、人命が守られることを目的にしており、大きな地震や火事が起きるたびに改正が繰り返されてきました。

１９２３年（大正12年）、関東大震災が起きた後の法改正では、はじめて水平震度の概念が取り入れられ、建物は、その重量の１割の力で横に揺すられても耐えることが求められるようになりました。

また、１９６４年の新潟地震では、地面が液体のようになる液状化現象が起きてマンションが大きく傾き、１９６８年の十勝沖地震では、柱が横揺れに耐えかねてせん断破壊を起こすことがわかったため、１９７１年に法令が改正されました。そして、１９７８年の宮城県沖地震後の１９８１年に建築基準法が大きく改正され、「新耐震基準」が導入されました。

築30年以上のマンション・ビルは多く存在しますが、「新耐震基準」に合致しているか否かは、価格や空室率、あるいは管理をするうえで大きく異なってきます。古い建物は賃料も安くていいのですが、少なくとも新耐震基準であることは確認したほうがいいでしょう。

阪神・淡路大震災で倒壊した建物の多くは、新耐震基準ではない建物だったと言われています。

耐震強度偽装事件の概要

朝日新聞2008年6月30日

「姉歯物件」再出発
GS池上、建て替え完了

完成した「プリマヴェーラ池上」。日吉さん(左)ら住民は8月入居予定=29日

姉歯秀次元建築士が耐震強度を偽装した東京都大田区のマンション「グランドステージ池上」が建て替えを終え、新たなマンションが29日、住民らに引き渡された。発覚から2年7カ月をへて迎えた晴れの日、新旧マンションの二重ローンを背負った住民らの顔には喜びと不安が交錯した。

姉歯物件のうち住民主体で建て替える10物件では初めての完成。新たなマンションは以前と同じ9階建てで、1部屋増えた25戸。名称はイタリア語の「春」を冠した「プリマヴェーラ池上」とした。

同日、完工式や記者会見で住民代表の日吉和彦さん(60)=団体職員=は「こんなに早く建て替えられたのは奇跡」と、ほっとした様子をみせながらも「さまざまな人への感謝の気持ちでいっぱいだが心には何の喜びもない。耐震偽装事件の真犯人は国。官僚のだれがどんな責任を取ったのか」と憤りも隠さなかった。

建て替えの総事業費は約7億7千万円。国と都、区からの補助金計2億6千万円、新たな1部屋分の販売利益5千万円を除く4億6千万円を住民が負担した。当初、個人負担は1戸あたり3千万円近いとされていたが、NPO法人・密集住宅地区整備促進協議会が中心となって利用可能な公的支援策を探り、間取りを小さくする工夫を重ね、平均1千
00万円前後に圧縮した。

建て替えはできたものの2重ローンの負担が発生した

姉歯建築設計事務所が関わった物件の作成年

作成年（平成）	件数	改ざんの有無		
		有り	無し	その他
8	2			2
9	16		7	9
10	12		7	5
11	15	1	9	5
12	32	5	17	10
13	27	10	14	3
14	22	2	13	7
15	30	12	12	6
16	22	15	6	1
17	13	9	3	1
不明	17	3	9	5
総計	208	57	97	54

(2008年12月5日国土交通省資料より)

大地震と建築基準法の改正

濃尾地震	1891年	
	1920年	市街地建築物法施行
関東大震災	1923年	
	1924年	市街地建築特法の改正　耐震規定が盛り込まれた
鳥取地震、東南海地震 三河地震、南海地震 福井地震	1943年 〜 1948年	
	1950年	建築基準法の制定
十勝沖地震	1968年	
	1971年	建築基準法施行令改正　住宅の基礎強化
宮城県沖地震	1978年	
	1981年	建築基準法大改正　新耐震基準の制定
阪神・淡路大震災	1995年	建築基準法の改正　接合金物の使用
	2000年	建築基準法の改正　接合金物の義務化
	2004年	建築基準法の改正　段階的な改修
東日本大震災	2011年	
	2013年	建築基準法の改正　津波対策

あわせて読みたい！ 関連項目　6章⑩ マンション開発のソロバン勘定

⑦不祥事から学ぶ②（抵当証券事件）

●抵当証券とは？

抵当証券とは、不動産を担保にした貸付債権を小口化したものです。歴史は古く、昭和6年に登場しました。

当時はまったく売れませんでしたが、金融の自由化の流れの中、新しい商品を模索していた銀行・証券会社が販売に力を入れはじめ、昭和50年代後半にブームが訪れます。そのしくみは、不動産を担保にした貸付債権があるときに、法務局（登記所）が、申請により抵当証券を発行して小口化するというものです。

貸付債権は、主に資金調達能力の乏しい中小企業のものが多く、これを長期（20年程度）の抵当証券として投資家に販売すれば、債務者は固定金利で長期の資金を調達することができます。銀行はリスクの高い債権を抱える必要はなくなり、投資家も高い金利を長期間得られるという「三方良し」の商品でした。

安全性については、不動産が担保になっているうえ、元利金の支払いは抵当証券会社（多くは都市銀行・地方銀行・証券会社がバックについている）が保証しているし、税金面も一定額まで所得申告不要ですから、販売のタマ（不動産と貸付債権）が不足するという状況でした。

ところが、元利金の支払事務や法務局発行の抵当証券の保管を「抵当証券会社」が行なうことが、後に問題を引き起こします。投資家は抵当証券の代わりに、抵当証券会社発行の「モーゲージ証書」という預り証を受け取っていたのです。

●抵当証券会社の破綻

案の定、設定された抵当証券以上のモーゲージ証書を発行するカラ売り、二重売りが横行しました。昭和60年頃から抵当証券会社が倒産しはじめ、平成13年には、大和都市管財の詐欺事件が発覚しました。さらに、バブル経済の崩壊とともに、銀行・証券会社の子会社だった抵当証券会社がいくつも閉鎖されてしまいました。

現在も抵当証券のしくみ自体は存在しますが、抵当証券保管機構は平成24年12月に清算を終え、登録されている抵当証券会社も1社という状況になり、その役割は実質上終わったと言ってもいいでしょう。

抵当証券のしくみ

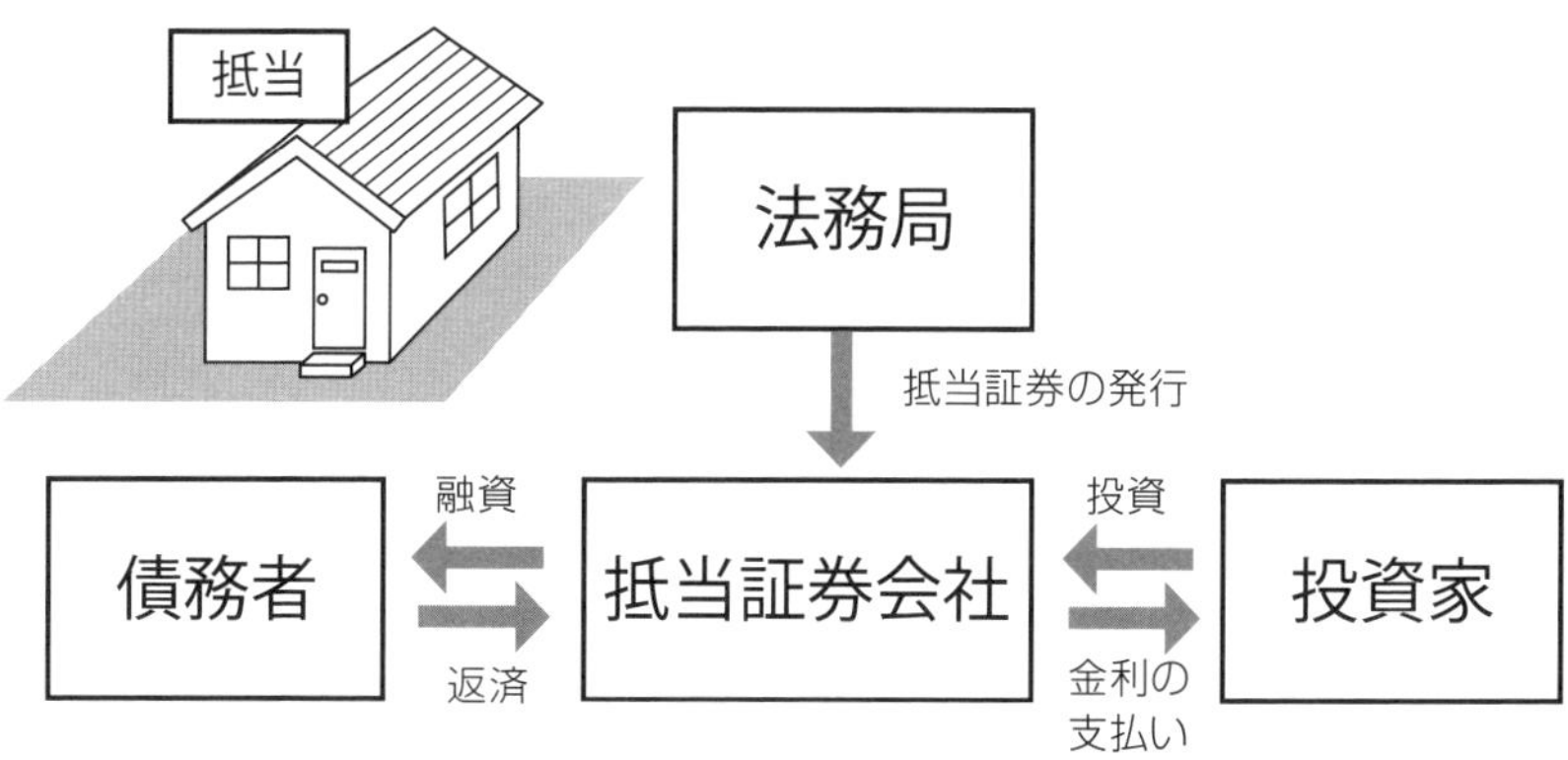

（一部簡略化しています）

抵当証券の問題点

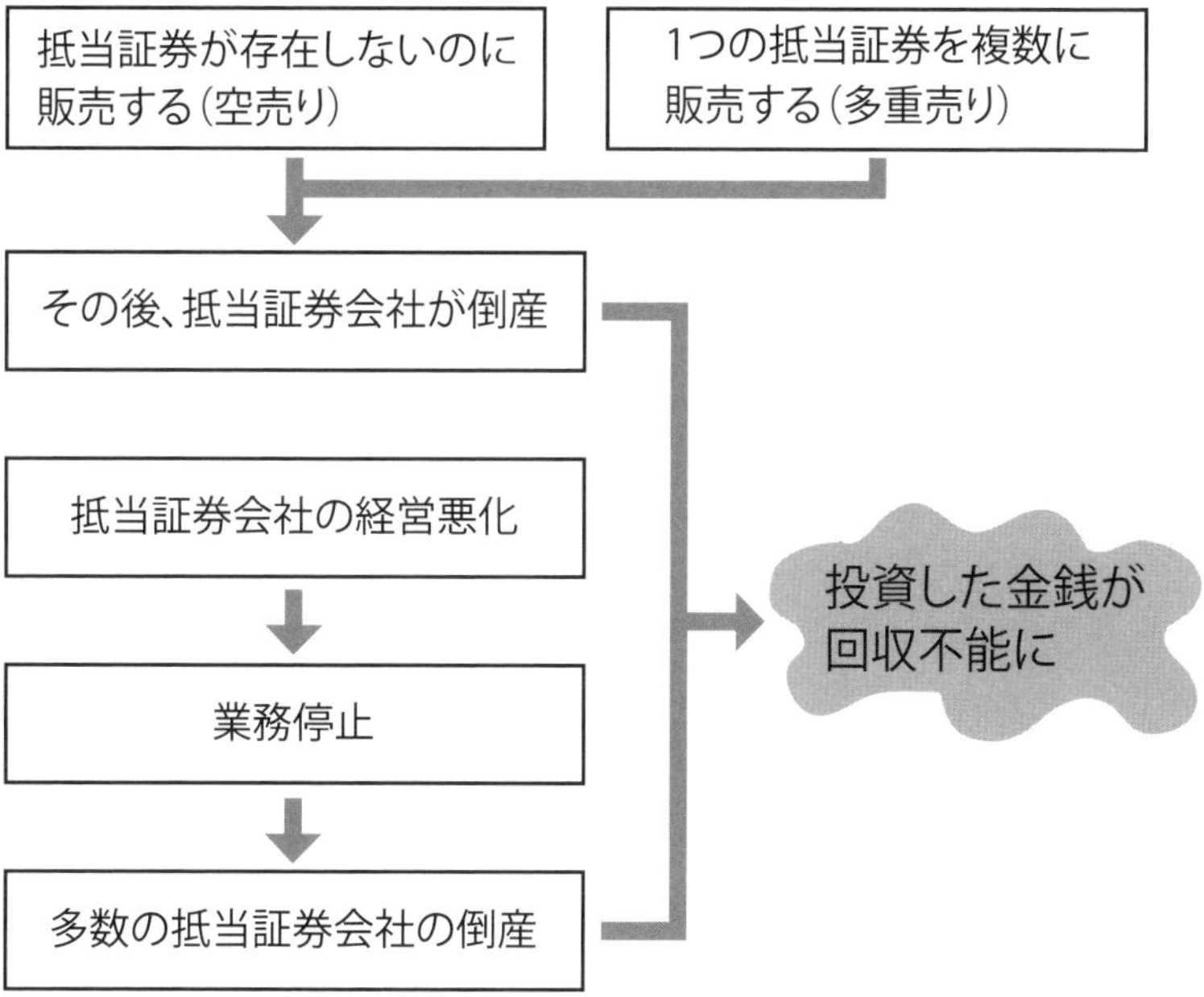

⑧ 不祥事から学ぶ 3（不動産架空増資事件）

●現物出資制度とは？

企業経営において赤字が続くとき、債務超過のときなど、増資（＝資本金を増やすこと）によって財務体質を改善させることができます。通常、増資は現金を出資し、株式を受け取るわけですが、現金以外のものでも可能で、これを現物出資と言います。例えば、不動産を現物出資して株式を受け取ることも可能なわけです。

本来、現物出資は、事業が発展し、個人事業から法人に移行（法人成り）する際に、事業に使う車、不動産、機械などの資産を出資するための制度ですが、リーマン・ショック後の２０１０年に、これを悪用する事件が起こりました。ある上場企業が、いよいよ債務超過、上場の維持もむずかしくなって行き詰まりを見せたときに、不動産の現物出資を行なったのです。

●現物出資制度の悪用

現物出資の対象となったのは、和歌山県のリゾート地として有名な、白浜の山林約8万㎡、増資額は何と21億２０００万円でした。１㎡当たり約2万６５００円というのは、隣接地の宅地の分譲価格並みです。和歌山県の地価調査によれば、山林の評価額は１㎡当たり10円から１３００円といったところなので、不当に高いのは明らかです。ほぼ同時期に、別の上場企業による不動産現物出資（入札で安く取得した「かんぽの宿」を、建物は破壊されて使用不能の状態にもかかわらず、12億円で評価して出資し、問題となった）が、現物出資制度の悪用事例として問題になりました。

現物出資制度を利用する場合、５００万円以上の場合には、会社法にもとづいて不動産鑑定士による評価を行ない、弁護士・税理士による適正価格の証明をしたうえでこれを裁判所に認めてもらい、増資の手続きが完了します。ところがこれを悪用して社会的信用に背いて過大な評価を行ない、適正価格の証明を行なってしまえば、書類上は問題なく増資できてしまうわけです。

これらの事件の場合、不動産鑑定士が、よく不動産の状況も見ずに何十億円の評価をしたことが問題となり、資格の停止などの処分が行なわれました。

現物出資制度のしくみ

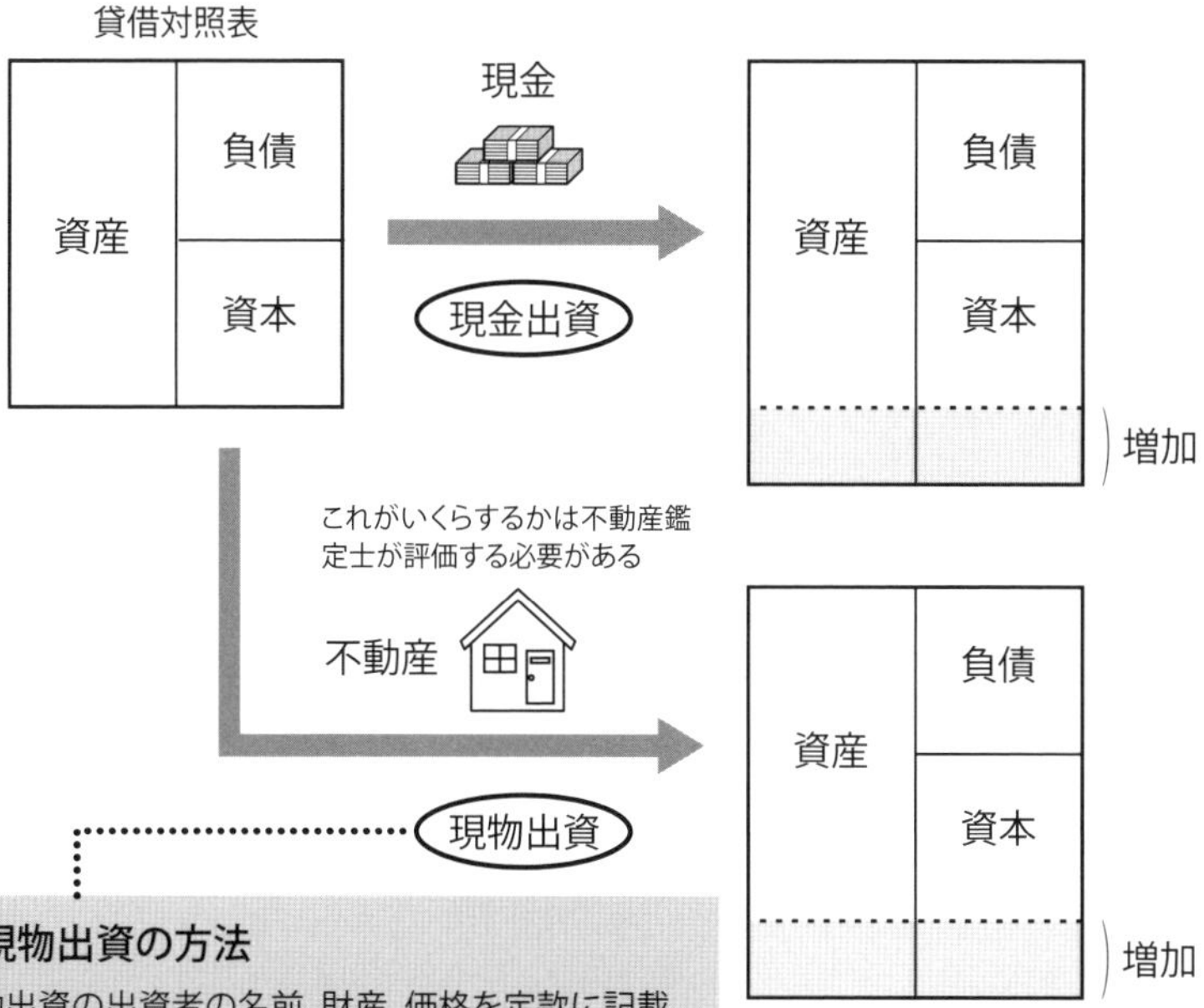

●現物出資の方法

現物出資の出資者の名前、財産、価格を定款に記載

⬇

・不動産鑑定士の鑑定評価
・弁護士・税理士等による証明

⬇

増資

●架空増資とされた例

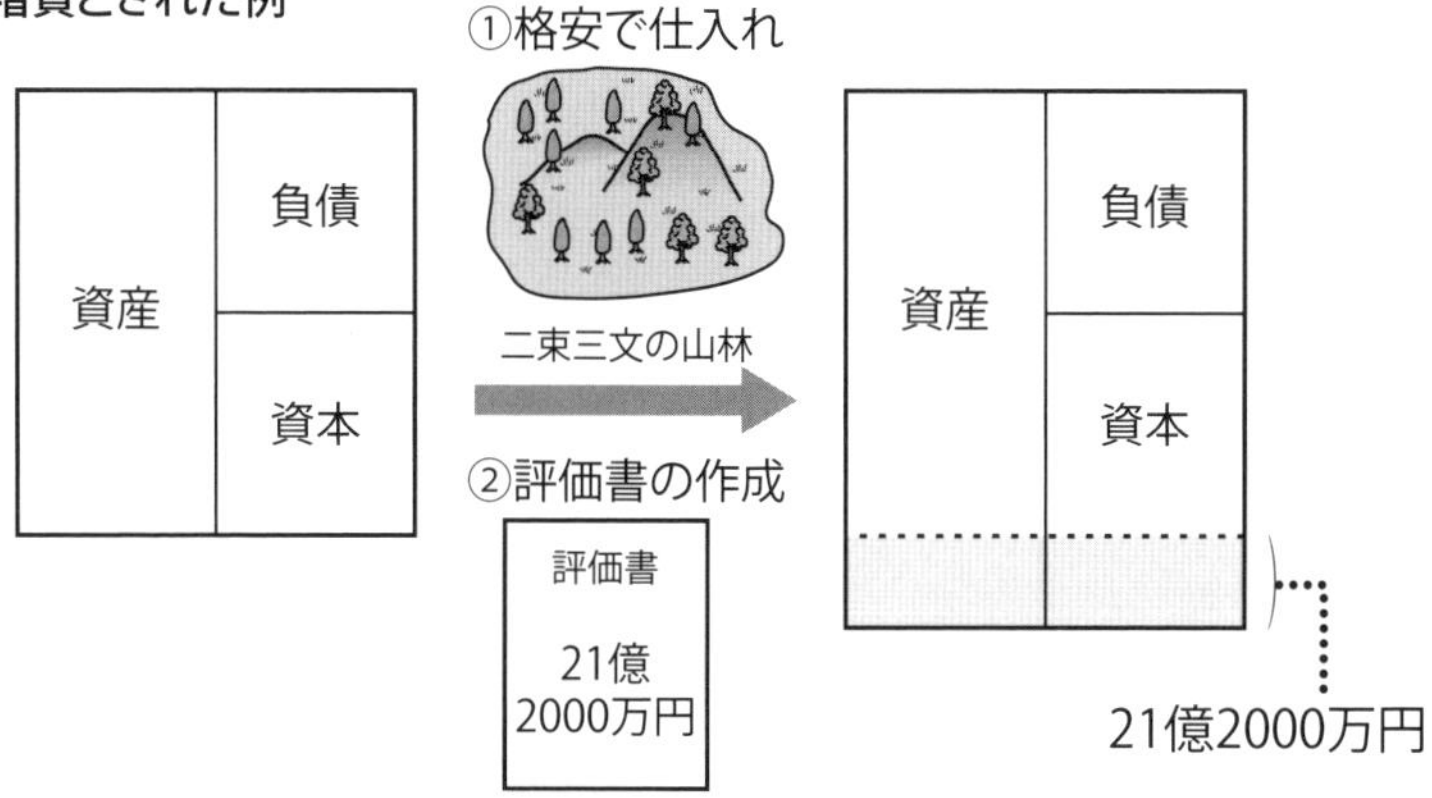

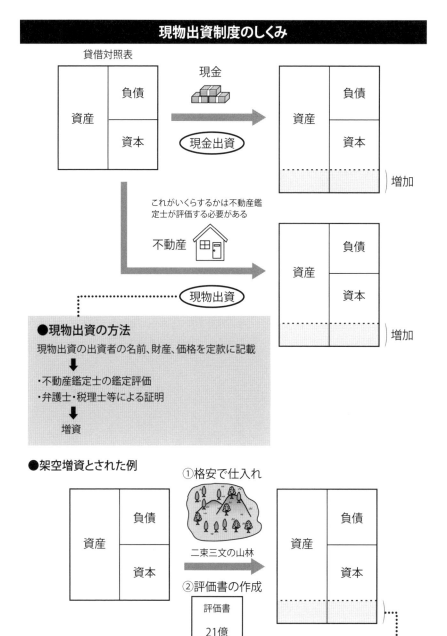

⑨不祥事から学ぶ4（原野商法）

●遠隔の土地を高値で売却

原野商法というのは、原野（定義は1章参照）を高値で販売して暴利を稼ぐことです。もともと坪500円の300坪の土地を、坪5000円、150万円で売れば、ボロ儲けと言っていいでしょう。

対象となる土地は人里離れたところが多く、北海道などの未開の大地を整然と区画割りして、「近々新幹線が通るので高値で売却できる」「あの芸能人も買った（実際は真っ赤なウソか、宣伝目的でタダでプレゼントする）」などとウソの売り文句で売りつけるのです。

騙されるのは大都市に住んでいる人がほとんどで、不動産や投資に興味のある人ならば、毎日目にする不動産のチラシ「土地○千万円」と比べると、1区画数百万円で、値上がりが期待できて有名人も持っているなら、と思ってつい購入してしまうわけです。

慎重な人は現地を見に行くのですが、広大な大地が広がる原野。一般の人が場所を特定することは困難で、営業マンに案内されれば、そうかと安心してしまうのです。

●二次被害が増えている

原野商法は、40年ほど前に社会問題になり、その後いったん下火になりました。しかし最近では徐々に被害件数が増え、1件当たりの被害金額も増加して平均500万円近くとなっています。

問題はさらに続きます。数十年前に買った、塩漬けされた土地の所有者から、さらに金を巻き上げようとする輩《やから》がいるのです。例えば、「とうとう開発が決まった」と言って測量費用をだまし取る、「買い手が現われそうだから宣伝する」と称して広告宣伝費をだまし取る、といった手口です。「買主が現われた」とウソの買付証明を持ってくるケースもあります。こういった手口による二次被害が近年増えているのです。

一度、原野商法に引っかかると、名前が「騙されやすい人のリスト」として裏で流通し、あるいは登記簿の名前を調べられて、他の悪徳業者から様々なアプローチがかけられます。そしてそれは不動産にとどまらず、訪問販売業者や貸金業者からもターゲットにされるわけです。

原野商法とは?

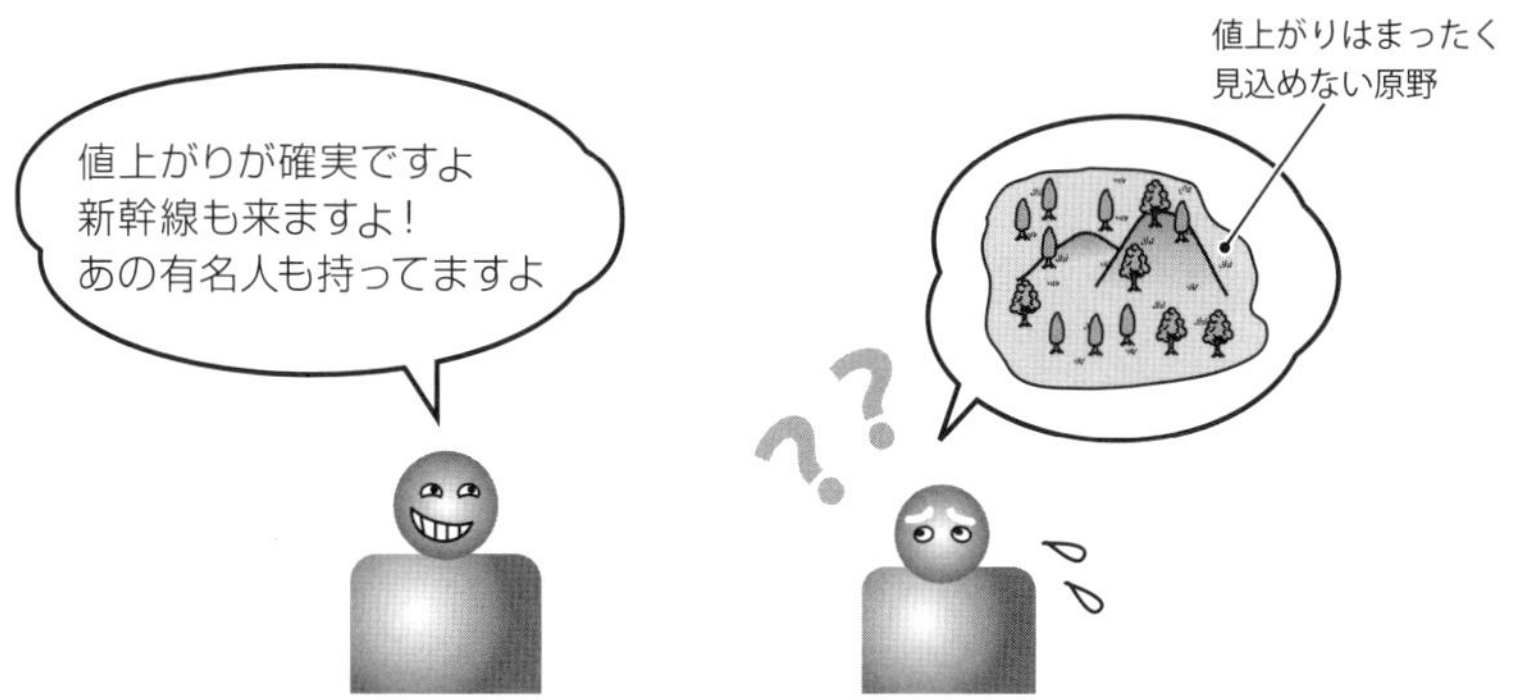

原野商法のイメージ

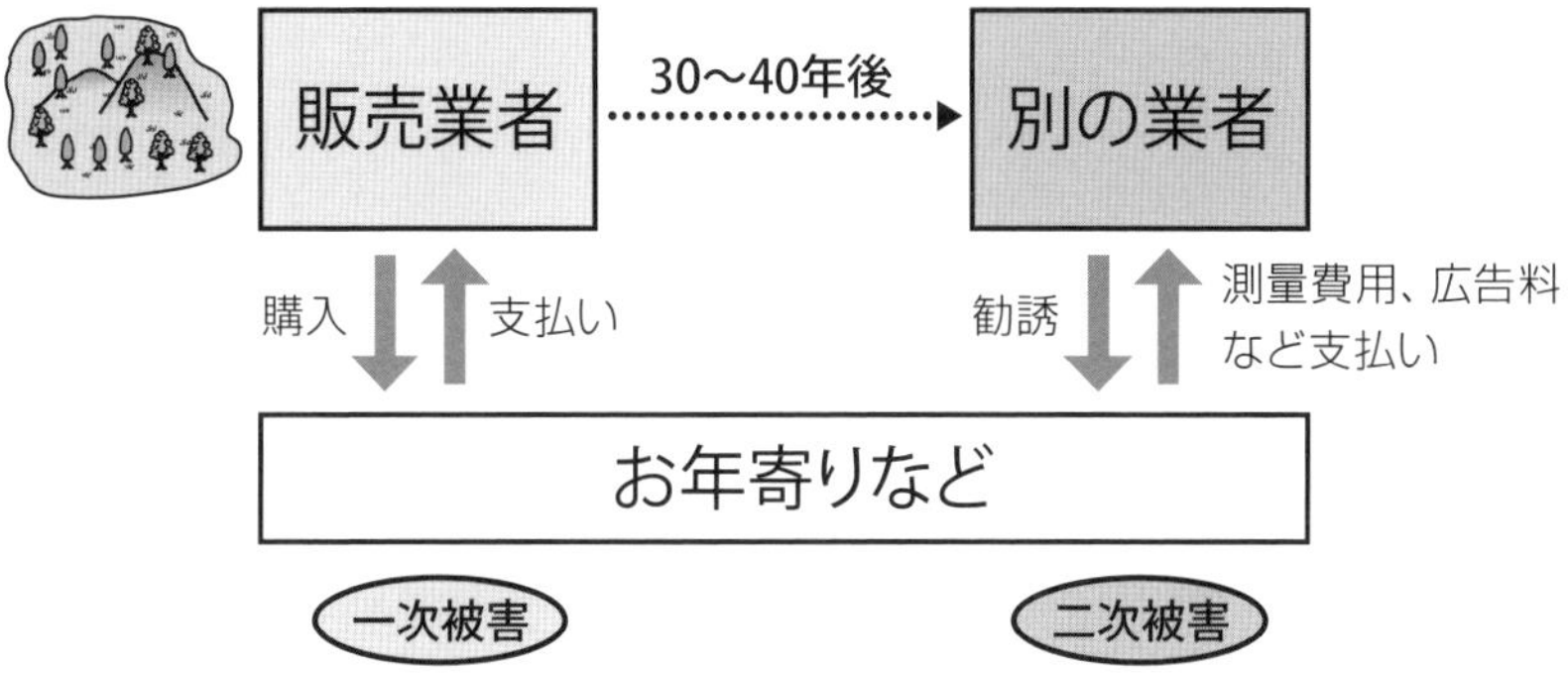

原野商法の二次被害トラブルの年度別相談件数

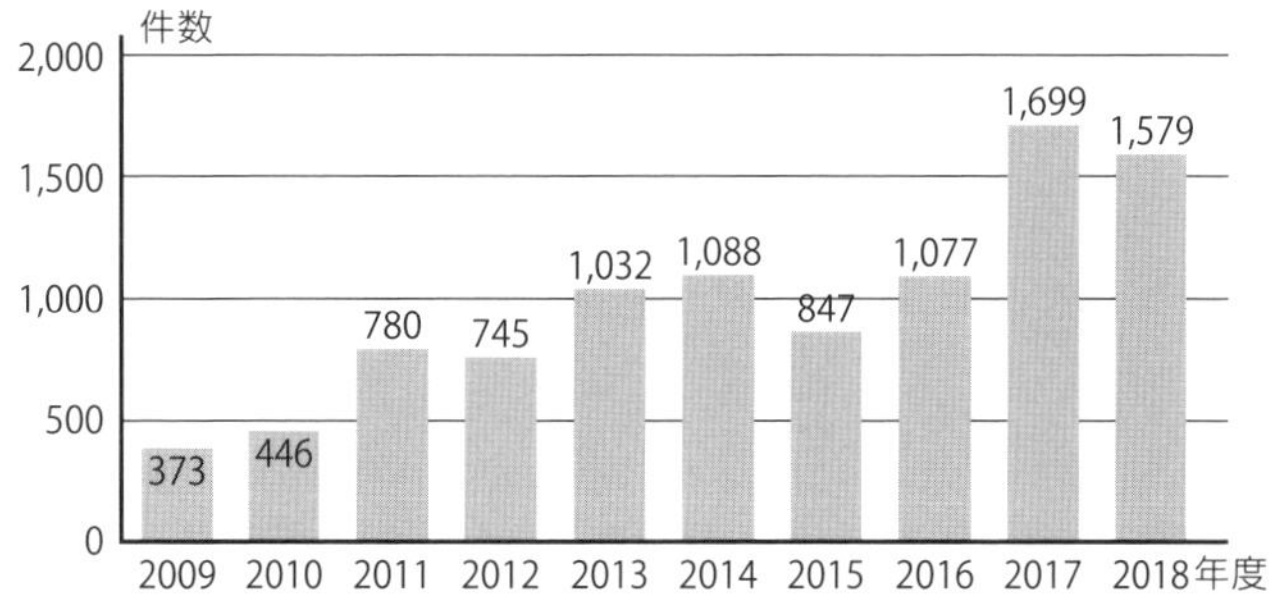

(国民生活センター資料より)

あわせて読みたい! 関連項目 5章② 「不動産開発」とはどのようなことをするのか

⑩不祥事から学ぶ5（サブリース問題）

●欲のあるところ、問題は起きる

不動産の大家さんにとって、空室や入居者の家賃滞納は避けたいはず。アパートのオーナーは空室が増えようが収入が減ろうが、アパート建設の借入金を毎月一定額返済しなければならない運命だからです。

そんな不安を取り除くのが「サブリース」です。サブリース会社が、オーナーからアパートの一括借り上げをすることでオーナーの収入を保証してくれるしくみです。入居者募集や家賃管理はサブリース会社の仕事になります。オーナーは空室や家賃滞納リスクから解放され、満室時家賃の80％から90％保証されます。

これまでアパート経営を断ってきたのに、営業マンか超有名ホテルのディナーに招待され、洗練された雰囲気と料理にのぼせ上がったところで、会社からこのしくみを説明されれば、どんな頑固地主もイチコロで落とされます。その後も毎年ハワイ旅行に招待してくれます。

サブリースとは手間がかからず確実に儲かり、しかも相続税まで節約できる、そんな夢の方法だったのです。

しかし2008年のリーマンショックですべてが変わります。不況で家賃下落に空室率増加、サブリース会社の経営が苦しくなったのです。このまま家賃を保証していけば確実に倒産、そこで家賃保証率を8割から5割に下げたのです。もちろんオーナーは抗議します。アパート建設の借金が返せなくなるから必死です。しかしほどなくサブリース会社は破産してしまいました。

●現在も形を変えてサブリース問題は続く

さて、リーマンショック後もサブリースによるアパート建設は続きます。今度はその契約内容が問題になります。契約内容がサブリース会社にとって極めて都合よく作り変えられたのです。「35年解約不可かつ自動更新、高頻度の外壁塗装やメンテナンス、家賃保証額の一方的な変更」。本来サブリース会社が負担するリスクが消え、親会社のアパート建設会社が永遠に儲かるしくみになったのです。一方、毎年のハワイ旅行は続いています。

欲深い弱者がサブリース会社とアパート建設会社のカモにされる、そういう話なのです。

サブリースのしくみ

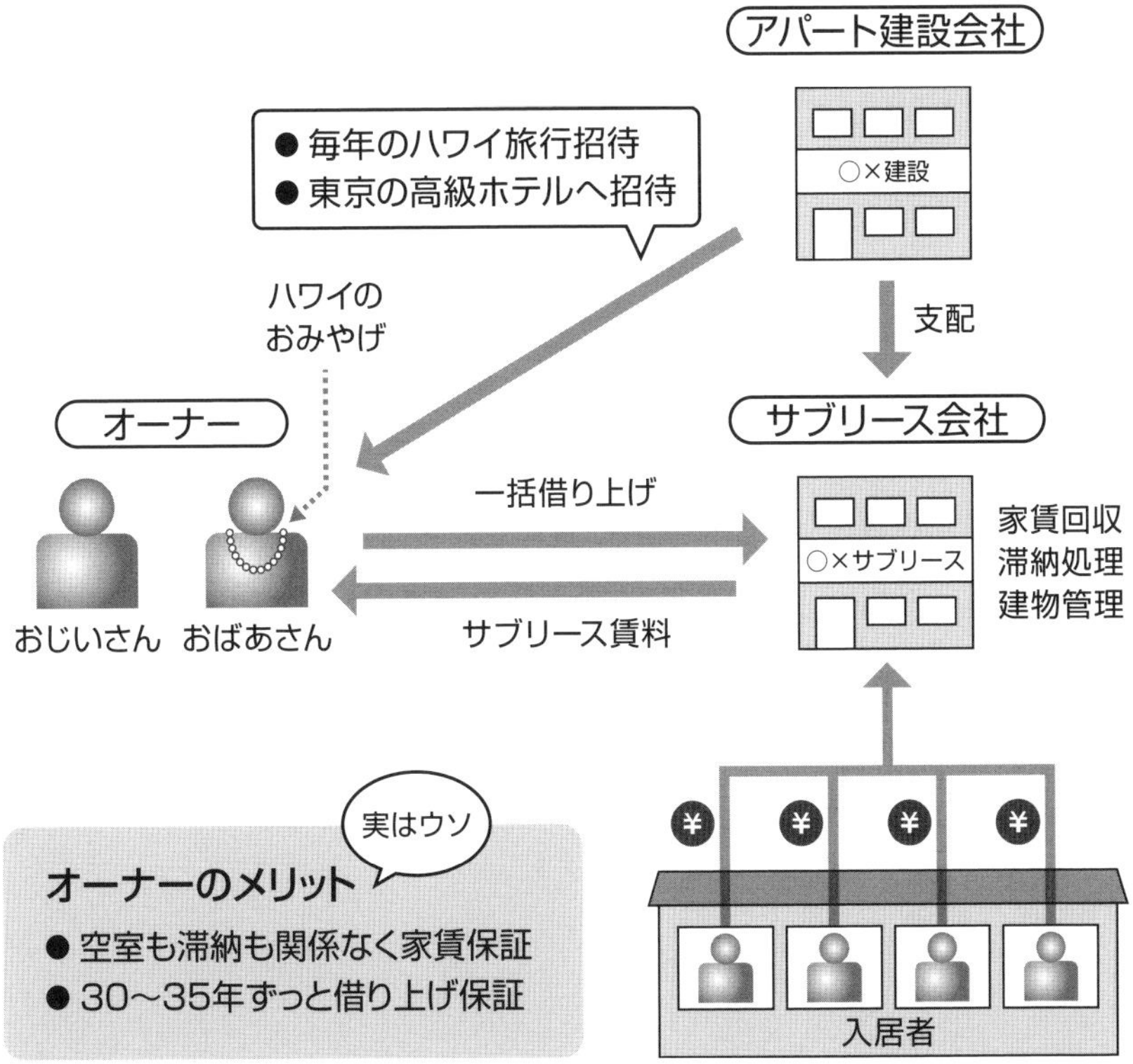

サブリースの隠されたしくみ

- 工事代金、管理料、定期メンテナンス(外壁塗装など)が割高
- 賃料保証の計算がサブリース会社に都合よくなっている
- 景気が悪くなったときや建物の老朽化により、サブリース賃料の値下げを要求される
- 「家賃保証」と言いながら、実は5年ごとにサブリース賃料を見直すことになっている
- 契約を終了させることができない(子孫の代まで契約が続く)

あわせて読みたい! 関連項目
3章⑧ 無理のない「返済比率」「DSCR」とは?
5章④ 「不動産賃貸業」のしくみとリスク回避の方法

Column コラム⑧

●「敷金」「礼金」「敷引」「保証金」「償却」はどう違う？

知らない人同士が、大事な土地・建物を貸したり借りたりすることになったら、契約書を交わします。そして、その契約が確かなもので、借りるだけの資力があることを示すためには、賃料以外にまとまったお金が必要で、それが表題のものです。

よく聞く言葉ですが、その違いをご存じでしょうか。いざというときに、「えっ？　何だっけ？」とならないように、きちんと覚えておきたいところです。

これらのまとまったお金は、一時金というもので、次の２つのポイントから分類されます。

・居住用のものか、事業用のものか
・オーナー（大家）がテナント（入居者）から預かるものなのか、もらえるものなのか

まず、居住用の不動産に使う言葉が、「敷金」「礼金」「敷引《しきびき》」になります。

「敷金」は預けるもので、契約の終了時には返金されます。通常、利息はつきません。とは言うものの、関西を中心に、契約の終了時に敷金の一部を差し引いて返金することがあり、この差し引く金額を「敷引」と言います。

一方、「礼金」は支払うもので、賃貸借が終わっても返却されません。

礼金、敷引は、賃料の一部を前払いしたものとして考えることができるので、これらの一時金が多い物件は、賃料も低めに抑えられている傾向があります。

事業用のものでは、「保証金」という名目が使われます。保証金は敷金同様、預けるものですから、契約の終了時には返金されます。

テナントの種類、例えば飲食店や多人数が出入りする業種だと、原状回復費用もかさむことから、保証金の額も多くなる傾向があります。契約の終了時に「償却」分を差し引いて返金するので、償却は敷引と同じ意味合いになります。

●著者略歴
中山　聡（なかやま　さとし）

富山県生まれ。不動産鑑定士・一級建築士。

東京大学医学部を卒業後、三井住友信託銀行、近畿大学工学部、株式会社アイディーユー、早稲田大学大学院ファイナンス研究科招聘研究員を経て、チームラボ株式会社等にて、インターネットで不動産取引ができる環境づくりを中心に事業開発、M&A、事業会社管理に携わる。

現在、わくわく法人 rea 東海北陸不動産鑑定・建築スタジオ株式会社代表取締役。本書以外の著書・執筆に『空き家管理ビジネスがわかる本』（同文舘出版）『新訂　闘う！空き家術』（プラチナ出版）など多数。

最近、YouTube チャンネル「住まいと投資チャンネル【中山聡】」で最新情報の発信を始める。

●監修者略歴
田中　和彦（たなか　かずひこ）
不動産コンサルティングマスター、京都市地域の空き家相談員。
神戸大学教育学部卒業後、株式会社リクルートコスモス（現株式会社コスモスイニシア）、不動産ベンチャー企業にて不動産開発、不動産オークション企画に携わる。
現在、株式会社コミュニティ・ラボ代表取締役。京都を拠点に不動産コンサルティング業のほか、空き家有効活用等も手がける。また、「All About」「Yahoo! 不動産　おうちマガジン」「LIFULL HOME'S PRESS」「住まいサーフィン」等のサイトで不動産記事の執筆やセミナー講師も多数行なう。

最新版　ビジネス図解
不動産のしくみがわかる本

2021 年 3 月 4 日　初版発行
2022 年 5 月 6 日　3 刷発行

著　者 ―― 中山聡
発行者 ―― 中島治久
発行所 ―― 同文舘出版株式会社
東京都千代田区神田神保町 1-41　〒 101-0051
電話　営業 03（3294）1801　編集 03（3294）1802
振替 00100-8-42935　http://www.dobunkan.co.jp

ISBN978-4-495-52512-5
印刷／製本：萩原印刷
Printed in Japan 2021